ケアマネジャー
実践マニュアル

白木裕子

ケアマネジャー@ワーク
Caremanager@work

中央法規

はじめに

　このたび、『ケアマネジャー実践マニュアル』を出版させていただくことになりました。本書のベースは、月刊誌『ケアマネジャー』（中央法規出版）に2005年1月号から約3年半にわたって連載させていただいた「スキルアップ！」という記事です。

　この連載を始めた時期は、旧来の措置から介護保険制度への移行という大きな山を越えて少し経った頃で、現場では「ケアマネジャーの燃え尽き症候群」が大きな問題となっていました。ケアマネジャーが直面する課題は、利用者の介護に関することだけでなく、経済的な問題や近隣・家族との不和など、一人で解決できないものも多く、責任感という重圧に押しつぶされてしまったケアマネジャーも多かったと記憶しています。ケアマネジャーが所属する居宅介護支援事業所の多くは小規模であるため、自分の力量に不安を感じながらも、なかなかスーパーバイズを受ける機会が得られないのが実情だと思います。

　「スキルアップ！」の連載は、私自身が現場で実践しているノウハウをできるだけ具体的にお示しすることによって、迷いや不安や孤独を感じている実践者の手助けになれば、という思いで続けていました。この『ケアマネジャー実践マニュアル』もそうした役割を少しでも果たすことができれば幸いです。

　私はケアマネジャーの仕事が大好きです。とてもおもしろく、やりがいのある仕事だと心の底から実感しています。拙いところは多々あるかと思いますが、この本によって、ケアマネジャーの仕事の楽しさややりがいを皆さまにお伝えできればと思います。

　今、私がこの仕事を続けていられるのは、日本ケアマネジメント学会の理事をはじめとする多くの先生方、各地で活躍する「認定ケアマネジャーの会」の皆さん、そして事業所の枠を超えて何でも話し合える地元のケアマネ連絡会「ケアマネット21」のおかげであると深く感謝しています。また、私の活動を理解し、支援をしてくれている株式会社フジケア代表取締役社長・山本厚生をはじめとする弊社の社員一同にも深く感謝いたします。

　私はもともと文章を書くことがとても苦手で、「連載なんてとんでもない！　ましてや出版なんて──」と思っていたのですが、編集担当の松下寿さんから力強い励ましをいただき、ようやくここまでたどり着くことができました。

　最後に、至らない私にたくさんのことを学ぶ機会を提供してくださった、これまで出会ったすべての利用者の皆さまに厚くお礼を申し上げます。

2011年10月　　　　　　　　　　　　　　　　　　　　　　　　　　　　　　白木裕子

CONTENTS

ケアマネジャー実践マニュアル

I ケアマネジャーの業務と介護保険制度

1. ケアマネジャーの主な業務とスケジュール化……2
   1 ケアマネジャーの主な業務……2
   2 ケアマネジャー業務のスケジュール化……4
2. 介護保険の目的とケアマネジャーの役割……10
3. 自立支援を目指すケアマネジメント……11
4. 高齢者の尊厳と望ましいケアプランのあり方……12
5. 関係法令の理解と遵守……13
6. ケアマネジャーの基本倫理……14
   1 利用者の人権の尊重……16
   2 利用者の主体性の尊重……17
   3 公平性と中立性の確保……18
   4 個人情報の保護……21
   5 介護サービスに関して保障されるべき利用者の権利……21

II ケアマネジメントの実際

1. ケアマネジメントプロセス……26
2. インテーク……27
   1 インテークとは……27
   2 インテークの手順……28
   3 信頼関係を構築する技術……33
   4 電話対応の留意点……38

3. アセスメント……40
- 1 アセスメントの思考過程……40
- 2 初回訪問……43
- 3 確認すべき事項……46
- 4 アセスメントの項目と留意点……48

4. 居宅サービス計画の作成……82
- 1 利用者の意欲を高めることの意義……82
- 2 ケアマネジメントへのICF導入の考え方……83
- 3 総合的な居宅サービス計画の作成……84
- 4 居宅サービス計画原案の作成……85
- 5 居宅サービス計画作成上の留意点……88
- 6 居宅サービス計画の説明と同意……96
- 7 介護予防ケアプランの作成……97

5. サービス担当者会議……108
- 1 サービス担当者会議の役割……108
- 2 サービス担当者会議の意義……108
- 3 サービス担当者会議の開催……111
- 4 サービス担当者会議の記録……116

6. モニタリングとケアプランの評価……117
- 1 モニタリングの意義……117
- 2 モニタリングの視点……118
- 3 モニタリングの記録……122

III

関係機関等との連携

1. 医療との連携……126
- 1 主治医との連携……126
- 2 退院時の連携……130
- 3 入院時の連携……136

2. ケアマネジメントにおける多職種連携……138
1 チームアプローチの意義……138
2 ホームヘルパー(訪問介護員)との連携……141
3 訪問看護師との連携……143
4 通所系サービス(通所介護・通所リハビリテーション)との連携……145
5 多職種のチームによる連携……147
6 施設サービスとの連携……148
7 インフォーマル支援者との連携……151

3. 行政との連携……153
1 地域包括支援センターとの連携……153
2 行政の福祉担当職員(ケースワーカー等)との連携……176
3 障害施策の活用……182

Ⅳ ケアマネジメントの展開事例(認知症高齢者の在宅生活支援)

1. 事例の概要……186
2. 支援開始までの経緯……186
3. アセスメント……187
4. 居宅サービス計画……201
5. サービス担当者会議……212
6. モニタリング……214

資料編

相談受付票……222／アセスメントチェック票……223／主治医報告書……232
退院連携シート……233／入院時情報シート……234

I

ケアマネジャーの業務と介護保険制度

1. ケアマネジャーの主な業務とスケジュール化
2. 介護保険の目的とケアマネジャーの役割
3. 自立支援を目指すケアマネジメント
4. 高齢者の尊厳と望ましいケアプランのあり方
5. 関係法令の理解と遵守
6. ケアマネジャーの基本倫理

1. ケアマネジャーの主な業務とスケジュール化

1 ケアマネジャーの主な業務

　ケアマネジャーの業務は、利用者の自宅を訪問してアセスメントやモニタリングを行い、最良のケアプランを提供するだけでなく、訪問介護や通所介護等のサービス提供を行う事業者との連絡調整や必要書類の作成、医師やホームヘルパー等との連携をはかるためのサービス担当者会議の運営、要介護認定申請や更新申請の代行等資格の管理、その他サービス提供に関する苦情の窓口など、担うべき役割は多岐にわたっています。

　こうした業務に加え、BPSD（認知症の人の行動・心理症状）や経済的な困窮、さらに

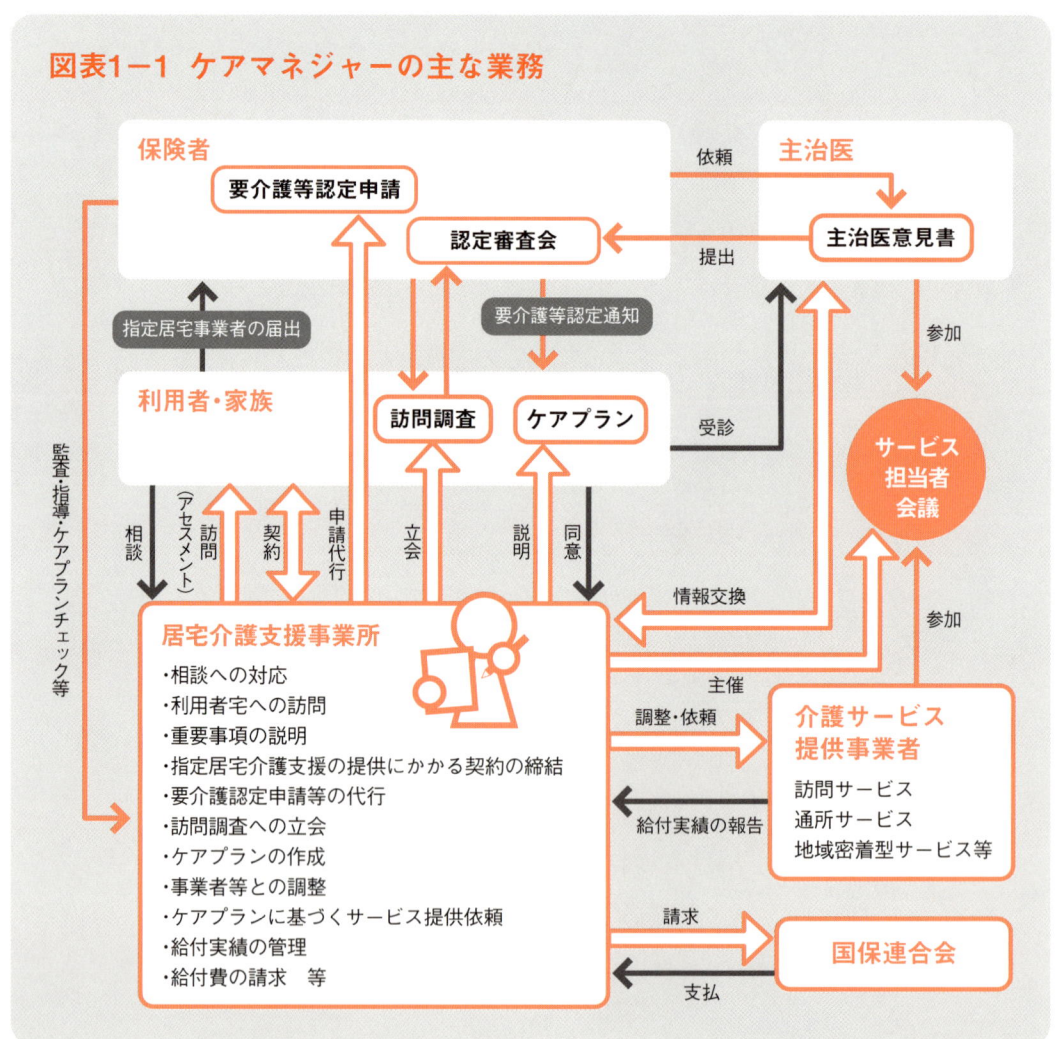

図表1-1　ケアマネジャーの主な業務

図表1-2　ケアマネジャーの主な業務

事業所内業務	事業所外業務（訪問等）

ケアマネジメント業務

事業所内業務：
- 相談対応
- ケアプラン作成（端末入力）
- アセスメント入力（端末入力）
- 利用票・提供表作成（端末入力）
- モニタリング表作成（端末入力）

事業所外業務（訪問等）：

利用者自宅
- 新規訪問
- アセスメント
- モニタリング

連携・調整業務

事業所内業務：
- サービス照会
- サービス提供依頼書作成（端末入力）
- 電話、FAX、メール、郵送
- サービス担当者会議資料作成
- 苦情対応等

事業所外業務（訪問等）：

利用者自宅
- 住宅改修・福祉用具調整
- 訪問介護等サービス調整
- サービス担当者会議の開催

介護保険事業者
- 通所介護等サービス調整
- 介護施設サービス調整
  ・退所前関与
  ・入所のための調整

医療機関
- かかりつけ医との調整
- 退院前関与、入院時情報提供
- サービス担当者会議の開催

申請等補助業務・研修

事業所内業務：
- 認定等代行申請等書類作成
- 社内研修（事例検討会）

事業所外業務（訪問等）：

保険者
- 要介護等認定代行申請
- 居宅介護支援事業代行届出
- 訪問調査結果等の請求
- 主治医意見書写し請求補助
- 保険者・都道府県主催研修

は家族間の不和など、個々の利用者が抱えるさまざまな現実の問題にも対応していく必要があり、大変多くの時間を費やさなければならないこともしばしばあります。

さらに、保険者のケアプランチェックをはじめとする給付費適正化事業への対応など、仕事に追いかけられる多忙な毎日を送っているケアマネジャーも少なくないと思います。

図表1－1、1－2にケアマネジャーの主な業務を整理してみました。

2　ケアマネジャー業務のスケジュール化

ケアマネジャーの業務は、新規利用者への対応や利用者の入退院への対応など急を要する業務もありますが、介護サービス実績の確認や国民健康保険団体連合会（国保連）への給付費請求のための事務など毎月定例的・計画的に実施しなければならない業務も多いため、効率的な業務の運営にあたっては、月単位でスケジュール化を行うことが有効です。

ケアマネジャー1人あたりの受け持ち件数は、介護報酬改定により50件から40件へと減少しましたが、それでも毎月の業務をしっかりとスケジュール化して対応しなければ仕事の積み残しが生じることも少なくないと思われます。

業務のスケジュール化を行うと業務の優先順位が整理できますので、新規の相談や利用者の病態の変化など急を要する案件に対しても、混乱することなく対応することができる

図表1－3　業務のスケジュール

区分	利用者との調整	事業者等との調整
月単位で計画的に実施する業務	利用者宅の訪問 モニタリング 翌月の利用計画票の説明 ↓ 利用者の同意	介護サービス実績の確認 介護給付費請求書類の作成 介護サービス実績確認書の提出 翌月の利用計画票送付（調整を含む）
年単位で計画的に実施する業務	更新申請の代行 認定調査への支援（立会）	更新認定に伴うサービス担当者会議の開催 研修会への出席
不定期に対応が必要な業務	新規利用者への対応 　相談受付、アセスメント、認定申請代行、ケアプラン作成 苦情対応	病態の変化等に伴うかかりつけ医との調整 新規利用者に係るサービス担当者会議の開催 退院（所）前関与の実施 入院（所）時の情報提供

ようになります。スケジュールは、ケアマネジャー個人としてのものと事業所（組織）としてのスケジュールを立てておくとよいと思います。

月間スケジュールができると、毎月の傾向として、業務量の多い「山の時期」と少し余裕のある「谷の時期」が見えてきますので、事業所内における定例会議や研修会などをケアマネジャーの負担の少ない時期に計画することも可能となります。

ケアマネジャーの業務のうち、利用者宅の訪問や実績等の端末入力、請求書類の作成など、事務的な管理業務はケアマネジャーが基本的に1人で管理しなければならないため、日頃から計画的に行うよう心がける必要があります。仮に更新申請やサービス変更の手続きを失念した場合、利用者や家族、サービス提供事業者をはじめ、自分が所属する事業所等にも多大なる迷惑をかけてしまうことになります。

したがって、まずは毎月必ず行わなければならない業務をあらかじめスケジュール化するとともに、優先して取り組むべき業務の仕分けを行うことが大切です。

（1）更新手続きの準備等

たとえば、9月末に要介護認定期間が満了する利用者については、8月初めに保険者の窓口で更新手続きを行う必要があるため、7月のモニタリング時には利用者に対して要介護認定の更新手続きについて説明を行い、介護保険の被保険者証を預かる必要があります。更新手続きの準備は必ず対応しなければならない業務であるため、あらかじめスケジュール化しておくことが重要です。

スケジュール化の具体的手順としては、次のようになります。

① 対象者のリストアップ

要介護認定期間が満了する月ごとに利用者をリストアップする。

② モニタリング時における時間等の調整

更新手続きが必要な月のモニタリングは、通常のモニタリングに比べて時間を要することがあります。また、訪問時に家族との面談時間を十分に確保しておく必要性があるかどうか、独居の方の場合はヘルパーさんの訪問日に合わせて訪問をして情報提供を受ける必要があるのかなど、要介護認定に必要な情報を収集する視点をもってモニタリング訪問のスケジュール化を行う必要があります。

③ サービス担当者会議開催に向けた調整

認定更新の手続きの結果、新しい認定通知を得た際には、要介護度の変更の有無にかかわらず必ずサービス担当者会議を開催して支援方針の見直しを検討することとされています。このため、その月に新しい認定結果が出る利用者が何人いるのかを把握しておき、サービス担当者会議の開催の予定や時間調整を行う必要があります。

認定結果を記載した新しい介護保険証が月初めに届くとスケジュール化を行いやすいのですが、保険者によっては認定期間満了日のぎりぎりに新しい認定結果通知が届くこともめずらしくありません。

　さまざまな事務処理で多忙な月末に慌ててサービス担当者会議を招集したとしても、各サービスの担当者が集まることができない状況も生じてきます。利用者の状態によっても異なりますが、中重度の状態で多くの種類の事業所を並行して利用しているケースで、サービス担当者会議を形式的に行ったり、集まることができる事業所のみで行うことは好ましくありません。

　ただ、サービス担当者会議を開催しなければ減算対象となるため、たとえば月末近くの25日まで待っても認定結果通知が届かない場合は、25日時点で新しい認定結果の予測に基づいたサービス照会を各事業所へ配布して、サービス内容の確認を行います。そのうえで、新しい認定結果通知到着後に改めてサービス担当者会議を開催するなど、2段階の対応をスケジュール化することも大切です。

④　かかりつけ医との調整

　更新申請を行う際には、かかりつけ医との連携も不可欠です。この場合、ケアマネジャーが、かかりつけ医から療養上の留意点等について情報提供を受けるために面談を行うことが必要です。その場は同時に、かかりつけ医にとっても患者の在宅生活の情報を知る機会ともなります。特に認知症を有している利用者の更新申請においては、認知症に起因する細かな生活上の困難さなどを主治医意見書に十分に反映してもらうことが重要です。

　かかりつけ医との連携においては、できれば情報を文章で渡すことが効果的です。特に多忙なかかりつけ医は、面談中に急患が来ることもめずらしくありません。文書であれば確実に伝えたい情報を提供することが可能となります。

(2) 定例会議・研修会等のスケジュール化

　ケアマネジャーには、法的に必須である資格の更新研修をはじめ、制度改正時の保険者による事務説明会、地域包括支援センター主催の事例検討会など、さまざまな研修会や会議への出席が求められています。

　また、特定Ⅰや特定Ⅱなどの特定事業所加算を算定している場合は、事業所内で定例的なミーティングや事例検討会・研修会の開催が義務づけられているとともに、地域包括支援センターが行う事例検討会への参加も必須となっています。

　このため、定例的な会議や研修会等の対応はもとより、突発的な会議等にも対応できるようスケジュール化をすることが重要です。

図表1-4 スケジュール化の例

月	火	水	木	金	土	日
1 13時 次月更新者・介護保険課提出 実績報告未事業者へ連絡	2 14時 K氏担当者会議（ご自宅） 実績確認 →	3 9時 ケアマネ会議 実績入力	4 A氏入院連絡 A氏入院連絡表作成	5 実績入力 A氏病院訪問（入院連携） A氏家族へ報告電話	6 休み	7 休み
8 11時 G氏訪問調査立会い（ご自宅）	9 AM 記録整理をする日 C氏訪問	10 9時 ケアマネ会議 AM 国保連伝送	11 D氏かかりつけ医面談予定 ○○デイサービス訪問【モニタリング訪問】J氏の件にて	12 10時 E氏訪問 15時 F氏訪問 16：30 G氏住宅改修立会い	13 研修【ケアマネット】	14 休み
15 モニタリング訪問日の計画を立てる【アポをとる】 →	16	17 9時 ケアマネ会議 更新者（3名）へ認定結果の可否の確認連絡	18 事業所電話当番	19 H氏訪問予定 更新情報提供【かかりつけ医報告書作成2名分】	20 13時 新規利用者（Y氏）ご自宅訪問（必要物品の確認） 次月更新者2名分書類作成	21 休み
22 Y氏介護保険課届出 Y氏自宅訪問	23 Y氏宅訪問 Y氏ケアプラン作成	24 9時 ケアマネ会議【事業所訪問】 Y氏宅訪問 次月の提供表配布	25 AM 記録の整理をする 14時 Y氏担当者会議（ご自宅） 会議録作成	26 Y氏デイ体験日【訪問】 ケアプラン作成 J氏・I氏 →	27 休み	28 休み
29 J氏担当者会議（ご自宅） 会議録作成	30 I氏担当者会議（ご自宅） 会議録作成	31 9時 ケアマネ会議				

(3) 通常業務とプラスアルファの作業

　モニタリングのための利用者宅の訪問やサービス事業所の担当者との連絡調整、ケアプランの作成、その記録の整理などは、毎月必ず行わなければならない通常業務といえます。

　ケアマネジャーにはその他にも、利用者から入院の連絡があった場合には入院連携シートを記載して入院先へ訪問し、病院の医師や病棟看護師、医療連携室のMSW等と連携をはかることが求められます。また、利用者が医療機関を退院する際には、退院調整のカン

ファレンスの開催や退院後の生活に向けた自宅訪問の立会い、退院後のサービス担当者会議、ケアプランの作成などの臨時的な業務があります。

したがって、これらを通常業務と合わせて効率的にスケジュール化していくことが大切です。

図表1－5 居宅介護支援費の請求の前にチェックすべき事項

番号	チェック内容	備考
1	利用者が月途中で同一保険者内の他の居宅介護支援事業所に契約変更となった場合に、居宅介護支援費を請求していませんか。	国保連に居宅介護支援費の請求を行うことができる事業所は、サービス提供月の末日に給付管理票を作成した事業所のみです。ただし、月途中で他区市町村に転出する場合は転出前・後の各事業所で請求可能です。
2	月途中で要介護度が変更となった場合、重い要介護度に応じた支給限度額管理を行っていますか。	介護サービス費の報酬単位は、サービス提供時点での要介護度に応じたものとなりますが、その月の支給限度額管理については、変更前・変更後での重いほうの要介護度を適用します。
3	前月から引き続き、30日を超える連続した短期入所サービスを居宅サービス計画に位置づけていませんか。	連続30日を超える短期入所サービスの利用については保険給付の対象外となります。連続30日には、入所日・退所日を含みます。また、退所日の翌日に再入所した場合も、連続の取扱いとなります。
4	居宅サービス計画を作成したにもかかわらず当該月のサービスの利用実績がなかった場合に、居宅介護支援費を請求していませんか。	サービス利用票を作成しなかった月やサービス利用票を作成した月でも結果的に利用実績のなかった月は、給付管理票を作成しないため、居宅介護支援費は算定できません。
5	運営基準違反により居宅介護支援費が減算対象となっている利用者に対して、初回加算を請求していませんか。	運営基準に関する減算は、適正な居宅介護支援サービスを確保するためのものであるため、減算対象となる利用者については、初回加算の請求はできません。

6	月途中で要介護度に変更があったにもかかわらず、従前の区分に応じた単位数で居宅介護支援費を請求していませんか。	要介護1または2と要介護3から5では居宅介護支援費の所定単位数が異なるので、月末における要介護度の区分に応じた報酬を請求します。
7	訪問介護を位置づけた計画数のうち、最多紹介件数の法人を位置づけた計画数の割合が90％を超えているのに減算せずに請求していませんか。	判定期間において、訪問介護、通所介護、福祉用具貸与それぞれを位置づけた計画数のうち、紹介件数最高法人の計画数が90％を超える場合は、減算適用期間（6月間）中、全利用者について、1月につき200単位減算されます。
8	居宅サービス計画の実施状況を把握するための利用者宅への訪問をせず、利用者に面接していないのに、居宅介護支援費を減算せずに請求していませんか。	1月に1回利用者の居宅を訪問し、利用者に面接およびその記録をしていない場合は、その居宅サービス計画に関する月の居宅介護支援費は100分の70に減算されます。減算が2月以上続くと100分の50に減算されます。
9	1月を通じて認知症対応型共同生活介護や特定施設入居者生活介護等を受けている利用者に対して、居宅介護支援費を請求していませんか。	1月を通じて、認知症対応型共同生活介護や特定施設入居者生活介護等を受けている利用者に対しては、給付管理業務を行う必要がないため、居宅介護支援費は算定できません。
10	住宅改修しか行わなかった利用者について、当該住宅改修の理由書の作成を行った場合に、居宅介護支援費を請求していませんか。	住宅改修のみを行った利用者については給付管理票を作成する必要がないため、居宅介護支援費は算定できません。

2. 介護保険の目的とケアマネジャーの役割

　人は誰でも、年をとると心身にさまざまな変調をきたし、そのことが原因となって大きな病気やけがをすることがあります。高齢期に大きな病気やけがをしてしまうと、完全に元の状態に戻ることは難しく、介護や支援が必要な状態となることもめずらしくありません。また、高齢期に不活発な生活を続けていると、使われない身体機能が退化してしまうことから、これまで人の手を借りずにできていたことができなくなってしまうこともあります。

　介護保険制度は、病気やけが、あるいは不活発な生活の積み重ねにより、入浴や排泄、食事等の日常生活に介護や支援が必要な状態となっても、その人が有する能力に応じて自立した日常生活を営むことができるよう、必要な保健医療サービスや福祉サービスを総合的に提供していくために設けられた制度です。

　この制度は、介護が必要な高齢者等が、単に安楽に過ごせるよう本人や家族などに代わって介護サービスを提供するものではありません。まずは一人ひとりが、要介護状態となることを予防するため健康の保持増進に留意し、たとえ要介護状態となった場合でも、リハビリテーションなどの保健・医療サービスを利用することにより、有する能力の維持向上に努めていただくことに重点が置かれています。

　最近では、「自立」の考え方を広くとらえ、日常生活の動作に多少の不自由があったとしても、さまざまな社会資源を活用しながら、「自分の責任で自分の生き方を決定していく」ことができれば、自立は可能であると考えられるようになってきました。

　こうした意味において、介護や支援が必要となった場合に、どのようなサービスを選択して利用するのか自己決定していくことに大変重要な意義があるといえます。

　介護保険制度では、利用する介護保険サービスの種類やそれを提供する事業者を最終的に決定する権限はサービスを利用する高齢者等にあることを明確に位置づけており、高齢者等が「自分の責任で自分の生き方を決定していく」ことを担保しています。

　しかしながら、高齢者やその家族にとって、さまざまな保健・医療・福祉サービスの機能や効果を的確に理解するのは容易なことではありません。そこで、**介護保険制度を効果的および効率的に運営していくため、専門的見地から利用者の課題を分析し、利用者の心身の状況等に最も適した支援計画（ケアプラン）を立てるとともに、利用者が必要なサービスを受けることができるよう、利用者とサービス提供事業者および保険者との連絡調整を担う「要（かなめ）」としてケアマネジャー（介護支援専門員）という新たな職種が位置づけられました。**

ケアマネジャーは、介護保険制度の仕組みや介護保険サービスの種類や内容、ケアプランの機能や効果等を懇切丁寧に説明することにより、利用者や家族が的確に自己決定を行うことができるよう支援する役割を担うとともに、ケアマネジャーが作成したケアプランを実行するためには、利用者や家族の同意を得なければならないこととされています。

　このように、介護や支援が必要な高齢者等のケアマネジメントを行うにあたっては、「説明」と「同意」という手法を用いて高齢者等の自立が担保されています。ケアマネジャーは利用者の自立を支え、守る役割を担っているのです。

3. 自立支援を目指すケアマネジメント

　年をとって身体が多少不自由になっても、できるだけ自立しながら住み慣れた家や地域で、なじみの人々とふれあいながら暮らしていきたいと願う高齢者は多いと思います。

　実際、地域には地域活動や趣味などを通して他者との豊かなかかわりのなかで生活をされている方も多くおられます。このような方は総じて自立しており、元気に生活される期間も長いように思われます。このような方は、たとえ病気やけがによって介護が必要な状態となっても、親しい友達や近所の方が訪問して声をかけてくださるので、孤立すること

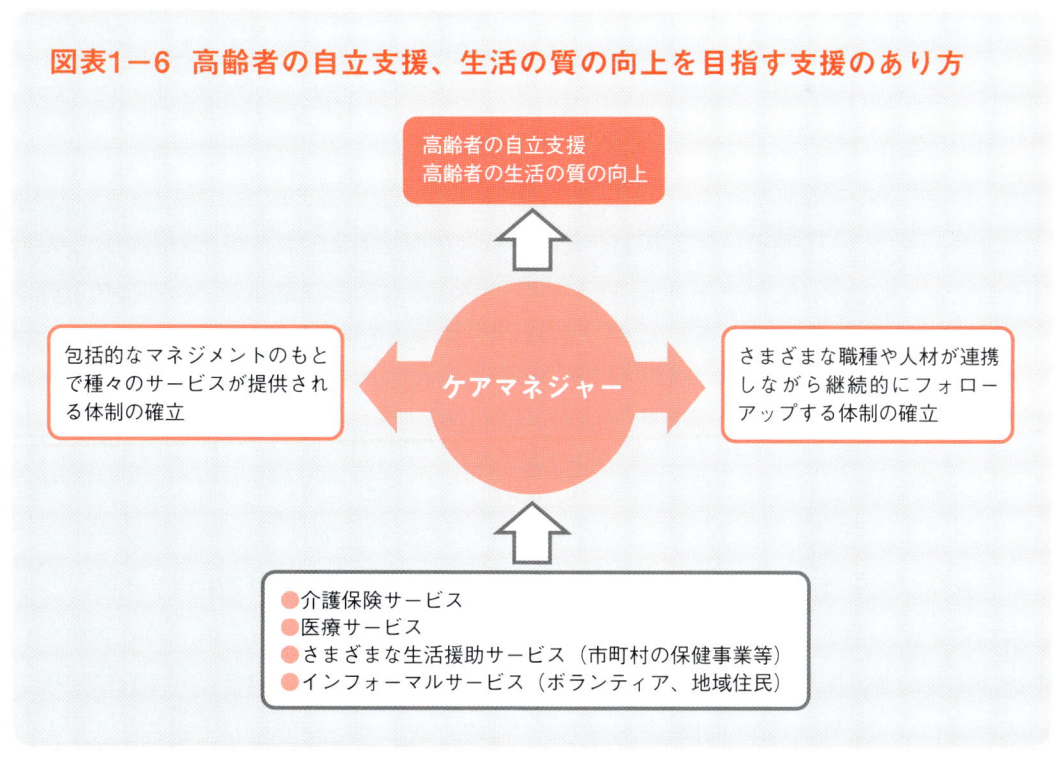

図表1-6　高齢者の自立支援、生活の質の向上を目指す支援のあり方

なく、温かな見守りのなかで生活することができます。
　ケアマネジメントは、地域社会のなかで生活を維持していくことが困難になった場合、その原因となる課題を分析し、生活の目標を定め、課題解決に至る道筋と方向を明らかにして、さまざまな社会資源を活用しながら総合的かつ効率的に課題解決をはかっていくプロセスとそれを支えるシステムです。
　近年、介護や支援を必要とする高齢者のケアマネジメントにあたっては、「できないこと」をいかに補うかよりも、「できること」を中心に支援のあり方を検討し、「できること」を十分に活用しながら多様な社会生活への積極的な参加を促すことにより、高齢者にとって満足度の高い、生き生きとした生活の構築を目指すという考え方が主流となってきました。
　また、高齢者の生活を支えていくための人材や方策などの社会資源は、公的な介護保険制度のメニューのみではなく、地域住民の支援や医療サービス、市町村独自の施策などさまざまなものがあります。ケアマネジャーには、こうした社会資源に関する情報を的確に把握し、必要に応じて活用していくことが求められています。

4. 高齢者の尊厳と望ましいケアプランのあり方

　誰もが豊かで幸せな高齢期を迎えたいと願っていますが、それまで過ごしてきた人生の道程は人それぞれであり、積み重ねた年月の上にそれぞれの現在の生活があります。豊かな経済力と温かな家族に囲まれた高齢者もいれば、身寄りもなく経済的に困窮している高齢者も少なくありません。
　たとえ、利用者の心身や生活の状態がどのような状況であっても、目上の人に対して礼節をわきまえることは当然であり、決して蔑視するようなことがあってはなりません。
　高齢者のなかには、誰の世話にもなりたくないと考えている方もいて、ケアマネジャーに相談がつながったときには、すでに介護サービスに頼らざるを得ない限界に達している場合もよく見られます。また、「このような身体では掃除や洗濯などの家事ができない」など、現状だけをとらえて、自分自身ができないことや困りごとだけを訴えられることも多いようです。
　ケアマネジャーは、利用者の言葉の表面だけにとらわれず、「自宅で生活する際、どのようなことが一番不安ですか？」「どうして家族に迷惑をかけていると思うのですか？」など、不安の背景になっている部分について丁寧に面接を行い、利用者が「本当に困っていること」や「本当はしたいけれどあきらめていること」などを明らかにすることが大切

です。その上で、こうした課題に対して、どのようにすれば利用者が生きがいや希望をもって生活していくことができるか、利用者と一緒に考え、生きる意欲を引き出すプランを立てることが重要です。

　時には、ケアマネジャーが専門的見地から必要と位置づけた支援策が利用者にすんなりと受け入れてもらえないこともあります。ケアマネジャーは、自ら策定した支援計画が専門的見地から見て利用者の自立を支援し、生活の質を高めるために不可欠であると判断した場合は、たとえ利用者や家族から同意を得られなかったとしても、その必要性をわかりやすく説明し、計画に基づくサービスの導入に向けて粘り強く働きかけていくことが重要です。

　高齢者のさまざまな思いを受けとめて、励ましながら生きる力を支えていくことこそが、真に高齢者の尊厳を守ることではないでしょうか。

5.関係法令の理解と遵守

　介護保険制度は、いうまでもなく法律に基づいて運営されます。したがって、介護保険制度の「要」であるケアマネジャーは、介護保険法が目指す要介護者等の支援に関する考え方（理念）を正しく理解するとともに、日々の業務を行うにあたって、それを実現するために細かく定められた規定を遵守しなければなりません。

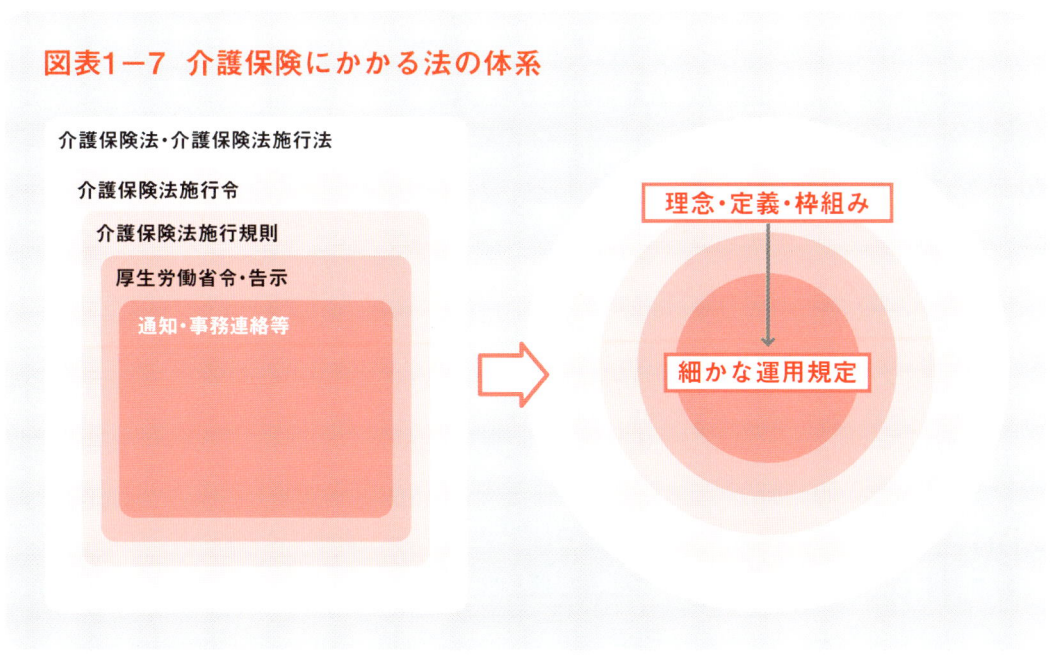

図表1-7　介護保険にかかる法の体系

また、在宅高齢者の介護支援を行うケアマネジャーは、原則、居宅介護支援事業所に所属して業務を行うこととなりますので、居宅介護支援事業所の法的な位置づけとその役割について理解しておくことも必要です。

　なお、指定居宅介護支援事業所の責務として明記されている事項の多くは、事業所の管理者に帰するものですが、利用者との間で実際にサービスを提供するケアマネジャー一人ひとりの行動は、事業所の活動そのものであることから、ケアマネジャーの理解や認識の不足が事業所全体の運営に大きな影響を与えることをしっかりと認識しておくことが重要です。

介護保険制度の基本理念（介護保険法第2条）

① 医療との連携

　保険給付は、要介護状態又は要支援状態の軽減又は悪化の防止に資するよう行われるとともに、医療との連携に十分配慮して行われなければならない。

② 利用者の選択に基づいた総合的なサービスの提供

　保険給付は、被保険者の心身の状況、その置かれている環境等に応じて、被保険者の選択に基づき、適切な保健医療サービス及び福祉サービスが、多様な事業者又は施設から、総合的かつ効率的に提供されるよう配慮して行われなければならない。

③ 在宅サービスを基本とした給付内容

　保険給付の内容及び水準は、被保険者が要介護状態となった場合においても、可能な限り、その居宅において、その有する能力に応じ自立した日常生活を営むことができるように配慮されなければならない。

---

6. ケアマネジャーの基本倫理

　ケアマネジャーは、居宅介護支援業務の提供にあたって、最低限「法の遵守」のみを行えば法令違反に問われることはありませんが、狭い範囲の「法の遵守」のみでは対人援助はできません。

　人は、法や規則に基づいて行動するのではなく、個人の内面的な「思い」や「情」によって動きますので、対人援助においては、しばしばどのような対応をすべきか判断に迷うことも多いと思います。

たとえば、利用者から庭で採れた野菜や自宅で漬けた漬物などを持って帰ってほしいと言われた場合、ケアマネジャーとしてどのように対応すべきなのでしょうか。収穫の喜びを身近な人と分かち合いたいといった気持ちや上手にできた漬物などを人に食べてもらいたいという気持ちに寄り添うことは、対人援助を行う上で信頼や親近感を得るために大変有効な手段であると思います。しかし、ケアマネジャーは利用者から正当な介護報酬以外に金品を受け取ることはできませんので、立場上、利用者からいかなるものも受け取ることができないことを丁寧に説明して理解していただくよう努めることが必要です。

ただし、気質的にどうしても対応が困難なケース等もあるため、どのようなケースに対しても杓子定規に断ってしまうと、かえって利用者が疎外感や不信感を抱くことにもつながりかねないため、利用者の心理状態や利用者との人間関係（信頼関係）の状況などを勘案して、個別の対応を検討しなければならないこともあると思います。なお、そのような場合においても、お中元やお歳暮などを利用者から受け取ることはまったく意味が異なります。

例外的に個別の対応をとる場合には、その理由を明確にし、必ず管理者に報告するなどして、担当ケアマネジャー個人で抱え込まないことが大切です。このくらいは許される範囲であろうと、小額の物のやりとりや買い物、預貯金の出し入れなどの頼まれごとを重ねていくうちに、家の鍵を預かり、通帳を管理するような特別な関係となり、家族を差し置いて遺産の分与まで約束されるような不適切な関係に発展した例も報告されています。

ケアマネジャーと利用者は、あくまでも業務上の関係であり、仮に利用者が業務的な関係を超えて「擬似家族」的な交流を望んだとしても、ケアマネジャーは常にどの利用者に対しても平等に対応しなければならないことを忘れてはなりません。

ケアマネジャーには、法が規定する理念を理解しつつ、ケアマネジャーとしての倫理に基づいた支援が求められています。一般的に倫理とは、人として守るべき道であり、道徳の規範となる原理を指し、法律のような外面的な強制力をもつものではなく、個々のケアマネジャーの内面的な心理（良心）によるところが大きいといえると思います。しかしながら、ケアマネジャーに求められる倫理は、職務を行う上で不可欠なものであり、個々のケアマネジャーの個人的な考えによって左右されるべきものではありません。

ケアマネジャーは、一般的に居宅介護支援事業所に所属して、業務として高齢者の支援を行っていることから、事業所内において研修等を通じてケアマネジャーの基本倫理に関して共通理解をはかるとともに、個々のケアマネジャーの日常の行動に関して管理者が把握できるよう情報の交流が必要であると思います。

なお、居宅介護支援事業所の経営者がケアマネジャーにさまざまな形で不正を強いるようなケースも多く報告されています。そのようなケースに遭遇した場合は、告発すること

をためらってはいけません。仮に、不正であると認識しつつ、その業務を行った場合、その責任は事業所のみならずケアマネジャー個人にも及びます。具体的には、都道府県の介護保険課や保険者に相談することが必要ですが、まずは信頼できる同業者に相談してみることも一つの方法です。たとえば、ケアマネジャーのネットワークの会などに参加して、事業所外の同業者とふだんから交流をはかることも大きな力になると思います。

　ケアマネジャーが踏まえるべき基本倫理としては、以下の点があげられます。

1 利用者の人権の尊重

　人生の最後まで個人として尊重され、その人らしく暮らしていくことは誰もが望むことであり、たとえ介護が必要になった場合でも思いは同じです。

　この場合、ケアマネジャーは「できなくなったこと」をいかに補うかよりも、「できること」を中心に支援のあり方を検討していく視点が大切です。「できること」を十分に活用したケアプランのもとでは、利用者にとって満足度の高い、生き生きとした生活の構築を目指すことができます。このように、身体的な自立の支援だけでなく、その人らしい生活を自分の意思で送ることを支援することが、「高齢者の尊厳を支えるケア」であると考えます。

　こうした考え方は、認知症高齢者のケアマネジメントに関しても同様であり、認知症高齢者のケアに携わる者が、それぞれの専門性を活かしながら、利用者が有する生活能力に着目したアセスメントを行い、その情報を持ち寄って、利用者が住み慣れた家や地域で安心して暮らしていくための総合的な支援を行うことが重要です。したがって、家族等の身寄りのいない高齢者が認知症になって、記憶力や理解力が低下してきた場合などであっても、ケアマネジャーが本人に代わって介護サービスの内容や頻度、事業所などを勝手に決

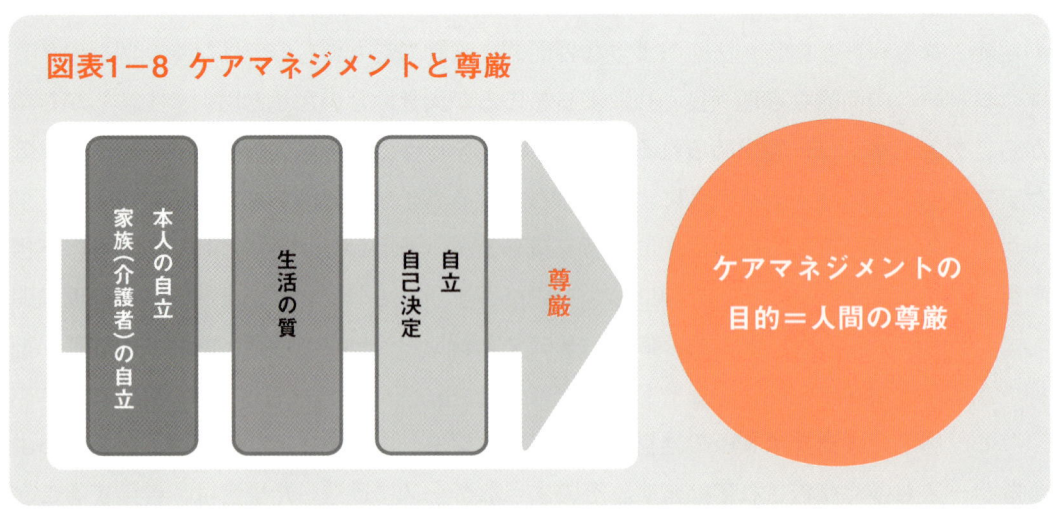

図表1-8　ケアマネジメントと尊厳

めることがあってはなりません。

　ひとり暮らしの高齢者や高齢者夫婦に認知症が発症した場合、ともすると火の心配があるから調理をさせない、迷子になるから買い物に行かせないなど、本人たちのできる生活能力を奪うことで周囲の人間の安心に換えることがよく見られます。しかし、認知症を性急に「リスク」としてのみとらえるのではなく、家族や医療機関と適切に連携をはかりながら、本人ができることを大切にして利用者の望む生活を支援していくことが重要です。たとえケアマネジャーが利用者の在宅生活が限界であると見込んだ場合においても、利用者の日常生活のあり方などについて、本人に代わって安易に決めることはできないのです。

　現在、認知症などにより判断力が著しく低下した場合などについては、家庭裁判所において成年後見制度の適用を申請することができるようになっています。この場合、後見人の選定や費用等の問題もありますので、家族等の身寄りのいない高齢者については、地域包括支援センターなど公的な機関と十分に協議を行う必要があります。

　なお、認知症の症状がある程度進行していると思われる段階で、近隣の通報や相談によってケアマネジャーの関与が始まる場面もあると思います。このような場合においても、ケアマネジャーがその人の生活を自らの価値観で判断し、独断でサービスを導入することは適切ではありません。利用者のこれまでの歴史や価値観を尊重することが必要です。そのため、ケアマネジャーは何度も足を運びながら、利用者の理解を深めていくことが重要です。そして、ケアマネジャーが単独で支援するのではなく、民生委員や地域包括支援センター、介護サービス事業所等の関係者とチームを組んで支援を行うことが大切です。

2 利用者の主体性の尊重

　ADLに多少の不自由があったとしても、さまざまな社会資源を活用することにより自立は可能となります。

　介護サービスの選択や利用にあたっては、自己決定が大変重要な意義をもちます。ケアマネジャーにとってはわかりきった制度やサービスであっても、利用者にとっては理解しにくいことも多いと思います。どのような社会資源を活用すれば、自らが望む生き方や生活に近づくことができるのか、ケアマネジャーは利用者が的確に自己決定を行うことができるよう、わかりやすく説明を行わなければなりません。

　また、利用者自身が、どのように生きていきたいのか、どのような生活を送りたいのか、自らの意思や意向を明確に表していただくことが重要です。自分の考えを言葉にして伝えることは誰にとっても容易なことではありませんので、ケアマネジャーは利用者の生活に対する考えや思いを引き出すよう努めなければなりません。

　利用者が自分の思いを伝えるまでには、ある程度時間がかかることもあります。また、

人の思いや考えは変わるということを認識しておく必要もあります。その上で、利用者の思いをしっかりと受けとめて、必要な支援を行うことが大切です。

また、自己決定を支援するためには、介護保険制度の枠内の情報提供だけでは不十分です。介護保険の周辺の制度やボランティアなどの社会資源等について、豊富な知識と情報をもっておくことが大切です。

3 公平性と中立性の確保

ケアマネジャーは常に利用者の立場に立って、利用者に提供されるサービス等が特定の種類または特定の事業者に不当に偏することのないよう、公正中立に行わなければならないと運営基準に位置づけられています。

(1) 公平性

ケアマネジャーに求められる公平性には、大きく二つの側面があります。

その一つは、サービス利用の援助における公平性です。介護サービスは、利用者の状態によって利用できるサービスの種類や量などが異なりますが、ニーズの性質や量に応じたサービスを利用した結果として、個々の利用者の生活の安定度や生活の質が等しい状態になることが求められます。

たとえば、Aさんはひとり暮らしで淋しいだろうからと、訪問介護サービスを必要以上に提供し、同じくひとり暮らしのBさんには、怒りっぽい性格でいつも苦情を言われるからと最低限度の訪問介護サービスしか提供せず、その結果AさんとBさんの生活の質が大きく異なるようなことがあってはいけません。

ただし、サービス事業所の選択場面において、囲碁が趣味であるAさんには囲碁などのレクリエーションが活発に行われている事業所のデイサービスを紹介し、脳梗塞後で細かい作業のリハビリが必要なBさんには物づくりをリハビリに生かす工夫をしている事業所のデイサービスを紹介するなど、利用者のニーズの性質に応じて対応を変えることは公平性の原則にはずれることではありません。

大切なのは、サービスを提供した結果として、それぞれに有効な成果が得られることです。さまざまな状態にある利用者が、どこの事業所のサービスを利用してもきちんと所期の目的が達成されるよう、サービス提供の結果を適正に評価して、ケアマネジメントの質を担保していくことが求められているのです。

もう一つの公平性の視点は、ケアマネジャーは複数の利用者に対してサービスを提供していますが、合理的な理由なしに利用者によって受けるサービスの質や量に差があってはならないということです。たとえば、日頃から気の合うAさんにはサービスの質が高いと

図表1-9 公平性と中立性

サービス利用援助における公平性

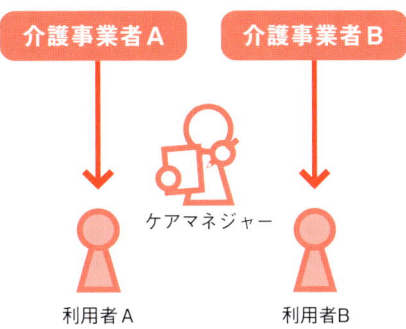

ニーズの性質や量に応じてサービスの利用を支援することが必要であり、サービスを利用した結果において、生活の安定度や生活の質が等しい状態であることが求められます。

要介護者と支援者との関係における公平性

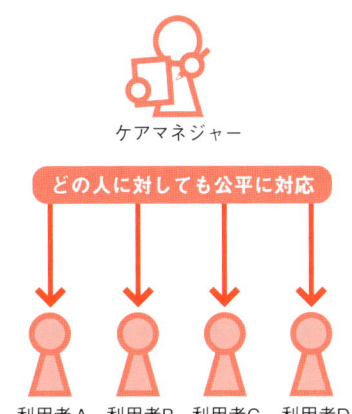

支援者としての感情や行動のコントロール、自己覚知が不可欠です。

サービス提供機関との関係における中立性

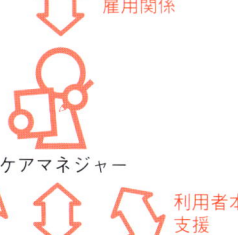

利用者本位の支援に向けて助言や調整を行うことが必要です。

要介護者を含む関係者間における中立性

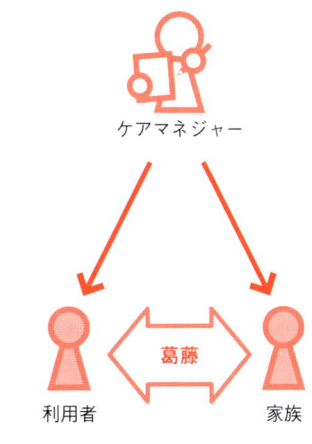

両者の信頼を得るために、中立の立場を意識して対応することが必要です。

評判のX事業所を紹介し、何かとクレームの多いCさんにはX事業所はあえて紹介しないなど、サービス利用の援助において不当に異なる対応をとることはあってはなりません。

(2) 中立性

ケアマネジャーに求められる中立性にも、大きく二つの側面があります。

その一つは、サービス提供機関との関係における中立性です。居宅介護支援を担うケアマネジャーは、居宅介護支援事業所に所属していますが、訪問介護事業所や通所介護事業所が併設されているケースもめずらしくありません。所属する事業所に併設した介護事業所がある場合、利用者のサービス事業所を選択する場面において中立性を保つことが重要です。所属する事業所の系列のサービスを提供するよう、事業所内において方針が示されることもめずらしくありませんが、利用者にとって真に必要な対応をその事業所で有効に行うことができるのか、事業所のサービスのスキルとレベルを見極める必要があります。その上で、利用者に複数の事業所を提案して、利用者の選択を求めるプロセスを経ることが必要です。

また、ケアマネジャーは併設事業所のみならず、どの事業所に対しても公平・中立的な立場をとることが必要です。ケアマネジャーとサービスを提供する事業所との間に利害関係があってはなりません。

ケアマネジャーは、自分の所属する事業所等の利益のために働くのではなく、専門的見地から常に公平・中立の立場で利用者本位のサービスを提供することが求められているのです。

もう一つの中立性の観点は、利用者と家族との関係における中立性です。利用者と家族は、それぞれの立場の違いにより、さまざまな葛藤関係にある場合も少なくありません。家族にしかわからない複雑な問題もあります。ケアマネジャーは、家族のどちらがよく、誰が悪いなどといった審判的な態度をとることなく、常に中立的な立場で対応することが大切です。

ケアマネジャーが支援する利用者にはそれぞれの価値観があります。特に高齢者の場合は、厳しい時代を生き抜いてきた歴史があります。さまざまな時代背景とともに利用者それぞれに多様な価値観をもって生きてこられたのです。ケアマネジャーは利用者の価値観を尊重することが大切であり、自分の価値観を利用者に押しつけるようなことはあってはなりません。自分とは異なる生活習慣をもっている利用者と遭遇した場合においても、利用者への偏見をもったり、ケアマネジャーの個人的感情（好き嫌い）で支援をすることがないよう、どの利用者にも常に公平に専門的支援関係を構築する必要があります。また、利用者に共感するあまり専門的援助関係を超えて支援を行うことや利用者の感情に巻き込

まれたりすることのないよう、ケアマネジャーは常に「専門職としての援助者」であることを念頭に置かなければなりません。

4 個人情報の保護

　ケアマネジャーには、利用者の個人情報や事業所に従事するなかで知り得た情報について守秘義務があります。それは、所属している期間に限られたものではなく、その事業所を退職した後においても継続して義務が課せられます。

　したがって、自分がその職を退いても自分の知り得た情報は他言してはいけません。このため居宅介護支援事業所では、個人情報保護の観点から、退職後の守秘義務を含めた誓約書をケアマネジャーとの間で交すことが一般的な取り扱いとなっています。

　個人情報の保護については、運営基準において以下のように規定されています。

> **個人情報の保護に関する運営基準上の規定**
> ① 指定居宅介護支援事業所の介護支援専門員その他の従業者は、正当な理由がなく、その業務上知り得た利用者又はその家族の秘密を漏らしてはならない。
> ② 指定居宅介護支援事業者は、介護支援専門員その他の従業者であった者が、正当な理由がなく、その業務上知り得た利用者又はその家族の秘密を漏らすことのないよう、必要な措置を講じなければならない。
> ③ 指定居宅介護支援事業者は、サービス担当者会議等において、利用者の個人情報を用いる場合は利用者の同意を、利用者の家族の個人情報を用いる場合は当該家族の同意を、あらかじめ文書により得ておかなければならない。

　規定に定められていることは、日常の業務においては十分に配慮されていることと思います。しかし、気をつけているようでも「うっかりした」という場面は意外とあるようです。たとえば、利用者に安心してもらうために、「実は、隣のAさんも当初ヘルパーさんに来てもらうことはとても嫌がっていましたよ。でも、今ではすっかりなじんでいます。遠方の娘さんも安心しています。誰でも最初からうまくはいかないですよ」などと話をすることも、Aさんの個人情報を他人に漏らしていることであり、秘密保持の原則に反しています。

5 介護サービスに関して保障されるべき利用者の権利

　利用者の権利については、「介護サービス資源や自分にかかわる情報を知る権利」や「申請する権利」など、介護保険制度の「利用者本位」「高齢者の自立支援」「利用者による選

択（自己決定）」という基本理念に基づいて保障されているものや、「個人としての人格を尊重される権利」や「自分の生活を維持・向上させる権利」など憲法の基本的人権の考え方に基づいて保障されているものなどがあります。

　ケアマネジャーは、職務を行う上でこれらの権利を自らが侵害することのないようにすることは当然ですが、これらの権利が保障されるよう積極的に支援していくことが求められています。

　たとえば、ケアプランに位置づけられた介護サービスを利用しようとする場合、提供する事業者を選択して最終的に決定する権限は利用者にありますが、地域にどのような事業所があり、提供しているサービスにどのような特性があるのかなどについて、利用者や家族が情報収集することは決して容易ではないと思います。

　利用者や家族が情報収集する手段としては、平成18年度に導入された「介護サービスの公表制度」があり、介護サービス事業所の基本的な事項やサービスの内容、運営等の取り組み状況など、介護サービスの種類ごとに共通の項目の情報が定期的に公表されています。しかし、このような制度があるからといって、利用者の権利が保障されているとはいえないと思います。ケアマネジャーは、利用者やその家族が、自分たちにもっともふさわしい事業者を自ら選択することができるよう、日頃から地域のネットワークを活用して地域の介護サービス事業者等の情報を収集し、利用者や家族の求めに応じて的確に提供していく必要があります。

　また、介護や支援が必要な利用者が住み慣れた自宅で在宅生活を送るためには、介護保険サービスによる支援のみでは限界があります。そのため、たとえば介護保険サービスと障害者自立支援法の併用ができることや訪問看護が医療優先で利用できること、さらに市町村の特別給付事業など、介護保険以外の社会保障サービス制度等も熟知して、必要に応じて利用者へ情報提供していくことが求められます。ケアマネジャーが他の制度の活用方法を知らないために利用者が不利益を被ることがないよう、的確に支援を行うことが大切です。

　また、利用者は自分の要介護認定の結果や支援に対する情報等を知りたい場合、記録の開示を求めることができます。ケアマネジャーは利用者の求めに応じて、利用者に関する記録を開示する義務があります。

　ケアマネジャーは利用者が以下のような権利を有していることについて、居宅介護支援サービスの開始にあたって、あらかじめ重要事項説明書などをもとに説明を行うことが必須となっています。

保障されるべき利用者の権利

① 介護サービス資源や自分にかかわる情報を知る権利
② 意思表明（申請）の権利
③ 自己決定（選択する）の権利
④ サービスを利用する権利
⑤ サービスや意思決定を強制されない権利
⑥ プライバシー（個人情報）を侵害されない権利
⑦ 虐待・拘束・放置されない権利
⑧ 個人としての人格を尊重される権利
⑨ 自分の財産を管理・運用する権利
⑩ 自分の生活を維持・向上させる権利
⑪ 不服申し立て（審査請求）の権利

II

ケアマネジメントの実際

1. ケアマネジメントプロセス
2. インテーク
3. アセスメント
4. 居宅サービス計画の作成
5. サービス担当者会議
6. モニタリングとケアプランの評価

1．ケアマネジメントプロセス

　介護保険制度では、介護や支援が必要な高齢者等が、住み慣れた家や地域で安心して生活を続けていくことができるよう、ケアマネジャーがケアマネジメントの手法を用いて総合的かつ効率的に支援を行うこととしています。

　介護保険におけるケアマネジメントは、生活の困りごとの原因となる課題を分析し、課題解決に至る道筋と方向を明らかにして、さまざまな社会資源のなかから最も効率的で効果的な支援策を総合的に提供しながら課題解決をはかっていくプロセスとそれを支えるシステムです。ケアマネジャーは下図のプロセスに従って、介護保険サービスの提供を含め、利用者の生活を支援することとなります。

　新規の利用者の場合は、第1段階のインテークから始まり、第5段階のモニタリングまでを通してケアマネジメントを実行します。その後は1か月を単位に、第2段階のアセス

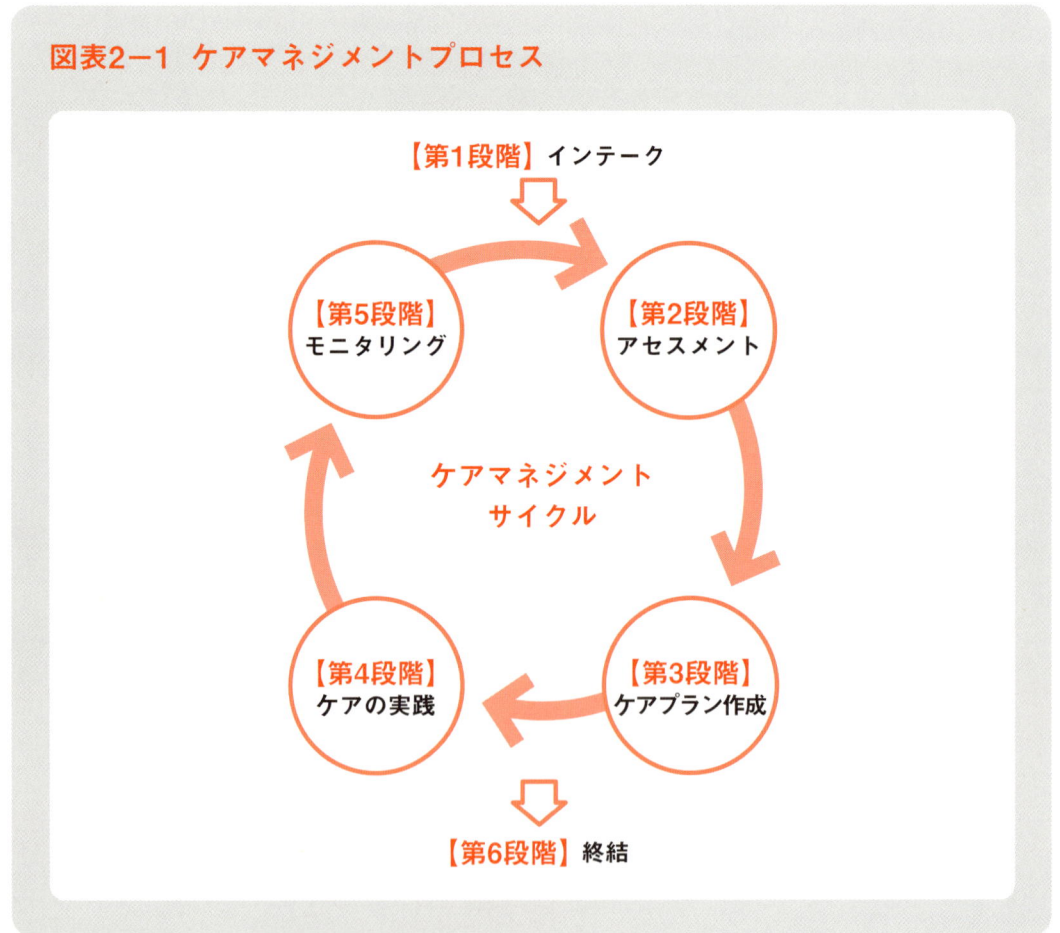

図表2-1　ケアマネジメントプロセス

メントから第5段階のモニタリングまでをサイクルとした継続的な支援を行います。

　ケアマネジャーは、各プロセスの業務を行うにあたって、なぜそのように決定するのかという根拠を明確にする必要があります。このことは、利用者に対する説明責任として、また公的介護保険という制度の適正な運用上も求められています。根拠のないサービス提供はあり得ません。

　利用者の課題の抽出、課題解決のために最も効果的で効率的な手段・手法の提案、利用者の理解を得た上でのサービスの実践、サービスの効果の評価、必要に応じて再び課題の抽出、という行為を月単位で実践します。同時に、その過程を文書に記録し、利用者や保険者の求めに応じていつでも提示できるようにすることが求められています。

　以下、インテークからモニタリングまで、ケアマネジャーの業務におけるポイントや留意事項について詳しく説明していきます。

2. インテーク

1　インテークとは

　高齢者を取り巻く問題はさまざまであり、ケアマネジャーに寄せられた相談のすべてがケアマネジメントの手法を用いて支援できるとは限りません。

　インテークとは、ケアマネジャーが高齢者や家族等の相談に際して、主訴や要望を丁寧に聞き取り、ケアマネジメントの手法により支援を担当することがふさわしいか否かを確認する行為です。

　高齢者や家族等からの相談がケアマネジメント支援（介護保険サービス）につながりそうな場合は、高齢者や家族の立場に立って丁寧に対応することはいうまでもありません。利用者の相談がターミナルケアや医療依存度の高い事例の場合、居宅介護支援事業所の管理者は、その事例の担当者として誰がふさわしいのかを検討する必要があります。担当者の経験が乏しい場合は、他のケアマネジャーのフォロー体制が必要です。

　もし、居宅介護支援事業所において支援を担当することがふさわしくないと判断した場合であっても、地域包括支援センターやその他の専門の窓口の紹介を行うなど、関係機関へきちんとつなぐことが必要です。

　なお、ケアマネジメント支援を必要としている人であっても、健康上の問題から緊急に入院治療が必要な場合、あるいは深刻な虐待状況に置かれている場合には、ケアマネジメント支援を提供するよりも、まず入院や入所を考える必要がありますので、居宅を訪問し

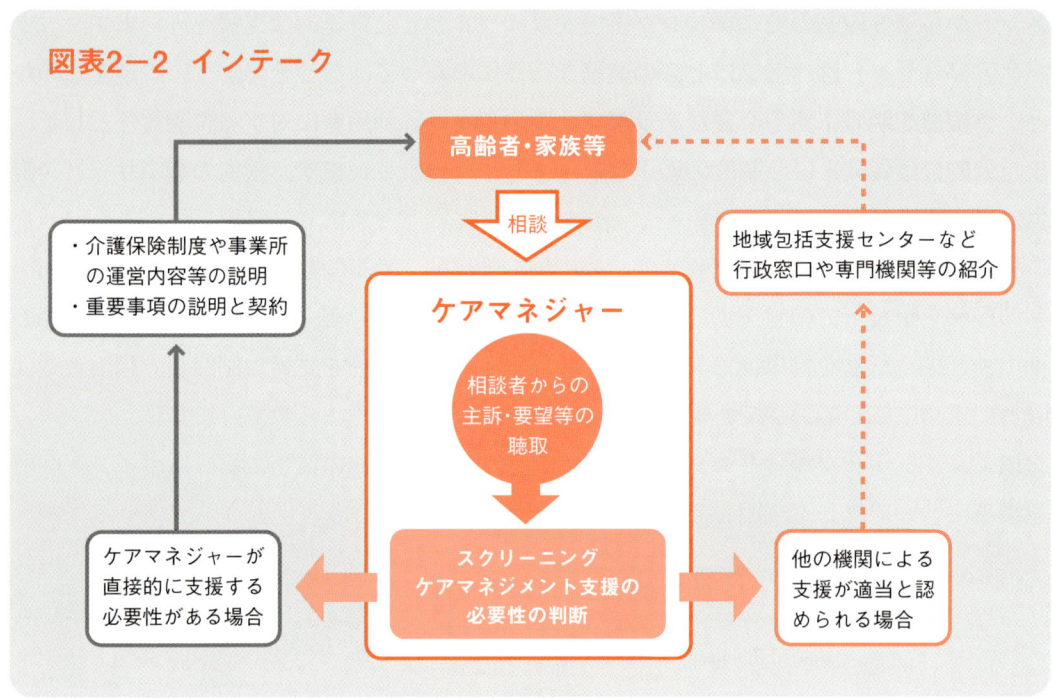

図表2-2 インテーク

て的確なアセスメントを行うことが求められます。

　さらに、支援を必要とする程度が比較的軽度な場合においては、介護保険の要介護認定の結果によっては地域支援事業や介護予防事業の対象となるため、地域包括支援センターの位置づけと役割についても説明を行うとともに、地域包括支援センターと連携をとることが重要です。

2 インテークの手順

（1）相談者からの主訴・要望等の聴取
① 利用者本人から相談があった場合

　利用者本人から相談があった場合、利用者は複雑な制度の仕組みや面倒な手続きなどに対して大きな不安を抱いています。まず、どのようなことで困っているのか、親身になってよく聴くことが大切です。

　支援を進めていく立場としては、効率よく必要事項の聞き取りを行いたいところですが、相談の最初の段階では、利用者は自分の話をよく聴いてくれる相手なのか、信頼して話ができる人なのかを見定めようとしています。基本は、相手の話に対して傾聴する姿勢が重要であり、たとえば電話による相談では、制度の仕組みなどについて多くの説明を行う必要はありません。

　また、大切なのは専門用語を使わないことです。利用者は、「要介護認定はお済みです

か？」「介護保険被保険者証はお手元にありますか？」など聞きなれない言葉で質問されると、「こんな面倒なことはやめよう」とあきらめてしまうこともあります。こうしたことは、訪問してから確認すれば済むことです。

　初回の相談対応にあっては、まず必要なことだけを聞き取り、後はできるだけ相手の困っていることなどの話をよく聴くことを心がけましょう。この場合、相談内容を記録しておくことが大切です。

受付時に聞き取りたい基本情報

・氏名、性別、生年月日
・住所、電話番号などの連絡先
・訪問時の駐車場の有無
・初回訪問時に同席者の有無
・どなたが同席をするのか
※　相談受付票（図表2-3）参照

☆　忘れずに復唱しましょう！
☆　高齢者のなかには難聴の方が少なくなく、「はい」と返答していても確実に理解をしていただいているとは限りません。できるだけ「わかりやすく」「短いセンテンスで」「はっきりと」を心がけることが大切です。

②　利用者の家族から相談があった場合

　利用者の家族からの相談は、たとえば「介護ベッドを利用したい」「昼間家族が留守の間、食事の世話や見守りをしてほしい」など、明確な要望があるケースも多いようです。こうしたときに安易に相手の要望に応じると、時として大きな問題を引き起こすことになる場合もあります。必ずプロの目で必要なアセスメントを行い、真に必要な社会資源につなげることが大切です。

　ご家族が窓口に相談に来られた場合も、ご本人から相談があった場合と同様、どのようなことで困っているのか、親身になってよく聴く姿勢は同じです。その上で、相手方の時間の余裕を確認して、介護保険制度の概要、介護保険利用の手続き、事業所の運営方針、ケアマネジャーの役割、介護サービスの種類と大まかな利用料などについて説明を行います。なお、この場合、できるだけ担当するケアマネジャーが対応して、利用者の状態などを含め詳しく聞くことが望ましいでしょう。何らかの事情によって担当ケアマネジャーが対応できない場合は、相談受付票（図表2-3参照）に聞き取り事項を記入して、必ず対応者が担当ケアマネジャーに申し送りをすることが大切です。利用者や家族に何度も同じ内容を聞くことがないように配慮する必要があります。

　なお、家族の訴えは、要介護者である本人の思いや気持ちと同じではないこともありま

す。家族からの相談内容は「家族の思い」として整理し、支援の方向を決定する際には、あくまでも利用者本人との面接に基づいて行わなければならないことに留意する必要があります。

> **重要な「ケアマネジャーの印象」**
>
> 　心細い気持ちで相談の電話をしたにもかかわらず、事務的な対応、一方的な説明、「誰でも介護に困っている状況である」など、個別性を尊重しないような発言をされたら、相談者はどのように感じるでしょうか？
>
> 　ケアマネジャーは「介護保険制度の要」といわれています。介護保険サービスの利用の入口であるケアマネジャーの印象が、介護サービス全体の印象を決めるといっても過言ではありません。一人ひとりのケアマネジャーの相談者に対する態度が、介護事業に携わる多くの事業者全体のイメージに大きく影響することを十分に認識しておかなければなりません。
>
> 　利用者やその家族にとって、困った、どうしよう……と心細い気持ちで相談をしたときに、丁寧に親切に話を聴いてくれたということが、相談者の大きな支えになります。
>
> 　相談の最後に、「相談してよかった」「安心しました」といった言葉を聞くことができるよう、相談者の思いをしっかりと受けとめる対応をしたいですね。

③ 行政や医療機関等の関係機関から紹介があった場合

　福祉の担当窓口や地域包括支援センターなどの行政機関、医療機関、介護保険事業所などの関係機関からの紹介を受ける場合、紹介を行う機関がその時点で保有している利用者等の情報について提供を受けることになります。

　しかし、紹介を行う機関が利用者に情報提供に関する承諾を取っていない場合には、個人情報保護の観点から利用者に関する情報を得ることができないこともあります。また、提供された情報が必ずしも正確でない場合もあることから、ケアマネジャーは事前情報のすべてが確定的なものと思い込まずに、自分自身が本人に面接して情報収集を行うまでの「予備的な資料」として認識しておくことも必要です（図表２－３参照）。

(2) スクリーニングの実施

　スクリーニングは、ケアマネジメントの援助を必要としている人か否かを判断する作業であり、相談者から主訴や要望を聞き取りした結果から、ケアマネジャーが所属する事業

図表2-3 相談受付票（例）

相談受付日時	平成　　年　　月　　日（　曜日）午前・午後　　時　　分		
相談受付方法	□電話　　□来所　　□その他（　　　　　　　　　）		
相談応対者			
相談の対象者 （ご利用者）	ふりがな		生年月日（年齢）
	氏名		明・大・昭 　　年　　月　　日（　　歳）
	住所		電話番号
相談者	ふりがな		ご利用者との続柄
	氏名		
	住所		電話番号
相談内容	いつごろから、どのようなことで		
	介護保険利用の意向	□有（認定申請　□済　□未）　□無	
既説明事項	□介護保険制度　　□認定申請手続き　　□事業所概要		
配布済み資料	□事業所パンフ　□介護保険の手引き　□重要事項説明書　□契約書		
初回訪問予約	日時	平成　　年　　月　　日（　曜日）午前・午後　　時　　分	
	同伴予定者	氏名　　　　　　　　　　　　　　　（続柄　　　　）	
	駐車場	□自宅　　□コインパーキング　　□その他　　□無	
	注意事項		

担当	主任	所属長	責任者	申し送り記録

所において対応が可能であるか否かの判断を行います。

　支援を担当することがふさわしくないと判断した場合は、対応が可能な専門の窓口の紹介を行うなど、関係機関へきちんと相談をつなぐことが必要です。

(3) 介護保険制度の概要説明

　相談者から主訴や要望を聞き取りした結果、ケアマネジャーが所属する事業所において対応が可能であると判断した場合、市町村や事業所が作成した介護保険事業のパンフレット等に基づいて、介護保険制度の概要をわかりやすく説明することが必要です。

　その際、要介護等認定申請に関する主治医の意見書や認定調査の手続き、要介護認定と要介護度区分、要介護度区分と利用可能な介護保険サービスの種類や内容、利用料の負担額などについて丁寧に説明を行うことが大切です。

(4) 重要事項の説明

　居宅介護支援業務は、相談を受けた事業所が自動的に担当できるというものではありません。利用申込者またはその家族に複数の居宅介護支援事業所から選択できることを理解していただいた上で、自らの事業所の運営規程や利用者が居宅サービス等を選択する場合に参考となるような事項に関し文書を交付して説明を行い、居宅介護支援サービスを開始することについて利用者の同意を得ることが必要です。

　重要事項の説明は、主に利用者の権利を守ることを目的として実施することが位置づけられていますが、利用者からのセクシャルハラスメントなど著しい不信行為等があった場合には事業者からの契約解除の申し出ができることなども含まれています。ケアマネジャーが利用申込者またはその家族に対して重要事項の説明を行う場合は、内容を理解していただけるよう丁寧に説明する必要がありますので、あらかじめ一定の時間を要することをご了解いただいてから始めることが望ましいと思います。

　なお、次の事項については、契約に際して利用者に説明をすることが義務づけられています。

- 当該指定居宅介護支援事業所の運営規程の概要
- 介護支援専門員の勤務体制
- 秘密の保持
- 事故発生時の対応
- 苦情処理の体制

(5) 居宅介護支援事業の契約

　居宅介護支援サービスの提供にあたっては、重要事項の説明と同時に、利用者の承諾に基づいてサービスの提供契約を締結します。契約書は通常2通作成し、1通は利用者、もう1通は事業所で保管します。

　介護保険制度は、利用者が自らサービスを選択し、契約に基づいてサービスの提供を受ける仕組みとなっていますが、認知症などで判断能力が不十分であり、自分の力で契約を締結することが困難な利用者もいます。このような場合には、成年後見制度や市町村の社会福祉協議会などが実施する日常生活自立支援事業等の活用を検討することが必要です。

(6) 直面している問題の明確化と確認

　インテークの段階では、利用者が困っていること、心配していること、してほしいことなどを利用者や家族が理解しやすい項目に整理し、明確にしておくことが必要です。利用者や家族が問題としてとらえていることを明確にすることが、後のアセスメントやケアプラン作成の際等に有効となります。

　ケアマネジャーは整理した問題点について、「つまりAさんは、○○○○ということでお困りなのですね」などと言語化して確認することが大切です。利用者とケアマネジャーの間で、扱う問題についての確認を得ることで、両者はケアマネジメントの過程を協力して歩んでいくことができます。

　この場合、必ずしも両者の認識が一致するとは限らないので、食い違いが生じた場合は「申し訳ありません。では○○○○について、もう少し詳しく教えていただけますか？」などと再確認を行うことが大切です。

3 信頼関係を構築する技術

　利用者・家族と信頼関係を築いていくためには、アメリカのケースワーカーで社会福祉学者のバイステックが示した7原則を理解し、必要に応じて活用することが有効だと思います。

(1) クライエントを個人としてとらえる（個別化）

　利用者の支援策を検討するにあたっては、利用者が直面する問題を個別に分析し、理解することが必要です。

　たとえば、脳梗塞で右半身麻痺になった方は、ほとんどが同じ状態であるのではなく、「この方の場合は○○○のことで困っているのだな」と、利用者一人ひとりの生活の状況や困りごとなどを理解し、個別の視点でとらえることが大切です。利用者が抱える問題は、

それが似たようなものであっても、それぞれ固有のものであり独自なものなのです。

　多くの事例を経験してベテランになっていくと、自分自身で注意しないと、この個別化の原則を見失うことがあります。初回面接時に「寝たきりの高齢者のケース」「認知症状のある高齢者のケース」「独居のケース」「同居のケース」、あるいは「訪問介護（看護）利用のケース」「通所介護（リハビリテーション）サービス利用のケース」等、個別化とは反対に利用者を「パターン化」してイメージしてしまうことがあります。

　もちろん、そういったイメージをすること自体は経験が成せる「技」であり、悪いことではないと思います。ただ、そのパターン化されたイメージにだけとらわれて、「そのケースの個別性や特殊性」までを描ききれずに、対応や思考も「流れ作業」や単なる「サービスのパッケージ化」になることはとても危険なので、是非とも回避しなければなりません。

（2）クライエントの感情表現を大切にする（意図的な感情の表出）

　利用者のなかには、自らの感情をあまり表に出さずに、実は納得をしていないにもかかわらず、ケアマネジャーから言われるままの支援策を受け入れていることもあります。このような場合では、利用者に不満や不信感が残るため、支援策の効果が十分に得られないばかりでなく、真の自立支援にはつながりません。

　利用者の感情や考えを上手に引き出し、利用者の疑問に一つひとつ応えていくことができれば、結果として同じ支援策を提供したとしても、その効果の差には大きなものがあります。そのためには、利用者に喜び、悲しみ、悩みなどの気持ちを素直に自由に表現していただけるようにすることが大切であるとともに、ケアマネジャーは利用者の感情や気持ちを敏感に読み取ることができる力量を養っていくことが求められます。

　とはいえ、利用者の感情を感受性をもって理解し、援助目標に沿って適切な情緒的かかわりをするのは、とても難しいことです。こうした技術を習得するためには、相応の経験と教育が必要であり、体系的な研修を積み重ねていくことが不可欠です。また、主任ケアマネジャーなど現場における経験豊富なスーパーバイザーによる指導や助言が重要であると思います。

（3）援助者は自分の感情を自覚して吟味する（統制された情緒的関与）

　この原則は、利用者とのコミュニケーションを通して利用者の言動の裏に潜んでいる感情を推し測り、その感情に適切に対応することで利用者に心理的支持を与えることができるというものです。したがって、ケアマネジャーには高いコミュニケーション能力と感受性が求められます。

　一般にコミュニケーションがもつ性質は、次の三つに分けられるといわれています。

①概念や知識だけのやりとり
②感情を伝え合うやりとり
③知識と感情の両者が行き来するやりとり

　たとえば、相談者が「現在は介護に困っている状況ではないが、将来のために介護保険の申請のしかたについて知りたい」と事業所を訪ねてきた場合には、介護保険制度のパンフレットを渡し、申請までのプロセスを説明するだけでよいと思います。これは介護保険の概念や知識を知りたいだけの相談であるため、これらのやりとりで満足されるだろうと思います。

　しかし、相談者が「自分の家族に物忘れが少し出てきたので、認知症について知りたい」と事業所を訪ねてきた場合、認知症という疾病に関する知識の説明だけで十分でしょうか。たしかに、相談者は認知症とはどのような病気であるのか、症状の特性や治療に関する情報を求めていますので、これらに適切に答えることは必須です。それに加えて、この相談者の場合は「自分の家族」が対象であるため、単に知識を得たいのではなく、強い不安を抱えているのではないかと推し測る必要があります。

　相談者の抱える不安や心配という感情は、さまざまな発言のなかに表れます。たとえば、「母がこのところ物忘れが目立ってきたのですよ」「認知症になると周りの家族はとても大変になるのでしょう？」などの発言には、「母は、認知症ではないだろうか」という大きな不安が見えると思います。

　このように、ケアマネジャーが相談者の不安を汲みとった場合には、「ご心配であれば、一度ご自宅をお訪ねして、ご本人とお話ししてみましょうか？」などと一歩踏み込んだ対応を試みることも大切です。

　できるだけ他人に迷惑をかけたくないと思っている場合やケアマネジャーとの間で信頼関係が構築されていない段階においては、相談者は感情を表現することに対して躊躇することがよく見られますが、ケアマネジャーは事実や言動の背景にある感情に対して感受性をもって推し測ることが大切です。ケアマネジャーは相談者の伝える言葉だけを受け取るのではなく、相談者の表情、しぐさ、姿勢、手の動き、目の動きなどをよく観察し、自分の感受性をフルに働かせて相手の感情を理解していくことが大切です。

　ケアマネジャーがこうした実践力を身につけるためには、経験を重ねるなかで自己研鑽を積むことが必要ですが、スーパーバイザーによるスーパービジョンを受けることが最も効果的な学習であると思います。

　なお、利用者やその家族の境遇や生い立ちに深く共鳴して、必要以上に感情移入をしてしまうと、他の利用者との関係における公平性を欠くことにもつながりかねません。このため、ケアマネジャーは利用者やその家族の感情にのみ込まれてしまわないよう、あくま

でも「支援の専門家」として自分の感情を制御して接することが必要です。

(4) 受けとめる（受容）

　ケアマネジャーは、利用者やその家族の感情表出などに対して、自分自身の好き嫌いなどの感情をコントロールし、あくまでも専門家として、利用者の現在・過去の行動や人格そのものを、あるがままに受け入れて共感的にかかわることが大切です。

　たとえば、利用者が平気で嘘をつく、約束を守らないなどの問題行動があったとしても、感情的にならずに、あるがままに受け入れることが必要です。ただし、それぞれの言動には相応の原因がありますので、なぜそのような結果となってしまったのかを冷静に分析することが大切です。

　利用者のすべてを受け入れ、全人格として尊重することが大切ですが、ケアマネジャーとしての自覚をもっていても冷静に対応することが困難な状況もあると思います。特に自分自身が悩みやストレスを抱えている状況では、受容するといっても難しい場面もあります。その意味でも、職場やプライベートな環境の改善に努め、いつもできるだけストレスのない状態にしておくことが大切です。

　また、利用者や家族との「相性」も現実にはあると思います。利用者との関係がギクシャクする場合は、相手もそのように感じていることが多いものです。どうしても相性が合わないという場合は、担当を替わるということも一つの選択肢であると思います。

　こうしたことは、事業所内のチームワークでカバーできることであり、「仕事だから」と無理を重ねると、結局はこの原則が高いハードルになってしまい、すべての業務に支障をきたしかねない状況を招くこともあります。あまり無理をするのではなく、最悪の「バーンアウト（燃え尽き）」を回避する手段をとることも一つの選択であると思います。

(5) クライエントを一方的に非難しない（非審判的態度）

　ケアマネジャーは、自分の価値観を押しつけることや利用者やその家族の言動を非難するようなことがあってはなりません。たとえば、利用者が家族のことについて愚痴を言ったり、悪口を言ったりした場合においても、「たしかに○○さんが悪いですね」などと批判（審判）するようなことは慎むべきです。

　しかし、この非審判的態度を貫くことはケアマネジャーとして難しい場合もあると思います。正義感や価値観は人それぞれであり、つい「息子だから〜〜は当然」「娘だから〜〜は当然」「嫁だから〜〜は当然」「家族だから〜〜は当然」等と心の底で思っている場合もあると思います。心の中で思うことは自由であり、誰も止められるものではありませんが、ケアマネジャーは、こうした批判的な言葉や態度を決して表に出してはならないこと

を意識して対応することが大切です。

(6) クライエントの自己決定を促して尊重する（クライエントの自己決定）

　介護保険サービスの主役は利用者本人です。利用者が自立した生活を送るためには、利用者自身が直面する問題に対して、自ら解決していこうとする姿勢をもつことが重要であり、ケアマネジャーは支援を行うにあたって利用者の考えや判断を尊重することが求められています。

　しかし、高齢者が介護サービスの選択や利用にあたって、さまざまな保健・医療・福祉サービスの機能や効果を的確に理解することは容易なことではありません。ケアマネジャーは、要介護認定の申請手続きや介護支援計画（ケアプラン）の作成、給付管理などの支援サービスを提供する際には、ケアプランの内容等を利用者や家族が理解できるように懇切丁寧に説明し、利用者や家族が的確に自己決定を行うことができるよう支援していかなければなりません。

(7) 秘密を保持して信頼関係を醸成する（秘密保持）

　秘密の保持とは、利用者や家族の個人的情報・プライバシーを絶対に漏らしてはならないとする考え方であり、介護保険の運営基準に規定されている個人情報の保護と同じ考え方に立ちます。

　ケアマネジャーは、利用者や家族のさまざまな個人情報を深く知る立場にあります。このため、業務上知り得た利用者またはその家族の秘密を漏らすことのないよう、所属していた事業所を退職した後まで守秘義務が課せられています。

　個人情報の取り扱いに関しては、誤送信のリスクがあるFAXでやりとりをしないなど、日常の業務のなかでさまざまな配慮をしていると思います。しかし、本人が意図しない形で個人情報を漏らしてしまうような場面に遭遇することがあります。

　たとえば、バスなどの公共の乗り物のなかで知人と話している際に、「今、認知症の方の支援をしているのだけれど、物忘れがひどくて自宅はとても散らかっている。近くに長男夫婦がいるけど支援をしてくれていない」などと話題にすることはありませんか。

　これらは、秘密の保持に反する行為です。利用者の氏名を言わないからよいということではありません。ケアマネジャーとして、利用者や家族の秘密を守るということを常に意識しておくことが必要です。

4　電話対応の留意点

　電話で話をするときはお互いの姿が見えないため、相手に印象を与える要素は「話す態

度」「言葉遣い」、そして「声」です。自分の声が相手にどのように聞こえているかを意識することが大切です。声は、明るさが大切であり、第一印象をさわやかにします。

(1) 通話中の態度

　高齢者の話は長くて要領を得ないこともあります。そのようなときに「はいはい」と軽く返答をすると、誤解を与える原因になるばかりでなく、「親身に相談に応じてくれない」という印象を与え、信頼関係をつくる妨げにもなります。まずは、話をするときの態度に気をつけなければなりません。

　電話があると決まって長時間を費やさなければならない利用者への対応はとても大変です。忙しいときにこうした電話がかかってくると、つい居留守を使いたくなることもあります。しかし、電話の向こうの利用者は相手の姿が見えないぶん、集中して聞こうとしていますので、実はこちらの態度や様子まで伝わっているものです。特に高齢者は私たちの大先輩ですから、姿は見えなくとも「話に集中していない」「面倒だと思っている」などの態度を見抜いていると思います。いつも誠意ある対応を心がけることが大切です。また、周囲の雑談や他の職員の電話の声など、相手が騒音と感じるような音が生じていないかなどの配慮も必要です。

(2) 相手の都合の確認と時間帯等への配慮

　「電話は突然の訪問者である」という表現もありますが、人の都合や状況などお構いなしにかかってくるのが電話の特徴です。このため、こちらから電話をかける場合は、「今、お話をしてもよろしいですか？」「今、少しお時間をいただいてもよろしいですか？」など、相手の都合を確認することが大切です。

　また、利用者の生活状況についてある程度把握できている場合、たとえば、重度の介護をしている方のお宅に対しては食事時は避けるなど、電話をかける時間帯や通話時間などに配慮することが必要です。食事介助をしているときに電話がかかるとその場を離れなければならないですし、介護者が食事をしている時間帯であれば、食事ぐらいはゆっくり食べていただく心配りが必要ではないでしょうか。

　また、返答を急がない内容や報告だけの場合は、FAXやメール等の相手の都合のよいときに読んでもらえる媒体を活用すると、介護者にゆっくり目を通してもらえるとともに、その内容を利用者と一緒に確認していただけるなどの利便性もあります。

(3) 用件の伝達

　用件は簡潔に話すことが大切です。たとえば、主治医に電話で専門的な意見を伺うこと

もありますが、そのような場合は、あらかじめ質問したい事項をメモなどに簡潔にまとめておくことが大切です。忙しいなかで電話の対応をしていただくことも多いため、要領を得ない長話は大変迷惑になり、信頼関係を損ねる要因にもなります。

まずは、相談・連絡・報告・その他ご挨拶など、どのような用件でかけたのかを明らかにすることが大切です。用件が伝われば、相手も聞く心構えができると思います。

また、「いつ、どこで、誰が、何を、なぜ、どれくらい、どうするか」といった主語や目的語をはっきりと簡潔に話すことが大切です。

（4）復唱と共感

電話の相手が「心配だ」「大変だ」「困った」などの感情的表現をした場合は、「ご心配ですね」「大変ですね」「お気持ちはわかります」など、相手の感情を理解したことを必ず表現し、共感的な言葉を発することがポイントです。

相手の気持ちを理解する言葉を発することは、相手に安心感を与え、信頼関係を醸成する効果が期待できます。

たとえば、別のケアマネジャーが担当している利用者から電話がかかり、そのケアマネジャーが不在であった場合、「お急ぎのご用件ですね？　でしたらすぐに連絡をとります」と相手の気持ちを理解する言葉を発して対応すると、その利用者は、急いで連絡をとりたいという気持ちを理解してくれた、と安心して返信を待つことができると思います。

なお、電話の最後には必ずお礼の言葉を添えることが大切です。「折り返しお電話いたします」と言われたら、「ありがとうございます。そうしていただきますと大変助かります」「わざわざお電話いただきましてありがとうございました」などと言い添えます。お礼の言葉を添えることは基本的なビジネスマナーです。

3. アセスメント

1 アセスメントの思考過程

　アセスメントとは、利用者や家族の困っている状況や希望する生活を実現していくために解決しなければならない課題を明確化するとともに、対処方法を明らかにすることです。一般に、図表2－4のような思考過程を経て行われます。

(1) 「利用者の悩み・要望」に関する確認

　アセスメントの第一歩は、利用者や家族から悩みや要望を聴くことから始まります。

　また、利用者の問題状況を把握するにあたっては、利用者を身体・心理・社会的存在として全人的にとらえ、利用者の生活について、その歴史を踏まえてあるがままに受け入れることが重要です。

　ただし、利用者や家族は悩みや要望を順序だてて明確に表すことができない場合もあり

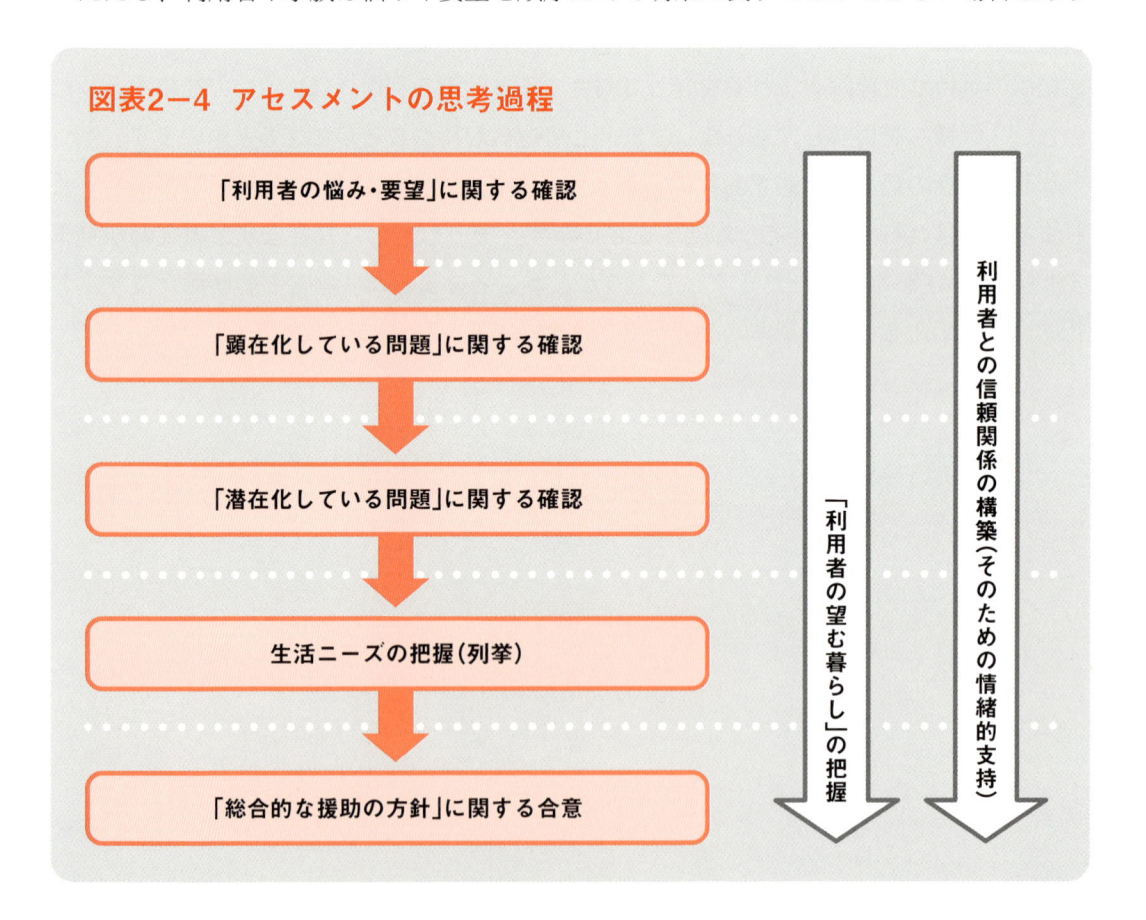

図表2－4　アセスメントの思考過程

「利用者の悩み・要望」に関する確認
↓
「顕在化している問題」に関する確認
↓
「潜在化している問題」に関する確認
↓
生活ニーズの把握（列挙）
↓
「総合的な援助の方針」に関する合意

「利用者の望む暮らし」の把握

利用者との信頼関係の構築（そのための情緒的支持）

ますので、ケアマネジャーは、それらをわかりやすい言葉で整理し直して、確認をとりながら話を進めることが大切です。

(2) 「顕在化している問題」に関する確認

　利用者の疾病や障害等から生じる生活の困難さや日常的な支援を行っている家族の状況、あるいはトイレや風呂等の家屋の状況など、家族からの情報収集やケアマネジャーの観察によってある程度顕在化している課題についても、必ず一度言語化して利用者や家族に確認をすることが大切です。

　なお、「できること」「できないこと」を把握する場合、必ず利用者が毎日の生活のなかで実際にどのようにしているかを把握することが必要です。たとえば、身体の状況から、当然にできないであろうと判断してしまうようなことについても、利用者は思いもよらない工夫で行っていることがあります。

　一方で、「できる」か「できない」かの判断は、専門職の客観的な視点も必要です。特に疾病や障害による場合は、医療的な視点やリスクマネジメントの視点が必要となることから、主治医や他の専門職の意見を取り入れながら、総合的に判断をしていくことが大切です。

　さらに、「できること」「できないこと」「していること」「してはいけないこと」を把握し、「していること」については、今のままで危険はないかリスク管理を行う視点が求められます。

　また、敷居などの段差やカーペットなどの敷物の状況、日常的な移動の動線上に障害物がないか、新聞・雑誌等が床に散らかっていないか、さらには、トイレ、風呂の手すりの必要性など、転倒のリスクを避けるための視点で居宅内を観察することも大切です。

　本人との信頼関係がまだ築かれていない段階では、意欲の判断が難しい場合も多いため、アセスメントの初期段階において能力の把握が十分でない場合にはいったん保留とし、次回以降に面接を重ねるなかで把握していくことも重要です。

　意欲の問題は本人の生き方や嗜好にかかわってくるため、たとえ意欲がないからといって、それを変えることは容易ではありません。そのため、たとえば「友人に会うために外出をしたい」といった願望、「地域の人と交流をするのが好きである」といった好みがあるかを明らかにしていくなかで、時間をかけて把握をしていくことが必要となります。

　本人の意欲を促したり、反対に抑制する因子ともなるのが、家族等の環境面の支援の有無です。家族の意向は、対応の方向づけに大きくかかわります。「外出させたい」と考えているのか、「外出してほしくない」と考えているのか、「特に関心がないのか」により、家族の協力を得られる度合いが変わってきます。家族等の意向が本人の意向の妨げとなる

ような場合には、調整が必要となります。

(3) 「潜在化している問題」に関する確認

　介護サービスを利用したいと相談に来られる利用者は、「ヘルパーに来てほしい」「住宅の改造をしたい」「福祉用具を使いたい」など、あらかじめ具体的な要望をもっていることも多く見られます。しかし、利用者が抱えている問題は、必ずしも利用者の要望とは一致しないことも多く、利用者さえ気づかずに潜在化している問題もあります。

　ケアマネジャーが必要なアセスメントを行わず、利用者の言いなりに介護サービスを提供した場合、短期的には転倒など家庭内での事故につながる危険などを見落としてしまうことや、長期的には自分でできることを取り上げてしまうことにより要介護度を進めてしまうなどの重大な結果を招くことにもつながりかねません。

　たとえば、医師は患者が「お腹が痛い」と訴えたからといって、診察を行わずに薬を処方することはありません。医師は患者に対してまず問診を行い、十分な検査などを行うことで原因を特定し、患者に対して最良の処方を決定します。

　ケアマネジャーが利用者に対して行うアセスメントは、医師が患者に対して行う問診や検査に相当すると考えれば、容易に理解することができると思います。ただし、医療が目的を達するためには、入院などにより患者の日常生活と切り離して対処できるのに比べ、介護は利用者の生活そのものを支援していくという意味において、アセスメントの視点は大きく異なります。

　ケアマネジャーが利用者に対する最良の支援方策を導き出すためには、利用者の心身の状態だけでなく、居住している家屋の状態、家族の状況や近隣との人間関係、経済的な問題など、利用者に関するさまざまな情報を必要に応じて正しく把握し、利用者が日常生活を送る上で何が問題であるのかを整理する視点が大切なのです。

(4) 生活ニーズの把握

　顕在化している課題だけでなく、ケアマネジャーの専門的な視点を通して利用者や家族が気づいていない潜在的な課題も明らかになった次の段階としては、利用者の生活ニーズとして考えられるものをケアマネジャーが利用者や家族に示し、確認と合意をとることが必要です。

　また、真に有効な支援計画（ケアプラン）を作成するためには、利用者がふだんどのように生活をしているか、24時間の生活がどのように送られているかを知ることが大切です。たとえば、起床時間、食事時間、就寝時間などの生活のリズムや食事の内容や量、水分摂取（どれくらいお茶を飲んでいるか等）、排泄の回数や時間などについて知ることが

必要です。また、通院や買い物などの外出の機会など、1週間のリズムのなかで生活の状況を見ることも大切です。

さらに、職業や地域活動をしていた生活歴や現在の趣味や宗教的活動、それらを通じた交友関係などの情報があると、利用者にとってより個別性のあるプランづくりにつなげることができます。

(5) 「総合的な援助の方針」に関する合意

ケアマネジャーが利用者や家族の状況とそれを取り巻く環境について事実を把握するのは、利用者や家族の目前の困りごとを解消するためだけではありません。利用者が今後の人生に対して生きがいや希望をもって生活していくことができるよう、利用者と一緒に考え、生きる意欲を引き出すという重要な役割も担っています。

このため、アセスメントの過程において、利用者が「目標とする生活」のイメージを描くことができるよう、課題に対する目標と具体策を十分に納得していただくための合意のプロセスを丁寧に進めていくことが求められます。

2 初回訪問

利用者の自宅を訪問することは、支援の舞台となる生活の場を訪問することであり、ケアマネジャーにとってとても重要なことです。利用者の生活の困りごとがどのような状況で生じているのかなどを、利用者およびご家族と一緒に考えていくためには、まずは利用者の顔を見て相談をすることが重要です。

利用者の自宅を訪問することで、面接室で行う面接よりも多くの情報を得ることができます。たとえば、家の構造や使い勝手など生活環境に関する情報、実際の生活場面での要介護者の行動や介護の大変さに関する情報、暮らしぶりに現れる利用者の価値観に関する情報、家族間の関係に関する情報、地域社会の状況に関する情報など、訪問することで利用者の支援に必要なたくさんの情報が収集できるのです。まさに利用者宅は「情報の宝箱」です。ただ単に訪問するのではなく、ケアマネジャーは五感を働かせて、その人の暮らしぶりを理解することが重要です。

(1) 訪問のアポイント（約束）

介護サービスの利用等に関して電話や事業所への来訪によって相談を受けた場合、利用者の自宅を訪問してあらためて面接を行う必要があることを相談者に説明し、訪問の日時について利用者や家族の都合を伺い日程を決めます。その際には、相手の都合を尊重するとともに、訪問にあたっては1時間程度の時間を要することをあらかじめ説明しておくこ

とが大切です。

　初回の訪問時には、家族に同席していただくことが重要です。たとえひとり暮らしの利用者で、子どもたちが遠方で生活している場合であっても、初回訪問にはできるだけ立ち会っていただき、利用者ご本人の状態の確認と今後の介護の方向性についてご理解いただくことが重要です。

　民生委員や行政などの第三者からの紹介の場合は、家族以外の方が初回訪問に立ち会うかどうかは必要に応じて判断することとなりますが、立会いを求める場合は、必ず利用者や家族の了解を得る必要があります。

　担当ケアマネジャーとしては、余裕をもって時間を調節することが必要であり、初回訪問時に遅刻をすることは厳禁です。当日に複数の訪問がある場合、前の訪問先で時間が超過し慌てることのないように、スケジュール管理を確実に行います。目的地への到着は10分前を心がけ、訪問の前に利用者の基本情報や自らの身だしなみの確認ができる余裕をもつことが大切です。なお、遅刻をしそうなときには、必ず早めに連絡を入れます。

　また、初回訪問の際、家族がわざわざ遠方から訪れる場合や仕事を休んで日程を合わせていただいている場合もありますので、このようなときは、家族に対して「お時間をとっていただいてありがとうございます」ときちんと言葉にしてお礼を言うことが大切です。こうした配慮の積み重ねが家族との信頼関係を構築することにつながっていきます。

(2) 携行品

　訪問スケジュールに合わせて、訪問時の必要物品をそろえます。携行品には利用者の個人情報に関するものが多く含まれますので、紛失や車上荒らし等の盗難に遭遇しないよう肌身離さず携行しなければなりません。このため、1日に複数の利用者の自宅を訪問しなければならない場合、携行品は重くかさばることとなります。車で移動する場合などは、介護保険のパンフレットや事業所の案内などと個人情報の書類を分けておくといった工夫をするとよいと思います。

必ず携行するもの

① 身分証明書（社員証などの事業所発行の証明証）
② 名刺
③ 介護保険制度や行政サービスの説明用パンフレット
④ 自社の事業説明用パンフレット
⑤ 申請書類一式（要介護認定申請書、契約書、重要事項説明書等）

⑥ 筆記用具（太めのフェルトペンは、説明したい内容を大きく図示するときなどに便利です）
⑦ 携帯電話
⑧ 印鑑・朱肉
⑨ メジャー（段差や手すりの位置などを含め、屋内の状況を把握するために必要）

あると便利なもの
① ウェットティッシュ
② 簡易な手指の消毒液
③ 靴下（訪問した居宅が尿などで汚れている場合、靴下を履くと便利です）

（3）駐車場の確保

　ケアマネジャーの訪問業務にあたっては、地域によっては所定の手続きを行うことにより、警察から駐車禁止区域の違反駐車を免除される書類の交付を受けることもできるようです。しかしながら、その場合でも、路上などに駐車することで利用者や近隣の方に迷惑をかけることがないよう十分な配慮をする必要があります。

　また、事業所名などが車体に入っている社用車を玄関前に駐車することに心理的な抵抗を示される利用者もいますので、車の駐車に関しては事前に確認しておくことが大切です。

（4）訪問者としてのマナー

　利用者や家族が初めて会うケアマネジャーに対してどのような感情をもつかは、第一印象が大きく左右します。第一印象をよくするには、服装、挨拶、言葉遣いなど、社会人としての基本的なマナーとルールを守ることが大切です。

　服装や身だしなみは、清潔感があり、目上の方に失礼のないような服装を心がけることが必要です。特に、靴に注意をはらいましょう。訪問すると必ず靴を脱ぎます。玄関でそろえることはもちろんですが、汚れた靴で訪問することのないよう、清潔感を保つことが大切です。身だしなみでは、香水や整髪剤などの臭いがきついものや、濃い色のマニキュアや化粧などで初対面の方に不快感を与えないように気を配りましょう。

　挨拶は明るく、わかりやすい言葉で、心もちゆっくり、はっきりと話すことが大切です。言葉遣いについては、目上の人に対する礼節を保つことが大切です。また、利用者を「お父さん」や「お母さん」などと呼ぶことは、親しみを込める気持ちで言ったとしても不適切であり、ましてや子ども扱いするような言動は厳に慎むべきです。

また、訪問時に応接室でお茶やお菓子を準備されて、まるでお客様のようなもてなしを受けることがあります。初回の訪問時に、お茶やお菓子の準備はいらないことをしっかりと説明しておきましょう。また、日本人の習慣から盆暮れにお中元やお歳暮を用意されることもありますが、誠意をもって丁寧にお断りしましょう。誠実にお断りをすればきちんと気持ちは通じると思います。

> **訪問時の服装について**
>
> 　利用者のなかには、介護サービスの利用を近隣に知られたくないと考えている方もいて、事業所のロゴが入った制服や白衣での訪問を嫌がられることがあります。
> 　また、私は仕事では紺色や黒いスーツを着ることが多いのですが、80歳を過ぎた女性の利用者でほとんど寝たきりに近い生活を送っていた方から、「あなたはいつも黒っぽい服ばかり着てきますね。年をとると生活に色がなくなるから、これから訪問するときには明るい色の服を着てきてほしいわ。明るい色を見ると元気が出るのよ」と言われたことがあります。そこで、次の訪問からスーツの中のブラウスやセーターなどに明るい色を取り入れました。すると、「今日は、その赤い色を見て元気をもらったわ」と言われました。
> 　私はこの方から、利用者の方々はケアマネジャーをよく見ていること、ふだんの服装ひとつにも、高齢者の生きる力を支援していくヒントが隠されていることを学びました。

3　確認すべき事項

(1)　主治医

　要介護等認定申請書には、主治医を1人決めて記載することとなっています。利用者が複数の科目を受診している場合、介護を要する要因となる疾病の担当主治医を記載することが望ましいと思われます。ただし、日頃の健康診査を含め、長年にわたって心身の状態をよく把握してくれている「かかりつけ医」がいる場合は、その医師に依頼することがよいと思います。

　また、申請の補助を行ったケアマネジャーは、介護保険の申請が行われた時点で、そのことを主治医に知らせるとともに、主治医との連携をはかることが望ましいでしょう。

　なお、主治医がいない場合は、医療機関への受診を勧めますが、この場合、市町村が指定する医師または保健所等、当該市町村の職員である医師に診てもらうこともできます。

　正当な理由なしに医師の診断等に応じない場合、申請が却下されることがありますので

注意が必要です。

(2) 被保険者証の有効期限

　介護保険被保険者証は、介護保険サービスの利用の有無にかかわらず、保険者のスケジュールによって更新がなされます。利用者が有効期限の切れた保険証を保管している場合もあるので、必ず保険証の有効期限を確認することが必要です。

　また、すでに要介護等認定を受けている方については、認定の有効期限をあわせて確認することが不可欠です。

(3) 給付制限の有無

　介護保険料の滞納がある場合は、保険証の給付制限の欄に記載があります。

　給付制限を受けると、介護サービスの利用料を利用者がいったん全額支払い、後にサービス利用料の9割が償還される償還払いや、保険給付の支払いの一時差し止め、給付額の減額などになることがあります。

(4) 居宅サービス事業者の届出

　利用者が、利用する居宅サービス事業者について市町村へ届出をしないままに介護保険サービスを利用した場合、原則として償還払いとなり、一時的であっても利用者が利用料の全額を支払わなければならないという経済的負担が生じてしまうため、十分な注意が必要です。

　なお、居宅介護支援事業者の記載がある場合は、すでに当該居宅介護支援事業者が届出を行っているため、届出の事業者との継続について利用者および家族に確認をする必要があります。利用者が居宅介護支援事業者を変更する意思がある場合は、必ず保険証に印字されている居宅介護支援事業者へ連絡を行い、状況を説明し、事業者の変更を理解していただくことが必要です。利用者や家族の承諾を得て、保険者に対して要介護認定・要支援認定に係る資料の請求を行い、訪問調査および主治医意見書に関する情報を収集してケアプラン作成時の参考とします。

4 アセスメントの項目と留意点

(1) 健康状態（医療）

　健康状態に関するアセスメントを行う際は、病名やかかりつけの医療機関、医師の名前を聴取するだけで終わらせてはいけません。

　病名を知るだけでなく、既往歴や現病歴と症状を聴取しなければ、生活上の困りごとに結びつきません。過去に患った疾患や現在治療中の疾患に対する情報収集が必要です。

　特に、疾患による何らかの影響や問題点があれば、その把握が必要です。たとえば、糖尿病の現病歴があるにもかかわらず、定期受診を行っていない場合や食事療法などが十分に行われていない場合などは、高血糖症状からくる意識障害が生じることも少なくありません。

　高齢者に多い疾患である骨粗鬆症について痛みがあるのかないのか、もし痛みによる歩行の不安定がある場合、転倒し骨折する可能性が高くなります。また、白内障がある場合、視力はどれくらいか、治療はしているのか、見えにくい部分はどこかなど、**病名を知るだけでなく、症状とそれに伴う日常生活における困りごとなどをアセスメントすることが大切**です。

　疾病・症状のアセスメントを行った結果、確実な受診・治療が行われていないことがわかった場合、特に急性期の疾患であれば、まずは適切な医療サービスにつなぐことが大切です。慢性期疾患の場合は、定期的な受診や服薬管理・食事療法など疾患に関する自己管理が行えているのかを把握する必要があります。それらの情報は今後の病状の悪化やさまざまな生活の機能低下を予防することに大きく関与することになります。

　特に健康状態については、本人や家族、その他の支援者の訴えなどについて記録をしておく必要があります。

　また、アセスメントで確認した事項は、サービスの提供等を検討する場合の根拠となるため、アセスメント票などに必ず記載することが大切です。

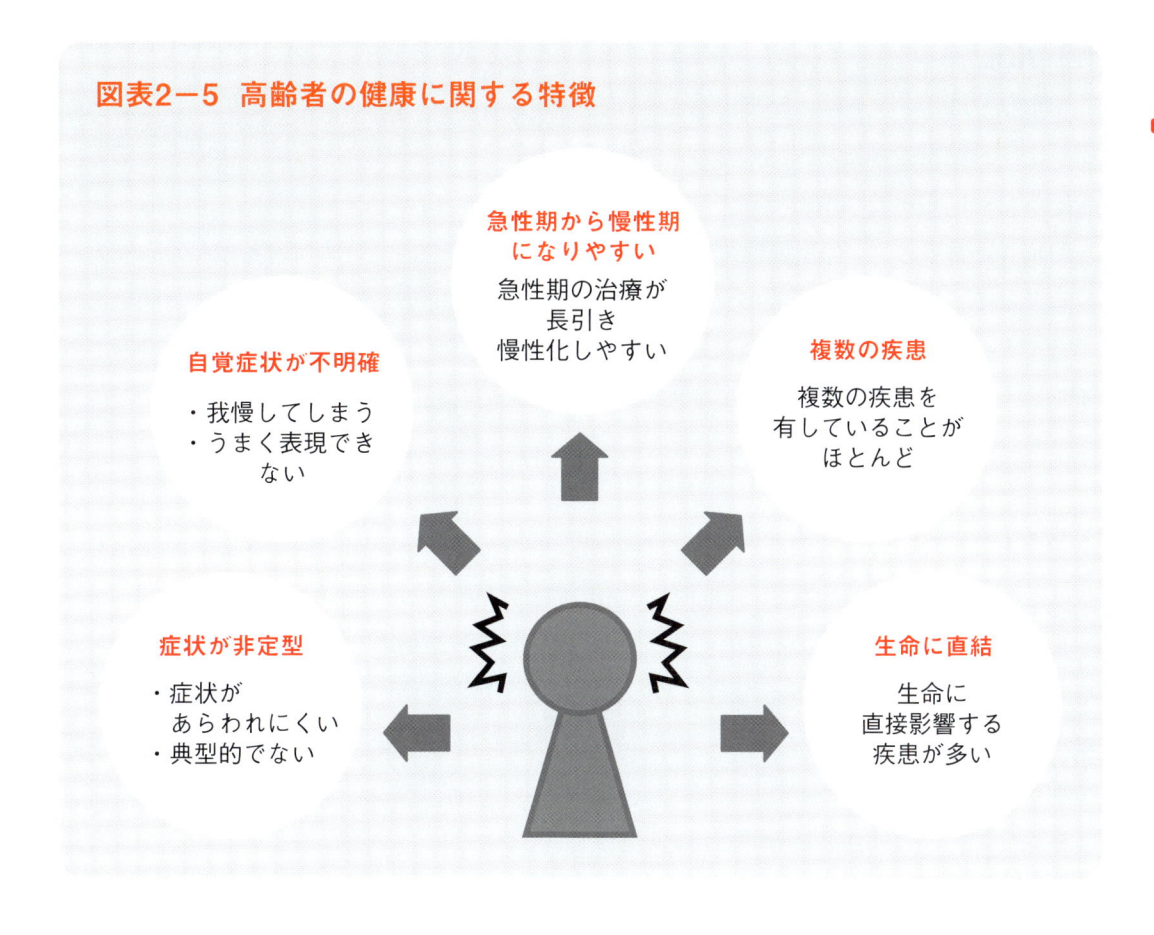

図表2-5 高齢者の健康に関する特徴

- **急性期から慢性期になりやすい**
  急性期の治療が長引き慢性化しやすい
- **自覚症状が不明確**
  ・我慢してしまう
  ・うまく表現できない
- **複数の疾患**
  複数の疾患を有していることがほとんど
- **症状が非定型**
  ・症状があらわれにくい
  ・典型的でない
- **生命に直結**
  生命に直接影響する疾患が多い

図表2-6 アセスメントチェック票

項目	アセスメントで確認すべき内容
健康状態	①既往歴・現病歴 ☐過去に患った疾病名 ☐現在治療中の疾病名 ☐疾病による何らかの影響や問題点 ☐健康診断の受診とその結果 ②症状 ☐症状（下痢、頻尿、発熱、食欲不振、嘔吐、胸の痛み、便秘、めまい、むくみ、息切れ、妄想、幻覚など） ☐健康状態について、本人や家族、その他の支援者が訴えたこと

(2) ADL

　ADLのアセスメントは、日常生活の動作をどのように行っているのかを知ることから始まります。利用者が日常生活のなかで「していること」を知り、さらには「できること」を知るためにも重要な情報です。

　ADLのアセスメントの重要性には二つの視点があります。一つは利用者のADLの能力を見ることで、もう一つは家族の介護負担を把握することです。ADLに関して全介助である場合や入浴や排泄に介助が必要な場合は、家族に大きな介護負担が生じていると判断できるため、家族の負担軽減に対して配慮することが求められます。

① 寝返り

　利用者は突然に寝返りのことを聞かれても「ピン」とこない場合があります。寝返りの状態を聞くことの意味を説明しなければ、正確な情報を得ることができません。

　まず床に布団を敷いているのか、もしくはベッドなどを利用しているのかということから話を始めて、寝返りをする場合はどのようにしているのか、たとえば、「布団の端をつかんで寝返りしている」「ベッドの柵を持って寝返りしている」など、できるだけ具体的に聞きます。

　寝返りに一部介助が必要な場合は、「誰が」「どのように」一部介助をしているか、介護者に説明をしてもらいましょう。この「一部」の支援内容が明らかになることによって、リハビリによる改善が可能なのか、福祉用具の活用等がふさわしいのかなどの検討を行うことができるからです。

　寝返りが全介助の場合は、家族に大きな負担がかかっていることが容易に想像できますので、「どれぐらいの頻度」で「誰が」寝返りの援助をしているかについて情報収集を行い、負担の軽減と褥瘡の予防に関して助言を行う必要があります。

② 起き上がり

　起き上がりについて情報を得る場合、毎日どのような手順で起き上がりをしているのかを知ることが重要です。どこに手をついて起き上がっているのか、そのときにふらつきや転倒の危険性がないかなどを確認しながら、実際に行っていただくことが一番わかりやすいと思います。

　また、過去に転倒をしたことがある場合は、その頻度やそれに伴う危険性についての情報を収集しておく必要があります。

　起き上がりに介助が必要な場合は、家族の介護負担と介護力にも目を向けます。なかには、介護の方法がわからずに「力ずく」で起こしている場合があります。このような場合

は、家族の介護負担ばかりでなく、介護される側にも大きな負担がかかっています。福祉用具や利用者の残存能力を活用して、介護する側にもされる側にも負担の少ない介護技術を家族に対して指導することが必要となります。

また、起き上がりが全介助である場合、高齢者世帯では介護力の限界があるため、起き上がりができる状態にもかかわらず、どうしても寝かせきりになってしまうケースも多く見られます。寝たきりをつくらないためには、十分なアセスメントを行い、適切なプランを提供することが重要です。

なお、起き上がりや移乗などが全介助の場合は、生活の場がベッド上になりがちとなるため、1日のなかでベッドから離れて生活をする時間を意識的に確保することが大切です。このため、日常の生活のなかで、離床時間がどのくらいあるのか、情報収集をしておく必要があります。離床時間の把握を行うことにより、生活不活発病を予防する視点をもつことが重要です。

③ 移乗

移乗には、ベッドから車いすへ、車いすから椅子へ、畳からポータブルトイレへ、車いすからポータブルトイレやトイレへ、などさまざまな動作があります。

1日にどれぐらいの頻度で移乗をしているかを把握することによって、1日の中心をどこで過ごしているのかを知ることができ、同時に離床時間を知ることにもつながります。

また、**移乗の方法を確認する際は、ふだんの生活のなかで実際どのように移乗しているのかを確認することが大切です。不安定さはないか、転倒の危険性はないかなど、事故を未然に防ぐ視点が必要です。**

なお、家族が一部介助もしくは全介助を行っている場合は、現行の方法が利用者や家族にとって最良の方法であるかを確認する必要があります。スライディングボード等の福祉用具を活用することやホームヘルパーの専門的な技術を取り入れることができれば、今よりも利用者と介護者双方に安全で負担のかからない移乗が実現できることもあります。

下肢の筋力が低下している高齢者についてのアセスメントの実際（例）

ケアマネジャー（以下、CM）：Aさんはどのようにしてベッドから立ち上がっているのですか？　教えていただけませんでしょうか？

家族：本人がベッドの端に座ったら、ベッド柵を握るように説明します。すると本人が柵を握ります。

CM：声をかけるとご自分で行われるのですか？　手を貸すことは必要ですか？

> 家族：立ち上がろうとするときに、つかまるように声をかけると自分で行います。
> 　　　そうしないと、ふらついて倒れそうになったことがあるのですよ。
> ＣＭ：そうですか。では、立ち上がりのときにはどのようにしていますか？
> 家族：柵を持って、私が片方の手を支えて「立ち上がるよ」と声かけをすると自分
> 　　　で立ち上がります。
> ＣＭ：そうですか。そのときに奥様はかなり力を入れているのですか？
> 家族：ただ支えているだけなので、あまり力は入れませんよ。
> ＣＭ：そのときにご本人様はふらついて倒れそうになったことはありますか？
> 家族：時々ふらつくことはありますが、ベッドに座ってしばらくしてから動くと、
> 　　　ふらつきはありません。

　この事例では、ふらつきは起立性のものと推測できます。また、起立時の一部介助の部分については、声かけと見守り程度で行えるようにリハビリをすることが検討できます。
　アセスメントでは、「できる」「できない」という「閉じた質問」ではなく、「どのように」動作などを行っているかを問う「開いた質問」を使っていくことが大切です。
　全介助での移乗が必要な場合、家族に負担をかけたくないという思いから、本人もベッド上での生活を望むようになることがあります。その結果として生活不活発病になることは容易に予測ができると思います。家族の負担を軽減するために福祉用具の検討や身体介護サービスの検討を行い、できるだけ本人が家族と同じ生活の場で過ごす時間を増やせるようなケアプランをつくりたいものです。

④　歩行

　歩行については、屋外と屋内の歩行状態について、それぞれ分けて情報収集する必要があります。
　屋外の歩行は、どれくらいの距離ならば一人で歩くことができるのか、そのときには杖やシルバーカーなどの用具は必要かどうかを確認します。
　屋内を伝い歩きするような状態であれば、トイレや風呂に手すりはあるのか、また、室内に段差はないか、移動の動線上に障害物となるようなものはないか、廊下に手すりは必要かなど、日常生活で移動する動線を確認して、転倒などの事故を未然に防ぐ配慮が求められます。外出に杖などが必要な場合は、靴の着脱などが自分で行えるよう、玄関の段差の確認、手すりの必要性の有無、腰かけて靴の着脱ができるスペースの確保など、外出しやすい家屋の状態を保つ視点が必要です。
　自分が行きたい所に自力で行けるということは、要介護状態になった高齢者の生活の質

（QOL）を維持・向上する上で非常に重要なことです。歩行がおおむね自立であれば、社会的な交流をはかる機会を多く得ることができます。歩行可能な状態の維持は、利用者のQOLと深く結びついているといえます。

なお、屋内・屋外を問わず、歩行時に転倒したことがあるかどうかは必ず確認を行い、さらに転倒の原因について、身体的なものなのか、家屋などの環境に起因するものなのかを把握することが必要です。

⑤ 更衣

私たちは、朝、起床後に寝衣から日常着に着替えます。外出する際には外出着に着替え、身なりを整えます。このように、更衣は日常生活のリズムをつくるための重要な役割を担っています。

アセスメントの際には、衣服の準備から着脱まで、日常の生活のなかで実際にどのように行っているのかを把握することが大切です。たとえば、ボタン掛けは時間をかければ自分で可能であるにもかかわらず、時間がかかるという理由から家族が行っていることもあります。「できること」「できないこと」「していること」をよく見極め、少しくらい時間がかかっても、自分でできることは自分でするという利用者の意欲を高めるようなプランを提供することが必要です。また、家族にもこうした自立支援の考え方を理解していただくことが大切です。

ひとり暮らしの利用者があまりにも季節に合っていない服装をしている場合、認知症が疑われるケースもあります。また、認知症の人は昼夜逆転をすることがしばしばあります。このような場合も、起床後に寝衣から日常着への着替えを援助し、夜、寝るときには必ず日常着から寝衣へ着替えることを習慣とし、生活リズムを整えていきます。こうした援助により、「日常着＝朝（昼間）」「寝衣＝夜」というように環境から生活リズムをつくるようにしていきます。

⑥ 入浴

一般的に、日本人の多くは入浴を単に清潔を維持する手段としてではなく、楽しみの一つとしてとらえています。しかし、浴槽をまたぐときにふらついたり、浴室で滑って危うく転倒しかけた経験をしてしまうと、一人で入浴をすることが不安になり、楽しむことができなくなります。

入浴の関連動作は、一人ひとりの身体状況によって援助を要する部分が異なります。また、浴室や浴槽などの環境にも大きく左右されます。したがって、現在の入浴の頻度やどのようにして入浴をしているのか、洗身や洗髪の方法など、風呂場の構造を含めて十分に

アセスメントを行う必要があります。その結果、本人ができる動作を明確にし、どの部分にどの程度の援助が必要であるかを具体的に検討することが大切です。

入浴という生活行為は、準備から清拭、湯上がり後の更衣まで含めると、かなり複雑な動作を必要とします。特に浴槽のまたぎは不安定な姿勢となることから、おおむね自立できている高齢者にとっても、転倒などの危険性が高い動作の一つといえます。

図表2-7　アセスメントチェック票

項目	アセスメントで確認すべき内容
ADL	①寝返り □寝具（ベッド、布団の上げ下ろし） □布団の端をつかんで寝返りしているなど、寝返りの方法 □介護者が介助をしている場合、どのような方法で行っているか □リハビリや福祉用具の導入の必要性 ②起き上がり □毎日の起き上がりの手順 □過去の転倒経験の有無とその状況 □介護者が介助をしている場合、どのような方法で行っているか □福祉用具の導入や介護技術の指導 □日常の生活のなかの離床時間 ③移乗 □移乗の内容（ベッドから車いすへ、車いすから椅子へ、ベッドからポータブルトイレへ、車いすからポータブルトイレへ、畳からポータブルトイレへ、など） □移乗の頻度 □移乗の方法 □介護者が介助をしている場合、どのような方法で行っているか □福祉用具の導入や介護技術の指導 ④歩行 □屋外と屋内のそれぞれについて歩行の状況 □日常生活における利用者の動線 □屋内の段差や手すり

	☐過去の転倒経験の有無とその状況 ☐移動手段（移動に使用している器具、補助具、乗り物についてなども含む） ⑤更衣 ☐衣服の準備から着脱まで、日常の生活のなかで実際にどのように行っているのか ☐介護者が介助をしている場合、どのような方法で行っているか ⑥入浴 ☐尿臭・体臭などのにおいの有無 ☐入浴の頻度 ☐浴槽のまたぎ、洗身や洗髪の方法 ☐風呂の構造や湯はり等の準備 ☐入浴後の後片づけ
介護力	☐家族や友人、その他の支援者が提供した、介護の種類や介護の量（時間や回数） ☐家族や友人、その他の支援者の介護の提供に伴う負担感や問題点 ☐家族や友人、その他の支援者の介護の余力
居住環境	①室内環境（内的環境） ☐室内の見取り図 ☐照明、床の状態、浴室やトイレの環境、台所、暖房や空調 ☐家の中での部屋から部屋への移動 ②立地環境（外的環境） ☐急傾斜の坂の存在や、車が入れない狭隘（きょうあい）な道路の存在、交通量など、家の立地条件

(3) IADL

　一般的に男性の高齢者は、家庭のなかで調理・掃除・洗濯を担っていないことが多いといわれています。実際、家事をまったく経験したことがない方も多いのですが、一方で日常的に行っている男性もいます。仮に同じ要介護状態になったとしても、IADLの能力はそれまで生きてきた生活歴などによって大きく異なります。

　また、男女を問わず、一方の配偶者が財産管理を含むすべての金銭管理を行っている場合、突然その配偶者が亡くなったときには、経済状態の把握とその後の金銭管理ができなくなるケースもあります。

　したがって、アセスメントを行う場合には、心身の状態のみでIADLの可否を判断することなく、自立を阻害している要因を把握することが必要です。

① 掃除

　生活空間である部屋を清潔に保つことは、健康維持や精神的な安定のためにも大変大切なことです。しかし、掃除や部屋の整頓などに対する価値観は利用者それぞれであり、部屋の中はきちんと整理整頓され、床がピカピカになっていても、「散らかっている」「汚れている」と感じる方もいれば、足の踏み場もない部屋であっても、「とても居心地がよい」と感じる方もいます。私自身、これまでケアマネジャーとして多くの高齢者の居宅を訪問した結果、現在ではどのような住まいでも驚くことが少なくなりました。

　たとえ、どのような住まいであっても、その方の生活に関する価値観の表れとして尊重していく必要があると思いますが、一方で健康面において清潔を保つことと、転倒を未然に防ぐ視点から掃除と部屋の整頓を行うことは必要です。たとえば、室内に新聞や雑誌が散乱している場合、それを踏んで転倒することが予測できます。また、カーペットなどがきちんと敷かれていない場合、つまずいて転倒することが予想されます。室内における日常の移動の動線上に、このようなリスクがないか点検する視点が大切です。

　掃除に関しては、まず、利用者が日常的に行っている範囲と方法について確認することが必要です。

　トイレ掃除については、簡単な掃除（最近はペーパー式で洗剤つきの雑巾など便利な掃除用品があります）は利用者が行い、腰をかがめたり膝をついて行わなければならないような床の隅などの掃除についてはホームヘルパーが定期的に行うことも多いようです。日常の簡単な掃除まで利用者から取り上げてサービスを導入する必要はなく、本人ができる範囲については、本人に行っていただくことが大切です。単なる家事代行サービスとしてホームヘルパーをお手伝いさん代わりのように利用することのないように、きちんとアセスメントを実施する必要があります。これらの説明をケアマネジャーが確実に実施するこ

とが、不適正事例をつくらないための予防策といえます。

しかし、下肢の筋力が低下している状態で、無理をして浴槽の掃除を自分で行おうとして転倒し骨折する高齢者もいるため、**利用者の身体的な能力と掃除動作のリスクを確認し、的確に判断する必要があります。**

また、車いすを利用している場合や視覚障害がある場合などは、通路に物を置かない、掃除などで動かした物は必ず元に戻しておくことを厳守するなど特段の配慮が必要となるため、担当のホームヘルパーと十分な情報交換を行うことが必要です。

② 金銭管理

金銭管理能力については、「日常の金銭管理」と「財産を含む金銭管理」のそれぞれの能力について把握しておく必要があります。

しかし、ケアマネジャーにとって初回訪問時に経済状況および金銭管理に関する内容を尋ねることにはかなりの心理的な抵抗があります。このため、まずは生活歴を聴くなかで、厚生年金であるのか、国民年金であるのか、もしくは遺族年金であるのかなどを確認すると、ある程度の情報を得ることが可能となります。

また、初回のアセスメント時に介護費用に費やすことができる1か月あたりの金額を提示してもらうことにより、経済的に多少の余裕があるのか、現状の生活を維持するのが精一杯なのかなどの大まかな経済状況を把握することができます。

認知症などの発症により、金銭管理が困難になることもあります。金銭管理の困難さについては次のような段階がありますので、健全な経済環境を自分でつくることができるのか、家族の支援が必要なのか、日常生活自立支援事業への橋渡しが必要な状態なのかなど、ケアマネジャーは的確にアセスメントを行いながら、利用者が安定した生活を継続していけるよう、必要に応じた支援を臨機応変に行うことが大切です。

- 1回あたりの買い物に関して計算が困難となるレベル
- 月単位での収支の管理が困難となるレベル
- 財産の管理も含めて困難となるレベル

なお、金銭管理を家族や第三者が行っている状況においては、経済的搾取が生じていることも想定されますので注意が必要です。経済的搾取が強く疑われたとしても、本人が承諾をしている場合、判断能力の鑑定を含めて、ケアマネジャーが単独で介入できるものではありません。これらの状況が生じたときには、個人情報の取扱いに十分に配慮しながら、地域包括支援センターや主治医など利用者にかかわるチーム全体で協議を行い、判断をしていく必要があります。

図表2-8　金銭管理能力の把握

聴取しやすい情報

余暇費用
介護費用

生活上の不可欠な費用
食費・水道光熱費・医療費
保険料（医療・介護）など
比較的収集することが容易な情報

1か月あたりの収入
年金や不動産などのその他の収入・家族の仕送り
ケアプラン作成上不可欠な情報であるが、信頼関係が構築されていないと正確な情報が聴取できない

聴取が困難な情報

③ 服薬状況

　介護や支援が必要な高齢者のなかには、複数の疾患をかかえ、複数の診療科目を受診している方も多く見られます。そのような場合、常用している薬剤は、内服薬をはじめ種類や1回あたりの服薬数も複数になるのが一般的です。また、高齢者に多く見られる疾患は高血圧症、慢性の気管支疾患、糖尿病など慢性的なものであり、服薬する期間も比較的長期にわたります。

　利用者のなかには、服薬の時間や1回あたりの服薬数を管理できなかったり、自己判断で服薬を中断することにより、薬剤が有する本来の効果を引き出せず、あるいは間違った薬剤の使用による副作用などによりADLが低下し、生活の質（QOL）に大きな影響が生じているケースがあります。

　薬の内容を知るための一番確実な方法は、薬を処方する薬局が発行している説明書を利用者から見せていただくことです。この説明書には、薬の名称・形状、服用方法、効能・効果・副作用などが薬剤の写真付きで記載されています。この説明書は、処方のたびに発行されるため、利用者は複数枚持っていることがありますので、利用者の承諾を得て入手

することができれば、とても便利だと思います。

　薬の袋も大切な情報源です。袋には薬を飲み間違わないための工夫がされています。内服薬・頓服・外用薬などの飲み方や使い方が異なる薬がそれぞれの袋に入っていますので、それぞれの袋に保管することが一番確実な方法だと思います。1日の服薬回数や1回に何錠服用するのか、食前や食後・食間などの服薬方法も記載されています。さらに、飲み忘れたりして余った薬をそのまま保管していることもあるため、調剤された日付を確認することも大切です。

　薬によっては保管方法が異なります。薬の袋にはそれらの内容なども記載されていますので、冷所保存・冷暗所保存などが確実に行われているかを把握するのに役立ちます。

　アセスメント時には、利用者に実際に薬を保管している状態などを説明していただくことにより、服薬に関する理解力を測ることができます。

　また、利用者のなかには、医療機関から処方された薬以外にも、健康食品や市販薬などを常用している方も少なくありませんので、これらの薬や食品が相互作用を引き起こす可能性がないかを把握しておくことが大切です。

　高齢者は加齢により生理的機能が低下しますので、薬物の成分によっては肝臓における代謝が低下するとともに、腎臓における薬物の排泄機能が減少するなど、若年者に比べ2〜3倍副作用の発生率が高いといわれています。利用者の心身の状態に急な変化があったときには、服薬している薬の副作用を疑ってみることも重要な視点です。もし薬の副作用が強く疑われる場合は、主治医やかかりつけ薬局などに相談することが大切です。

　特に、糖尿病の場合は、血糖値が高いときに薬を間違って服用すると、低血糖症状などを起こし大変重篤な状態を招くおそれがあります。現在、インシュリン注射はペン式の扱いやすいものに改良されていますが、視力が衰えている高齢者にとっては小さな文字で書いてある単位が見づらく、さらに注射器等の清潔操作を確実に行うことや注射する部位を毎日変えることなど、動作に係るさまざまな困難を払拭することはかなり難しいといえるでしょう。したがって、主治医や訪問看護などの医療との十分な連携をはかりながら支援を行っていくことが大切です。

　また、高齢者は低血糖症状を起こしやすいといわれており、動悸、脱力感、手足のふるえやせん妄、意識障害などを起こすこともあります。ケアマネジャーは低血糖症状と対応策について確実に理解しておくことが大切です。なお、外出時に意識障害などを起こす危険性もあるため、利用者の連絡先や治療内容がわかるような対応をとっておくことも検討する必要があります。

　高齢者のなかには睡眠障害を訴える方も多く、症状によっては睡眠薬を服用している方も少なくありません。また、高齢者の多くが夜間の排尿のために目が覚めることがありま

す。睡眠薬を服用している方が夜間にトイレに行く際にふらついて転倒することもめずらしくありません。利用者が睡眠薬を常用している場合、夜間の排泄の頻度などを把握するとともに、寝室とトイレの位置関係などにも気を配り、ふらつきによる転倒が危惧される場合は、主治医や薬剤師に相談して投薬量を変えてもらうことや夜間のみポータブルトイレを導入することなどを検討する必要があるでしょう。

図表2-9　アセスメントチェック票

項目	アセスメントで確認すべき内容
IADL	①掃除 □利用者が日常的に行っている掃除の範囲と方法 □室内における日常の移動の動線上に、転倒の原因となるリスクがないか □車いす利用の場合、通路が確保されているか □視覚障害がある人の場合、掃除などで動かした物は必ず元に戻しておくことを厳守することや、物の移動については必ず了解を得ておく □すり足での歩行が必要な場合、電気などのコード類は束ねて転倒しないようにする ②金銭管理 □利用者の収入（年金の種別等） □利用者の金銭管理能力 □経済面における家族や第三者とのかかわり ③服薬状況 □利用者に処方されている薬の内容 □処方されている薬が日常的に正しく服用されているか □処方されている薬が正しく管理・保管されているか

(4) コミュニケーション能力

① 高齢者とコミュニケーション

　コミュニケーションは、人と人の間で交わされる知覚、感情、思考の伝達です。コミュニケーションのための方法は、大きく分けて言葉によるメッセージ交換と、表情、態度、身振りなど言葉を介さない非言語的なメッセージ交換があります。いずれの方法を介したとしても、コミュニケーションでは「伝える力」と「受け取る力」それぞれの能力が重要となります。

　人は歳をとると、目や耳などの感覚器に機能低下をきたし、コミュニケーションを「受け取る力」が弱くなります。聴力や視力が低下すると、コミュニケーションに支障をきたすこととなり、日常生活において不自由さを感じることが多くなります。

　高齢者の多くは、こうしたコミュニケーションを受け取る機能の不自由さが原因となり、外出を避けたり人との交流を避けることで社会参加の機会までも失ってしまうことがあります。こうなると、結果として家に閉じこもり、1日を家の中だけで過ごしてしまうことが多くなります。実は、こうした社会生活からの逃避が、コミュニケーション機能で最も重要な「理解力」まで低下させる要因となり、認知症につながることもあります。

　このため、ケアマネジャーは、利用者の身体機能のアセスメントを行うなかで、コミュニケーション能力の状態を正確に把握するとともに、日常生活において、誰とどのくらいの頻度で、どのようにしてコミュニケーションをとっているのかを知っておく必要があります。

　認知症やうつ状態などの健康上の問題によってもコミュニケーション能力が低下することがありますので、日常の生活においてコミュニケーションのどの部分に困難さがあるのかをアセスメントする視点が大切です。

② 聴力

　加齢による聴力の生理的変化は、60歳前後からゆっくりとした低下が見られ、加齢とともに進行するといわれています。高齢者の難聴の特徴としては、高い音が聞こえにくくなる「両側性の難聴」が多いことがあげられます。高音域を聞く能力が低下すると、特に小さい音声の息がこすれるような「しゃ」「しゅ」「しょ」(「じゃ」「じゅ」「じょ」) などの摩擦音が聞き取りにくくなるといわれています。

　また、難聴の進行はゆっくりであるため、高齢者自身が難聴に気づいていないことも多く、本人や家族は耳が遠い程度として考え、問題にしていないこともあります。老人性難聴になると、音の識別と話している内容を同時に理解することが困難となるため、利用者の「聴く」集中力を考慮した面接を行う必要があります。慣れ親しみのない言葉や、聞い

たことのない単語などは聞き取りが難しくなるため、ケアマネジャーはできるだけ明瞭な単語を選ぶことや、静かな環境で会話ができるように配慮していかなければなりません。

　また、聞こえていない場合は、会話の途中でも「聞こえません」「もう一度言ってください」などと気軽に言ってもらえるような余裕のある雰囲気をつくることが大切です。

　聴力の機能が日常生活に支障をきたす状態であると判断した場合には、耳鼻科などで適切な聴力評価を受けていただくよう受診を勧めることも重要です。結果によっては、医師の指示に従って補聴器や集音器などの機器を活用していただくこともあります。

　老人性難聴者のなかには、すでに補聴器を持っているにもかかわらず、「ピーピー」「ガサガサ」と雑音がすることなどを理由に、日常生活のなかで補聴器を使用していない場合も少なくありません。補聴器の雑音や使用時の不快感などは、調整不足や電池切れなどの不具合が原因であることも多く、専門業者による調整で解決されることもありますので、補聴器を使用している場合はその状況を把握しておくことも大切です。

聴力の低下している高齢者との面接のポイント
① 話し方は大きな声ではなく、はっきりとした言葉で話す。
② わかりやすい言葉を使い、専門用語は避ける。
③ ゆっくりと話し、理解をしたかを確認しながら区切りを入れて話す。
④ 言語や表情・態度にいらいらしている様子を表さない。
⑤ 新しい話題に入るときには明確に示す。
⑥ 急に話題を変えない、話題を変えるときにはきちんと説明をする。
⑦ 家族やその他の援助者に代わって返事をすることは、利用者とのコミュニケーションの阻害要因になるので、必要以外にはしない。
⑧ 自分の顔を高齢者が十分見えるよう、位置どりや角度に留意しながら話す。
⑨ あとで見直しができるように、話した内容を簡単にメモにして渡す。
⑩ 会話中はラジオやテレビなどの音量を低くするか、消す。

---

③ 視力

　一般的に40歳を過ぎると眼の調整力が減退して、いわゆる老眼といわれる状態が現れます。視力の低下については、個人的な差はありますが、生理的な機能低下として少しずつ進行します。

　視力低下は、白内障、緑内障、網膜変性を含めた病理学的な変化によって引き起こされるものがあり、明暗の反応が鈍くなることや視野障害などが生じることもあります。この

ような状況になると、日常生活において段差や表示などが見えにくくなったり、色の見分けができなくなることもあります。

視覚から得られる情報を受け取る力が落ちてくると、不自由であるとともにさまざまな危険を伴うことになります。このため、いつもその点に注意をはらって援助をすることが必要です。視力が低下している場合、急に近づいて声かけをすると驚かれることが多いので、安心感を与えるような声かけをしてから近づくなどの配慮が必要となります。

また、高齢になると、歩くことと話すことなど、二つのことを同時に行うことが難しくなるため、歩いているときに話しかけると、つまずいたり、転倒したりする可能性があります。後ろから話しかけられると、振り向いたときにバランスを崩して転倒することもあるため、歩いているときに話しかけるのは避けて、立ち止まってから話しかけるようにする配慮が必要です。

ケアマネジャーは、利用者の視力や視野の障害の有無およびその程度をアセスメントする場合においても、日常の生活においてコミュニケーションの過程のどの部分に困難さがあるのかをアセスメントする視点が重要です。

視力や視野に関する問題がどの程度であるか見極めるためには、次のような「レベル」に留意してアセスメントを行うことが大切です。

視力・視野のレベル

① 新聞などの細かい字が十分に見えるレベル（眼鏡などを利用するのも可）
② 大きな活字であればどうにか見えるが、新聞や本などの普通の文字が見えないレベル
③ 新聞や本などの普通の文字は見えないが、なじんだ環境のなかの物などを識別することができるレベル
④ 物を識別しているかわからないが、横切る人や物を目で追っているレベル
⑤ 視力がない。または明暗や形・色などだけを識別できるレベル

また、視覚障害者の場合は、先天的な視覚障害であるのか、中途での視覚障害なのかを把握する必要があります。中途で視力障害を生じた場合は、その原因と年齢を知ることが、その後のその方の生活の変化などを把握する上で大切な情報となります。

④ 伝達能力に障害が生じた場合

　人の脳は、言語、行為、認知能力に関連する抽象思考や問題解決能力、計算能力などをつかさどっています。これらの機能が疾病などにより損傷した場合、理解力や自分の考え、思いなどを言語や文字などを通して伝達する能力などに障害が生じることがあります。

　脳血管障害の後遺症などにより、発音のための筋肉を支配する神経に障害が生じた場合、話すための呼吸作用や発声に必要な舌、口蓋、声帯、喉頭などの協調運動がうまくいかなくなることから、正しく発語することが困難になることがあります。

　舌に障害が生じた場合は、サ行・ナ行・ラ行・濁音がうまく言えなくなります。口唇筋に障害が生じた場合は、パ行・バ行・マ行・ワ行などが発語しにくくなります。口蓋に障害が生じた場合は、カ行・ガ行・サ行・タ行などが発語しにくくなります。また、軟口蓋に障害が生じると、空気が鼻に抜けて、鼻にかかった発声が見られることもあります。

　発声機能に障害が生じると、抑揚や速さ、リズムなどに変調をきたすようになり、話し方に抑揚がなく、速すぎたり遅すぎたりすることがあります。また、呼吸が長く続かないために、一言で言える言葉が少なくなり、話が途切れ途切れになることや早口になってしまうこともあります。

　脳血管の梗塞や脳出血などにより、言語中枢が損傷された場合、いわゆる失語症を発症することがあります。一般的に言語中枢は左側の脳にあるため、失語症の方は右半身麻痺の状態になることが多いと思います。

　失語症の障害は、物の名前が出にくいといった軽度の障害から、「ハイ」などの返事も十分にできないほどの重度の障害もあり、程度は一様ではありません。特に高齢者の失語症の場合は、言葉の理解、話す、読む、書くなど、広い範囲にわたって影響が生じることが少なくありません。たとえば、車を見ても、動いて移動する道具だとわかってはいるのですが、「車」という言葉が思い出せないことや、時計を見て「といた」と別の物のように言い間違えることがあります。健康な私たちでも、友人や知人などの名前が出てこない場合や物の名前が出てこずにいらだちを感じることがあると思います。失語症という状態は、このような状況が毎日の生活のなかで繰り返し起こっているのです。意思の表出を円滑に行うことができないため、コミュニケーションをとることを嫌がり、周囲の方との接触を避けて家に閉じこもりがちになることもあります。

　また、脳出血などにより比較的若い時期に失語症になられた第2号被保険者の方などは、あまりに突然の出来事であるため、現状の理解や障害の受容ができずに、不安や苦悩がとても強くなりやすい傾向があります。

　言語訓練は、言語聴覚士によって専門的に行われることが重要ですが、日常生活のすべての場面が言葉を発する練習の場となるため、援助者は言語療法の方針を十分に理解した

上で、できるだけコミュニケーションをとる機会を増やすようにしていくことが重要です。

　言葉をうまく言えなくなったとしても、今までどおりの判断力などは十分にもっていますので、子どものような扱いや言葉遣いは絶対に慎まなければなりません。

　さらに、失語症の方が話をしようとしているときには、急かさないでゆっくり聞くことが大切です。物の名前を思い出すのに苦労をしているような場合は、イラストや文字などが書かれた「会話ノート」のようなものも市販されていますので、こうした写真や絵カードの活用なども有効だと思います。また、ひらがなよりも漢字のほうが理解されやすいともいわれています。

　このような道具を活用しても話しかけられたことがすぐに理解できない失語症の方には、短いセンテンスの言葉でゆっくり話しかけることを原則にします。また身振りや文字の活用を併せて行うと理解しやすくなります。

　ある日突然の出来事により障害が生じて、自分の言いたいことが伝えられない、言いたい言葉が見つからない状態に陥った失望感はとても大きいものです。援助者である私たちは、利用者のそうした感情を十分に理解する必要があります。また、失望感や戸惑いは本人のみならず、本人を支えている家族も同じように抱いているということもケアマネジャーは理解しなくてはいけません。

　ケアマネジャーは、面接時には必ず本人の表情や発する言葉の陰にメッセージは隠されていないか、相手の言葉を十分に傾聴する力と、本人の置かれている状態を十分に観察する洞察力が必要です。また、コミュニケーションが円滑にはかれなくなったことが、本人の喪失感へとつながってくるため、以下のような事項を把握する必要があります。

① コミュニケーションがはかれる場や人がどれぐらい身近にあるか。
② 言葉をうまく発することができないため、周囲からひやかしや言葉による暴力などを受けていないか。また、話すこと自体を抑制されていないか。
③ 本人が会話のなかに入り込めないような環境の問題はないか。

　言語訓練を受けていたとしても、できるだけ多く会話をする機会を日常生活のなかで増やしていくことが重要です。毎日の挨拶やちょっとした会話、「元気？」「元気ですよ」などの社会的なコミュニケーションや習慣的な会話の機会を増やすことがとても大切です。

図表2-10 アセスメントチェック票

項目	アセスメントで確認すべき内容
コミュニケーション能力	①コミュニケーション能力 □利用者の聴力・視力の障害の有無とその程度 □受信した情報を適切に理解する能力の障害の有無とその程度 □思っていること、感じていることなどを言語や非言語を用いて伝達する能力に関する障害の有無とその程度 ②聴力 □補聴器や集音器などの機器の使用 □聴覚障害者である場合、先天的な障害であるのか、中途障害であるのか ③視力 □眼鏡の使用 □視覚障害者である場合、先天的な障害であるのか、中途障害であるのか ④伝達能力に障害が生じた場合 □発声機能に障害がある場合、先天的な障害であるのか、中途障害であるのか

(5) 認知能力

　ケアマネジャーは認知症について、一つの病理としてある程度の知識は有していると思います。しかしながら、その症状がもたらす日常生活への影響については、同居家族の有無や地域とのかかわりなど、その方を取り巻くさまざまな環境や要因などにより個々の課題が異なることから、ご苦労されている点も多いことと思います。

　特に認知症の主な症状である記憶障害から、利用者と直接的なコミュニケーションをとることに困難さを感じることも多いと思います。利用者と円滑なコミュニケーションを行うためには、会話を深めながら相互に理解し合うことが重要ですが、ケアマネジャーはホームヘルパーやデイサービスのスタッフなどに比べると、利用者と会う頻度が月に数回と少なく、また直接的なケアの提供もないことから、利用者と共有する時間も少ない状況となっています。

私たちは、どのようにすれば認知症の方とうまくコミュニケーションをとることができるでしょうか。まずは相手の立場になって考えたり、行動したりすると、その方の気持ちが少しでも理解できるのではないでしょうか。私自身、時々ですが完全に自分の記憶から「ぽっかり」と抜け落ちた時間と動作があります。このような失敗を人に指摘されると、とても情けない気持ちになり、急に不安になったりします。

　認知症の方は、記憶が曖昧になることへの焦りや不安など、徐々に進行する記憶障害や認知障害に対して日々葛藤しているのだと思います。自分の感情や意思をうまく伝えられない、自分の思っているように日常の所作ができないことなどから、不安が募り、自信を失って不穏状態になるのではないでしょうか。

　認知症の方は、記憶障害や認知障害になっても、すべてのことがわからなくなるのではありません。感情の部分は保たれているため、援助者の対応によって、よい感情や不快な感情が生じます。また、羞恥心や自尊心も保たれていますので、援助者の声かけには十分な配慮が必要です。たとえば、排泄の失敗を叱ると、恥ずかしい気持ちが情けない気持ちに変化し、失敗をした下着などを隠してしまうという行動に変化することもあります。これはまさに羞恥心と自尊心が保たれているゆえの行動だと思います。

　ケアマネジャーは、できるだけ早期に認知症の方の一人ひとりに応じた具体的なコミュニケーション技法を確立することが必要です。ただし、ある方には成功した方法であって

図表2－11　認知症の方とコミュニケーションを行う際に配慮すべきこと

- 認知症の方は、記憶が曖昧になることへの焦りや不安など、徐々に進行する記憶障害や認知障害に対して日々葛藤している
- 自分の感情や意思をうまく伝えられない、自分の思っているように日常の所作ができないことなどから、不安が募り、自信を失って不穏状態になる
- 記憶障害や認知障害になっても感情や羞恥心、自尊心は保たれているため、援助者の対応によって、よい感情や不快な感情をもつ

→ **できるだけ早期に認知症の方の一人ひとりに応じた具体的なコミュニケーション技法を確立することが必要**

も、別の方にはまったく受け入れられないこともありますので、その方のことをよく理解し、心身の状態に合わせてコミュニケーションをはかる必要があります。その際、人としての尊厳を守り、相手を敬う気持ちを大切にすることは言うまでもありません。

認知症の方とコミュニケーションをとる際のポイント

◆**相手を認識しやすい環境を整えます**

① 口の動きがよく見えるように顔の高さを同じにします。高齢者の多くは難聴です。音だけで言葉を理解することが難しくなるため、できるだけ口の動きが見えるように話すことを心がけましょう。

② 話しかけるときには、相手の名前を呼び、自分の名前も伝えて、思い出してもらえる機会を設けましょう。

③ 腕や手に軽く触れて、スキンシップで安心感を与えることも大切です。

◆**記憶力の低下により、長く説明すると混乱をきたし理解することが困難になります**

① 短く簡単な言葉で簡潔に話をしましょう。

② 言葉を思い出せない場合や言いたいことが十分に表現できない場合は、相手が言いたい言葉を補足する援助をすることも必要です(ただし、決して補足し過ぎないことが大切です)。

③ 「はい」「いいえ」と簡単に答えられるような質問を心がけましょう。

◆**複雑なことは混乱をきたしやすくなります**

① 一度に一つのことを伝えるように心がけましょう。

② 会話や動作など常に相手のペースに合わせましょう。

③ 理屈で説得するような説明はしないように心がけましょう。

④ 本人にとってわかりやすい言葉で話すよう心がけましょう。
(例えば「トイレ」よりも「便所」と言ったほうが理解しやすいなど)

◆**相手の尊厳を尊重する姿勢が重要です**

① 子ども扱いは絶対にしない。尊敬の念をもって対応しましょう。

② 「してはいけない」などの否定的な言葉や訂正などはしないよう心がけましょう。

③ 反応が少なくても、積極的に声かけを行いましょう。

図表2-12 アセスメントチェック票

項目	アセスメントで確認すべき内容
認知	日常の意思決定を行うための認知能力 □最近の出来事についての記憶の有無 □物事を行うときに、段取りを踏んで行っているか □日常生活において意思決定をしているか □意思決定の場面に参加しようとしているか
不安・うつ、依存症など	□うつ状態、不安、悲しみなど（悲しみ、うつ状態、自分や他者に対する継続した怒りや悲しみ、現実には起こりそうにないことに対する恐れの表現、繰り返し体の不調を訴える、たびたび不安・心配ごとを訴える、悲しみ・苦悩・心配した表情、涙もろい、興味をもっていたことをしなくなる、社会的交流の減少、など）。 □アルコール、薬物、ギャンブルなどへの依存の有無 □依存による生活上の問題や生活への影響

（6）社会とのかかわり

　高齢期を迎えると、ご自身を取り巻く社会が少しずつ縮小され、人とのかかわりが減ってくる方も少なくありません。また、配偶者などこれまで最も親しく接してきた方を亡くされて、強い喪失感や寂しさを感じながら毎日を送っている方も多くいらっしゃいます。とりわけ、ひとり暮らしの高齢者には閉じこもりの傾向がある方も多く、買い物などに出ない日などは、1日誰とも話をしなかったということもよく聞きます。

　地域のなかで孤立した状態になると、自分から外に出て行く気力も失いがちになり、閉じこもりの傾向が進んでしまうことがあります。閉じこもりの状態が長く続くと、足腰の筋力が衰え、身体的に虚弱になるばかりでなく、認知症やうつ症状を発症しやすくなるといわれています。

　その一方、歳をとっても地域活動や趣味などを通して、豊かな人とのかかわりのなかで生活をされている方も多くおられます。このような方は総じて自立しており、元気に生活される期間も長いように思われます。このような方は、たとえ病気やけがによって介護が必要な状態となっても、親しい友達や近所の方が訪問して声をかけてくださるので、孤立

することなく、温かな見守りのなかで生活することができます。

　こうしたことから、利用者が近隣や地域社会と日常的にどのようなかかわりをもって生活しているのかによって、今後の支援の方向そのものが変わってきますので、アセスメント時にしっかりと把握しておくことが大切です。

　アセスメントの具体的な視点としては、まず地域に親しい友人がいるか、あるいは趣味や宗教などを通して特定の人と日常的なかかわりがあるかなどを把握することが大切です。そのようなかかわりのなかで、利用者が自らの意思で外出して訪問する場所があるか、その頻度は定期的かどうかということを確認します。

　これらの点は、閉じこもりを防止し、認知症やうつ症状を予防する点において重要なカギとなります。

図表2－13　アセスメントチェック票

項目	アセスメントで確認すべき内容
社会とのかかわり	①社会とのかかわり □他者とのかかわり □他者に対する葛藤や怒りの表明など □社会活動への参加 ②喪失感・孤独感 □一人でいる時間 □孤独感についての訴え □喪失感についての訴え

（7）排泄

　排泄はデリケートな部分であるため、アセスメントにはとても配慮が必要であり、難しい面があります。いきなり排泄の失敗の有無を聞くことは失礼であるため、まずは、日常の排泄の状態を知ることの必要性をきちんと利用者と家族に説明することが重要です。

　利用者に対する質問としては、1日の排尿回数などを聞くことから始めるとよいでしょう。なお、尿失禁がある場合は、恥ずかしさから問題を隠すことがあるため、聞き取りに関して十分な配慮が必要です。

　排泄に関する対応で重要な点は、排泄の自立の可能性を高めるとともに、尿失禁等があ

る場合、正しい対応を行うことで、心理的影響から生じるさまざまな問題を取り除くところに大きな意義があります。たとえば、尿失禁がある場合、トイレの場所を気にするあまり、外出を嫌がったり人との接触などを嫌がったりすることで活動性が低下してしまうことがあります。また、いつ失敗するかという心理的な負担から閉じこもってしまったり、尿失禁を不安に思うためにうつ傾向になることもあります。また、高齢者は嗅覚の低下により、自分の尿臭に気づかずに周囲の方との人間関係に影響が生じることもあります。そのほか、夜間の頻尿により睡眠不足になること、夜間の排泄時に転倒し骨折することなどもしばしば報告されています。

　排泄に関するアセスメントと対応を的確に行うことによって、こうした状態を未然に防ぐことができます。

　尿失禁の原因にはさまざまなことが考えられますが、泌尿器科への受診を勧めることも大切です。また、排泄の環境を整備することによって改善が見られることもありますので、排泄の状態を正しく把握し、支援方法を検討することが必要です。

図表2-14 アセスメントチェック票

項目	アセスメントで確認すべき内容
排泄	①動作・後始末 □定時排泄誘導 □排尿・排便に必要な動作 □排尿・排便後の後始末 ②失禁 □尿失禁または便失禁の有無、頻度、量など □尿失禁用器材（おむつや留置カテーテル）の使用 □おむつはずし

(8) 褥瘡

　褥瘡は一度できると、治癒するまでかなりの時間がかかるため、できるだけ予防に努めることが大切です。褥瘡ができている方のケアプランには、対応策として「床ずれ防止マットの導入」だけが記載されているものをよく見かけますが、褥瘡は床ずれ防止マットの導入だけで解決できるものではありません。ケアマネジャーは、褥瘡ができる原因について、利用者の身体の状態、生活のリズム、寝具の状況などを十分にアセスメントすることが大切であり、その結果に応じた対応をはかる必要があります。

　褥瘡は一般的には「床ずれ」といわれ、皮下組織などが壊死し、その部分の機能が停止した皮膚の潰瘍を指します。その原因は、長時間の持続的圧迫です。骨の飛び出した部位に体重がかかり、骨と体表にはさまれた軟部組織が圧迫による血流障害（虚血）を起こし壊死することによります。通常、健康な人はどんなに熟睡していても無意識に15分に1回の割合で寝返りを打つといわれています。寝返りを打つことによって、血行障害が起こらなくなります。麻痺などがあり、自分の思うように体を動かすことができない高齢の方にとって、長時間、同一姿勢で休むことはとても苦痛だということを私たちは理解する必要があります。

　自分で寝返りが打てない場合など、同一部位が長時間（おおむね2時間以上）圧迫されると皮膚が壊されます。いわゆる寝たきりの状態では、仰向けでいる時間がとても長くなることから、尾骨部、仙骨部、臀部などで好発します。

　褥瘡は、いったんできてしまうと治りにくいため、できる前からの十分なアセスメントと観察が必要です。また、できてしまった場合は、局所的な治療だけではなく、褥瘡を引き起こした原因を見つけ出して、その要因を取り除くことが重要です。そのためには、介護者である家族や、訪問看護、医師、訪問介護サービス事業者をはじめとするチームでの対応が不可欠です。

① 褥瘡の程度

　褥瘡は非常に多種多様な病態が存在するために、治療が難しいといわれています。褥瘡の深さに基づく分類によると、褥瘡には表皮が保たれている早期のものから、深くえぐれたものまであります。褥瘡の深さによって、Ⅰ度〜Ⅳ度に分けられ、各ステージによって治療方法が異なります。

図表2-15 褥瘡の分類

ステージⅠ	ステージⅡ	ステージⅢ	ステージⅣ
体位を変えても消えない発赤があり、押すと痛みがあることもある。その後皮膚が赤黒く変色して皮膚が破れやすくなる。	水疱ができる。表皮が破れる、びらんなどが見られる。真皮にとどまる皮膚傷害や浅い潰瘍がある。	傷害が真皮を超え皮下組織まで損傷する。	傷害が筋肉や腱、関節包、骨までに及ぶ褥瘡。

医療の訪問看護を28日利用可能

介護保険の訪問看護・特別管理加算算定要件となる

出典:『褥瘡の予防・治療ガイドライン』(厚生省老人保健福祉局老人保健課監修、照林社、1998年)

② 褥瘡の原因

褥瘡の原因として考えられるものは、外因性と内因性の危険因子に分けることができます。

(ア) 外因性危険因子

【圧迫】

褥瘡の原因では、外圧が最も重要な因子です。皮膚の毛細血管圧は正常では32mmHgです。外部からの圧力がこれを超えると皮膚の毛細血管とリンパ管からの循環が滞り、血流とリンパ流の混乱が起こります。こうした圧迫力の上昇と圧迫時間が褥瘡の発生に関与してきます。

皮膚の毛細血管圧は、たとえば70mmHgの圧力が2時間以上かかると組織の損傷は元に戻ることはできませんが、同一の圧迫が5分ごとに断続的にかかったときには組織に大きな変化はないといわれています。そこで、介護や看護の現場では、2時間ごとの体位変換が褥瘡予防に有効だといわれています。

また、圧迫のかかり方も関連しているため、全身や局所の除圧用具を使用するのも有効です。最近はとても優れた除圧用具が次々と開発されていますので、体位変換に加えて、これらの除圧用具を積極的に併用することが重要です。なお、除圧用具は利用者の身体状況に応じて検討する必要があります。完全に寝たきりになっている方には、圧切り替え式のエアマットレスを用いることが一般的になりつつあります。また、骨格の変形や関節の拘縮が強い場合は、エアセルが細かい切り替え型のエアマットレスでは、かえって褥瘡が生じることがあるので注意が必要です。リハビリが進み、座位保持ができるようになった

場合、エアマットレスはふわふわとして横になったときや座ったときの安定がないため、より安定感のあるポリウレタンフォームマットレスのほうが適しているといわれています。

エアマットレスを使用する場合には、訪問のたびに必ずエアマットレスの圧を確認することが必要です。このことは、訪問看護や訪問介護などのサービス事業者と家族などにお願いをしておきましょう。エアセルが必要以上にふくらんでいると、体にフィットせずにかえって圧迫が加わりやすい状態になります。また、エアが抜けていることもあるため、必ず手で圧を確認する習慣をつけることが必要です。

また、エアマットレスやポリウレタンフォームマットレスには吸湿性のないものもあるため、発汗による蒸れに対応するためにバスタオルなどを敷くことも必要です。ただ、あまり厚手の物を敷くと除圧効果が低下するので注意する必要があります。

除圧に対して、以前はよく円座を利用していましたが、瘡部の周囲が圧迫を増すことがあるため、現在ではあまり推奨されていません。

【ずり応力】

ずり応力も褥瘡の大きな要因の一つとされています。ギャッチベッドで頭を上げた場合に、体が下へすべり落ちることによって圧力が仙骨などにかかり、ずり応力が作用することが多く見られます。また、シーツとの摩擦によって仙骨部の皮膚が固定され、皮下組織の下部にずり応力が作用し、血管のねじれと伸展が生じて真皮の傷害が生じることもあります。

このようなことがあるため、現在では、ずれを最小限にするためにギャッチアップは30度までに止めて、ずれを防止することが推奨されています。

【摩擦】

皮膚とシーツなど、接触している二つの面が互いに反対方向へ移動するときに、摩擦が生じ、その摩擦によって表皮の角質層がはがれて潰瘍が形成されます。

このため、利用者を移動させるときには、できるだけ複数の人で体を持ち上げて引きずらないようにすることが大切です。一人で行わざるを得ない場合や体重の重い利用者を移動させる場合は、スライド補助用具を使用することも有効です。

【湿潤】

発汗や大便・尿失禁などにより、皮膚の表面が湿った状態が続くと、組織の破壊が促進されて、褥瘡の発症リスクが高まるといわれています。特に臀部は全体重の50％がかかり、しかも失禁による湿潤のため褥瘡が多く起こる部位となっています。

したがって、おむつを利用している方に対しては、排尿を確認した場合、すみやかにおむつを交換し、皮膚を乾燥させておくことが必要です。

（イ）内因性危険因子

　褥瘡の内的要因としては、低栄養状態があげられます。低栄養の要因としては、独居生活や活動性の低下、嚥下や咀嚼の諸問題などがあります。栄養の改善には総摂取エネルギーの増加が必要であり、特にたんぱく質量と水分量の摂取が重要です。

　食事による十分なカロリーやたんぱく質の摂取が困難な場合は、半消化態栄養剤（ラコールやエンシュアリキッドなど）で栄養補給をすることが勧められます。これらの活用により効率的な栄養補給を考えなければなりません。十分なエネルギー（高カロリー）が投与されなければ、アミノ酸からのたんぱく合成が低下します。

　しかし、たんぱく質だけの過剰投与は適切ではありません。他の栄養素とのバランスをとることが大切です。ビタミンやミネラル、特にビタミンＣや亜鉛の投与を意識する必要があります。亜鉛不足による味覚異常は食欲を低下させ、栄養状態を悪化させることがよく知られています。創傷が治っていくとき、たんぱく質合成が行われますが、亜鉛欠乏ではたんぱく質合成が不十分にしか行えなくなってしまいます。また、ビタミンＣは、体の組織、肉芽、特に皮膚構造の柱となるコラーゲンの合成に必須であり、創傷の治癒時には大量のビタミンＣが消費されます。ビタミンＣは体内で合成・貯蔵されず、摂取後すぐに尿中に排泄されることから、毎日の摂取が必要です。

　そのほか、精神状態の悪化や整形外科的な疼痛などで活動性が低下することも、褥瘡の要因となることがあります。

　以下の用語は、訪問看護や医師の往診などの際によく使われる用語なので、その意味を理解しておくとよいと思います。

褥瘡治療でよく使われる医学用語

① ポケット
　Ⅲ度の褥瘡でみられるクレーター状の潰瘍で、周囲がポケット状にえぐれていること。

② ドレッシング材
　瘡面を覆う清潔なカバーのことで、軟膏やガーゼあるいは板状やフィルム状の瘡を覆う装具を含めた総称。

③ デブリードメント（デブリ）
　壊死した皮膚や組織・異物を切り取り、新しい組織や皮膚の再生を促すこと。

③ 褥瘡への対応の留意点

　褥瘡への対応としてマッサージを行うのは誤った対応であり、絶対に行ってはいけません。たとえ、褥瘡が発赤程度のⅠ度であっても、皮下には重大な変化が起こっています。マッサージを行うと皮下に出血を起こし、血流障害がひどくなり、褥瘡は悪化します。

　そのほかにも、褥瘡をドライヤーで乾かすことや瘡面を消毒することも誤りです。なぜなら、瘡面の乾燥や消毒は細胞の増殖の妨げとなるため、肉芽組織や表皮細胞の分裂増殖による治癒を阻害する要因となるのです。

　褥瘡の発見は、直接家族に聞くこともできますが、高齢者世帯ではなかなか明確な返答が得られない場合もあります。また、利用者に全身の皮膚の状態を見せてもらうことも容易ではありません。よって褥瘡が発生する危険因子が予測される方の場合は、皮膚のなかでも褥瘡ができそうな部位については了解を得て、直接確認する必要があります。

　また、発赤や潰瘍化した瘡を発見した場合は、すみやかに医師や訪問看護師に報告することが大切です。その場合はデジタルカメラで撮影した画像を送るなどの工夫をすると、早期に適切な処置につながります。

図表2-16　アセスメントチェック票

項目	アセスメントで確認すべき内容
褥瘡・皮膚の問題	①褥瘡 □褥瘡の有無、部位、程度など □過去の褥瘡の有無 ②皮膚 □その他、皮膚についての問題（やけど、潰瘍、発疹、裂傷、切り傷、うおのめ、たこ、皮膚感染症、外反母趾などの変形など）

(9) 食事の摂取

　高齢期になると、咀嚼や嚥下など口腔機能をはじめとする身体機能が低下して、食事の回数や量が減少することがあります。また、毎日食事をしているにもかかわらず、その内容が身体機能を維持できるレベルに達していない場合、低栄養の状態に陥ってしまうことも多く見られます。

　栄養状態を把握する際には、現在の食生活の内容と体重の変化を聞くことにより、大まかに把握することができます。また、その方を取り巻く生活環境も視野に入れて把握する

必要があります。たとえば、歩いていける距離に市場があるのか、たまには一緒に食事をする友人や家族がいるのか、常に「個食」であるのか、副菜を届けてくれる家族や近隣の方がいるのかなどを的確に把握する必要があります。

　また、高齢者は口腔内を良好な状態にしていない場合が多く、このような場合、咀嚼・嚥下が困難になるので堅いものや繊維の多いものを避け、その結果、肉類やワカメなどの海藻類・果物・生野菜などが不足しがちです。そのため、良質なたんぱく質やカルシウム、食物繊維が不足し、便秘になったりする傾向が見られます。

　また、摂取カロリー的には十分でも、ビタミンやミネラルの微量栄養素が不足するなど、潜在的な栄養欠乏状態にある場合も見られることから、日々の献立等を把握することが必要です。

図表2-17 アセスメントチェック票

項目	アセスメントで確認すべき内容
食事摂取	①栄養・水分の状態 ☐食事や水分摂取の回数、タイミング、1回（または1日）あたりの量など ☐食材や主食、副食など、何を食べているか ☐減量によらない体重減少や栄養不良、病的な肥満など ②自力での摂取 ☐嚥下の能力 ☐箸やスプーンなどの用具の使用
口腔衛生	①歯・口腔内の状態 ☐咀嚼 ☐口腔内の渇きの状態 ☐歯の状態 ②口腔衛生 ☐歯磨きや入れ歯の手入れの頻度や程度 ☐会話時の口臭の有無 ☐歯科医受診の最終年月日 ［　　　年　　　月頃］ ☐義歯の手入れ方法 ［誰が：　　　　　どのように：　　　　　］

(10) 虐待

　高齢者虐待は、高齢者と介護者のそれまでの生活歴から生じるさまざまな要因が重なり合って発生します。したがって、虐待に関するアセスメントや対応は、表面上の行為のみにとらわれず、その背景にある要因を正確に把握した上で行うことが大切です。

　高齢者への虐待は、暴力行為など身体的なものだけではありません。身体的虐待は身体に残る傷や痣などで比較的容易に発見することができますが、心理的虐待や経済的虐待などの虐待は外部の者が見出すことが極めて困難なものもあります。

　高齢者虐待の分類や内容については図表2－18のように定義されています。ケアマネジャーは、利用者を取り巻く援助者とのチームケアのなかで、報告・連絡・相談など情報交換を密にしながら、常に意識的に観察していくことが必要です。

　在宅における高齢者の虐待は、家庭という閉ざされた場所で行われるため、外からは見えにくく、気づかれにくいという特徴があります。たとえ近隣者などが虐待が行われている可能性が高いと感じたとしても、本当に「虐待」によるものなのか否かという見定めはとても難しいものです。しかも、他人の生活に口をはさむことは、明白な事実が確認できない限り困難であるといわざるを得ません。しかし、虐待の視点をもって観察することにより、早期の気づきや的確な把握が可能になるため、高齢者の生活に援助者として深くかかわっているケアマネジャーは虐待についての知識を深めることが必須です。

　虐待は、それを受ける高齢者と行った養護者の双方が深く傷つき、その後の関係性を壊す大きな要因となります。したがって、できるだけ未然に防げるように支援していくことが重要です。

　在宅における虐待の未然防止、または深刻化を防止するために最も重要なことは、できるだけ早い段階で虐待に気づき、気づいたときは一人で解決しようとするのではなく、地域包括支援センターなどの専門機関につなぐことです。

　平成18年度から「高齢者虐待の防止、高齢者の養護者に対する支援等に関する法律」が施行されています。同法では、在宅で高齢者を介護している養護者（家族等）から虐待を受けている高齢者を発見した者は、その高齢者の生命または身体に重大な危険が生じている場合、すみやかに地域包括支援センター等に通報しなければならないとされています。また、高齢者の福祉に職務上関係のある介護保険サービス事業者や医師、保健師等については、高齢者虐待を発見しやすい立場にあることを自覚して、虐待の早期発見に努めなければならないとされています。

　さらに同法では、守秘義務を理由に虐待に関する通報を躊躇しないようにとも明記されており、通報を受けた地域包括支援センター等に対しても通報者を特定させる情報を漏らしてはならないと規定されています。

図表2-18 虐待の分類と内容

分類	内容
身体的虐待	・つねる、叩く、蹴る、物を投げるなどの暴力的行為によって身体に傷や痣、痛みを与えること ・外部との接触を意図的、継続的に遮断すること ・ベッドに縛りつけたり、意図的に薬を過剰に服用させたりして、身体拘束、抑制をすること　など
心理的虐待	・脅しや侮辱などの言語や威圧的な態度、無視、嫌がらせ等によって精神的、情緒的に苦痛を与えること ・排泄の失敗等を嘲笑する行為、またそれを人前で話すことなどにより高齢者に恥をかかせること ・怒鳴る、ののしる、悪口を言う、侮辱を込めて子どものように扱う、高齢者が話しかけているのを意図的に無視すること　など
経済的虐待	・本人の合意なしに財産や金銭を使用し、本人の希望する金銭の使用を理由なく制限すること ・日常生活に必要な金銭を渡さない、使わせないこと ・本人の自宅等を本人に無断で売却すること ・年金や預貯金を本人の意思・利益に反して使用すること　など
性的虐待	・本人との間で合意が形成されていない、あらゆる形態の性的な行為またはその強要をすること（キス、性器への接触、セックスを強要するなど） ・排泄の失敗等に対して懲罰的に下半身を裸にして放置することなど
介護放棄 （ネグレクト）	・意図的であるか否かを問わず、介護や生活の世話を行っている家族が、その提供を放棄または放任し、結果として高齢者の生活環境や、高齢者自身の身体・精神的状態を悪化させていること（入浴しておらず異臭がする、髪が伸び放題、皮膚が汚れている、水分や食事を十分に与えられていないことで脱水症状や栄養失調の状態にあること、室内にごみを放置するなどで劣悪な住環境のなかで生活させることなど） ・高齢者本人が必要とする介護・医療サービスを、相応の理由なく制限することや使わせないこと　など

虐待のリスク

① 高齢者側のリスク
- 加齢やけがによるADLの低下がある
- 以前から援助者（虐待者）との人間関係の悪さがある
- 認知症の発症や悪化のための行動障害が目立つ
- 精神的に障害を有する
- 自己主張が強い
- 介護者に対して感謝の意を表さない
- 子どもに面倒をみてもらうことに受身になっている
- 現在の状況をあきらめている
- 引っ込み思案である
- 相談相手がいない

② 虐待者側のリスク
- 高齢者に対して過去からの恨みなどの人間関係の悪さがある
- 介護負担の心身的ストレスがある
- ギャンブルなどの金銭関係の問題を抱えている
- 収入がない、もしくは不安定である
- 借金や浪費癖がある
- アルコールに依存している
- 完璧主義である
- 極度の潔癖症である
- 精神的に不安定である

③ その他の問題
- 親族関係の悪化や孤立
- 近隣や社会との孤立
- 家屋の老朽化
- 暴力の世代間や家族間の連鎖

図表2-19 アセスメントチェック票

項目	アセスメントで確認すべき項目
虐待	□家族や現在介護をしてもらっている者に対して恐れをいだいているか □社会通念上の許容範囲を超えて悪い衛生状態にあるか □説明がつかないけががあるか □放置、暴力、虐待を受けているか □身体抑制を受けているか □その他の虐待があるか

4. 居宅サービス計画の作成

1 利用者の意欲を高めることの意義

　ケアマネジャーが高齢者の在宅生活を支援する際には、高齢者自身ができることを行う「セルフケア」とそれを補う介護保険サービスなどの「フォーマルケア」、家族や地域の人たちの支援などの「インフォーマルケア」を、必要に応じて適切に組み合わせながら活用していくことが求められます。

　介護保険サービスの主役は利用者本人であり、利用者自身が住みなれた自宅においてできるだけ自立した生活を送るためには、直面する問題を自分自身で解決する姿勢をもつことが大変重要です。

　このため、ケアマネジメントを行うにあたっては、利用者の「セルフケア」が欠落している部分を単に「フォーマルケア」や「インフォーマルケア」で補うことに着目するので

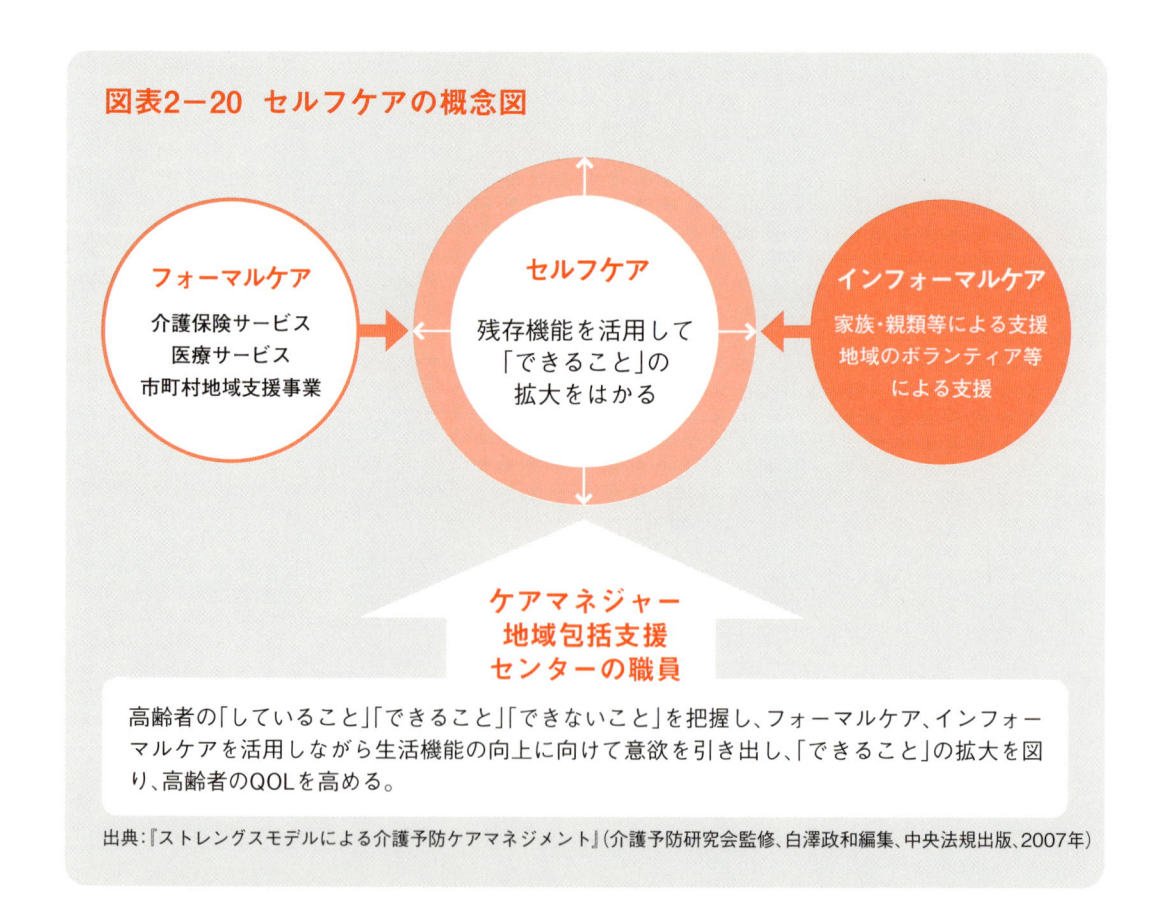

図表2－20　セルフケアの概念図

フォーマルケア
介護保険サービス
医療サービス
市町村地域支援事業

セルフケア
残存機能を活用して「できること」の拡大をはかる

インフォーマルケア
家族・親類等による支援
地域のボランティア等による支援

ケアマネジャー　地域包括支援センターの職員

高齢者の「していること」「できること」「できないこと」を把握し、フォーマルケア、インフォーマルケアを活用しながら生活機能の向上に向けて意欲を引き出し、「できること」の拡大を図り、高齢者のQOLを高める。

出典：『ストレングスモデルによる介護予防ケアマネジメント』（介護予防研究会監修、白澤政和編集、中央法規出版、2007年）

はなく、「本人ができることはできる限り本人が行う」ことができるよう、利用者の「セルフケア」を高めることに重点を置くことが基本となります。

しかしながら、この「セルフケア」は目標概念であり、利用者の現実のセルフケア能力には相当の振幅があることを認識しておく必要があります。昨日までは自分で行うことができたけれども、今日はどうしてもしたくない、できないなど、「セルフケア」は心理状態によって大きな影響を受けることから、「したい」という利用者の意欲が重要な要素となるのです。したがって、単に「できる」「できない」という能力の問題だけではなく、利用者自らが「元のようになりたい」と願い、目標をもって医療やリハビリテーションに取り組んでいけるよう、利用者自らの意欲を引き出すことが重要なカギとなります。

そのためには、アセスメント段階において、利用者の問題状況といったマイナス面だけでなく、本人の身体機能面の潜在的な能力（〜ができる体力）、精神・心理面の意欲（〜したいといった気持ち）や抱負（〜したい希望）などプラス面も把握することが重要となります。また、同時に「介護者も外出することに協力的である」「近所に世話してくれる友人がいる」「室内がバリアフリーになっている」など、社会環境面におけるプラス面についてもアセスメントすることが不可欠です。

近年、ケアマネジメントのあり方については、利用者が抱える問題に着目して足りない部分をサービスで補いながらADLの改善を目指す「医学モデル」から、利用者本人のストレングス（意欲、能力、嗜好、抱負、自信）を活用しながら利用者の望むQOLの実現をはかる「生活モデル」へと転換が進んでいます。このようなケアマネジメントは「ストレングスモデル」と呼ばれ、利用者の身体機能面と精神・心理面と社会環境面での強さ（strength）をアセスメントし、居宅サービス計画（ケアプラン）に活用することで、適正なセルフケアを活用する支援を可能にするものです。

2 ケアマネジメントへのICF導入の考え方

ICF（International Classification of Functioning、Disability and Health：国際生活機能分類）は、2001年5月、世界保健機関（WHO）総会において採択された人間の生活機能と障害の分類法です。これまでのWHO国際障害分類（ICIDH）がマイナス面を分類するという考え方が中心であったのに対し、ICFでは「できること」を能力、「していること」を実行状況ととらえ、プラス面からみるように視点を転換したものです。

つまり、「できないこと」よりも「できること」を中心に据えた考え方であり、「できること」をフルに活用した多様な社会生活への積極的な参加を促すことにより、生活意欲の向上をはかりながら、満足度の高い、生き生きとした生活の構築を目指すものです。また、介護や支援を要する状態となっても、それぞれの状態に応じて残存機能を活用することに

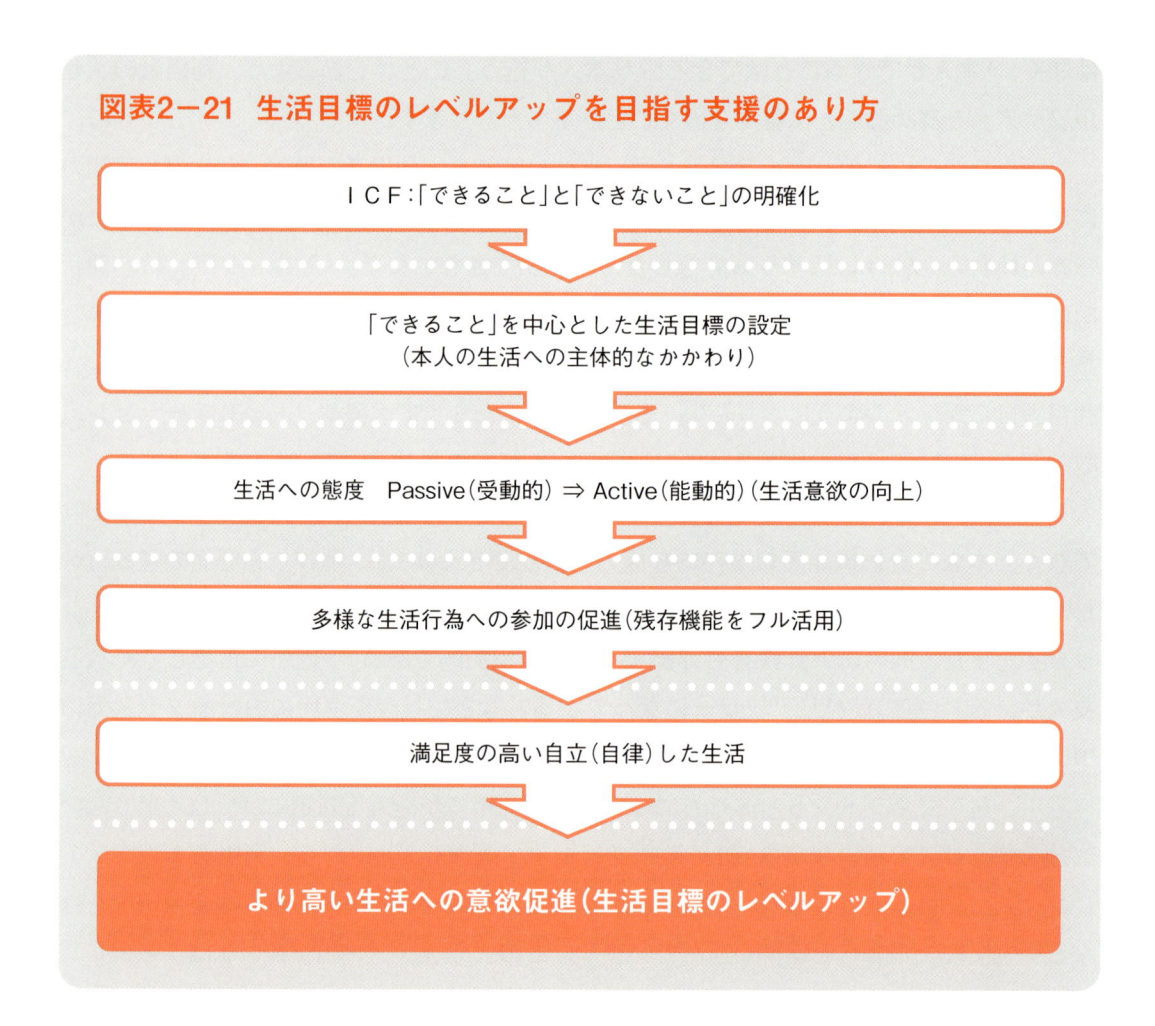

図表2-21 生活目標のレベルアップを目指す支援のあり方

ICF：「できること」と「できないこと」の明確化
↓
「できること」を中心とした生活目標の設定
（本人の生活への主体的なかかわり）
↓
生活への態度　Passive（受動的）⇒ Active（能動的）（生活意欲の向上）
↓
多様な生活行為への参加の促進（残存機能をフル活用）
↓
満足度の高い自立（自律）した生活
↓
より高い生活への意欲促進（生活目標のレベルアップ）

より、能力の維持や改善を目指します。

既存のアセスメント・ツールには、ADLを中心として「できないこと」を抽出し、対応策を検討するものが多く見られますが、ケアマネジャーは「できないこと」を解析するなかでも「できること」を見出していく視点をもつことが大切です。その上で、利用者と「できること」と「できないこと」を共有することにより、利用者が自ら「したいこと」を見出すことができれば、その実現に向け、生活にも意欲が生じることとなります。

3 総合的な居宅サービス計画の作成

居宅サービス計画（ケアプラン）は、利用者の日常生活全般を支援する観点に立って総合的に作成することが重要です。このため、利用者の要望のみに着目してケアプランを作成するのではなく、アセスメントによって明らかとなったすべての課題に対して、課題解決のための支援方針を明らかにすることが大切です。

その上で、利用者に認識していただくことが適当と認められる課題をケアプランに位置づけ、利用者が自ら課題解決に向けて努力していただけるよう生活目標を設定します。
　しかしながら、利用者の支援を行う上で解決することが必要な課題であっても、たとえば認知症に関する支援方針や家族・近隣等との人間関係の課題など、利用者に告知することが適当でない事項については、利用者に交付するケアプランには位置づけずに支援を行っていくことも必要です。なお、この場合、支援経過記録などにこうした課題を記録し、支援の根拠を明らかにしておくことが重要です。
　また、利用者の日常生活全般を支援するには、介護給付によるサービス以外にも、たとえば市町村の保健師等が高齢者の居宅を訪問して行う指導や配食、寝具乾燥、おむつ給付などの保健サービス、地域住民による見守りや配食、会食などの地域活動、老人（在宅）介護支援センターが行うソーシャルワークなども含めて総合的な計画となるよう努めていくことが求められています。

4 居宅サービス計画原案の作成

　ケアマネジャーは、居宅サービス計画（ケアプラン）が利用者の生活の質に直接影響する重要なものであることを十分に認識して、ケアプラン原案を作成しなければなりません。ケアプラン原案は、利用者の希望および利用者についての専門的見地からのアセスメントに基づき、利用者の家族の希望とその地域におけるサービスの提供体制などを勘案して、実現可能なものとする必要があります。
　また、ケアプラン原案には、利用者およびその家族の生活に対する意向と総合的な援助の方針、生活全般の解決すべき課題を記載した上で、提供されるサービスについて、長期的な目標とそれを達成するための短期的な目標、それらの達成時期等を明確に盛り込むことが求められています。
　ケアプランが真に効果を発揮するためには、主治医や介護サービスを提供する事業者など、利用者を取り巻く関係者がケアマネジャーの立案した計画の趣旨を理解し、一つのチームとして連携をはかりながらそれぞれの役割を担っていくことが重要です。
　このため、ケアプラン原案を作成した際には、ケアマネジャーが関係者を集めてサービス担当者会議を開催し、ケアプラン原案に対して関係者の共通理解をはかるとともに、それぞれの立場からの助言をもとに必要な修正を加える機会をもつことが必須となっています。とりわけ、さまざまな疾患をもった利用者の生活を支援していくためには、利用者の生命や心身に重大な結果をもたらす服薬の問題やアレルギーなど、療養上の禁忌に関する情報等を的確に把握する必要があることから、主治医の指導や助言は大変重要です。
　また、ケアプランに基づいて実際に介護サービス等が提供された際には、ケアマネジャー

は少なくとも1月に1回利用者の自宅を訪問して、利用者や家族の状況等に変化がないか、サービスを提供した結果が利用者の自立支援や生活の質の向上につながっているかなどを評価することとなっています。

とはいえ、このような情報収集をケアマネジャー1人で行うことには限界があります。このため、ケアマネジャーは実際に支援にかかわる関係者がそれぞれの立場から把握している利用者や家族の身体的、心理的、社会的な変化などの情報や専門的な助言の提供を受けながら、必要に応じてケアプランを変更するなどの対応をしていくことが必要です。

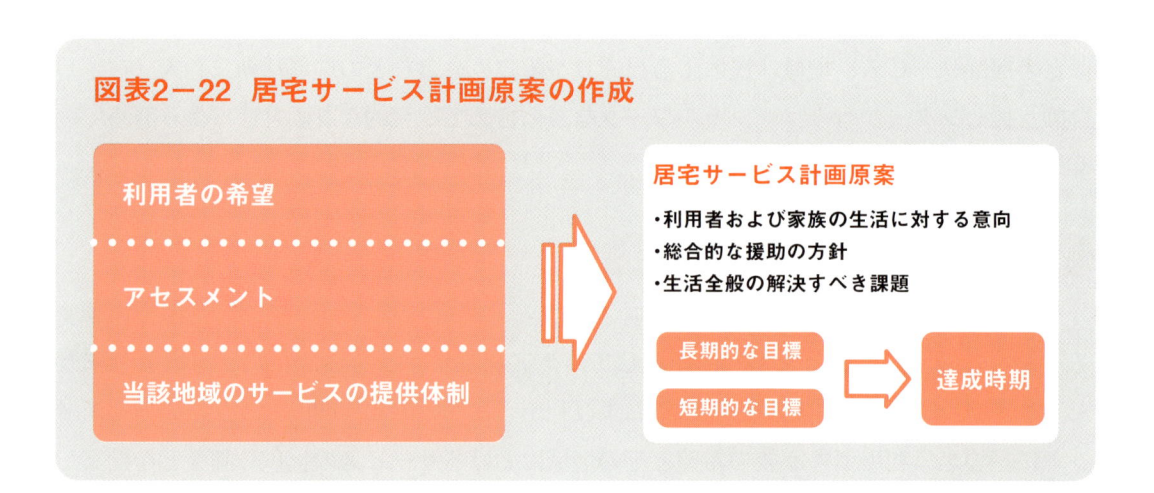

図表2-22 居宅サービス計画原案の作成

- 利用者の希望
- アセスメント
- 当該地域のサービスの提供体制

⇒ **居宅サービス計画原案**
- 利用者および家族の生活に対する意向
- 総合的な援助の方針
- 生活全般の解決すべき課題

長期的な目標 / 短期的な目標 ⇒ 達成時期

図表2-23 居宅サービス計画書の基本的性格

第1表 居宅サービス計画書(1) 第2表 居宅サービス計画書(2) 第3表 週間サービス計画表	課題分析(アセスメント)の結果を踏まえて、利用者と家族および介護支援専門員が一緒に作成するもの⇒利用者・事業者への交付
第4表 サービス担当者会議の要点	介護サービス(ケアマネジメント)の進行に合わせてケアチーム全体の意思を共有・確認するもの
第5表 居宅介護支援経過	介護支援専門員がその時々の判断を行うための根拠となるもの

図表2-24 居宅サービス計画の構成

居宅サービス計画書の種別	主な記載内容	備考
第1表 居宅サービス計画書(1)	利用者情報、居宅介護支援事業者情報、認定情報等 利用者及び家族の生活に対する意向 介護認定審査会の意見及びサービスの種類の指定 総合的な援助の方針 生活援助中心型の算定理由	利用者に説明および同意を要する居宅サービス原案
第2表 居宅サービス計画書(2)	生活全般の解決すべき課題（ニーズ） 目標（長期目標・短期目標） サービス種別、内容、頻度、期間	利用者に説明および同意を要する居宅サービス原案
第3表 週間サービス計画表	主な日常生活上の活動	利用者に説明および同意を要する居宅サービス原案
第4表 サービス担当者会議の要点	利用者情報、開催日、出席者、検討項目、検討内容、結論等	
第5表 居宅介護支援経過	モニタリングを通じて把握した利用者や家族の意向・満足度等、目標の達成度、事業者との調整内容、計画変更の必要性等	
第6表 サービス利用票 （兼居宅サービス計画）	利用者情報、認定情報、区分支給限度基準額、サービス内容、サービス事業者情報、提供時間、曜日、予定、実績、合計回数等	利用者に説明および同意を要する居宅サービス原案
第7表 サービス利用票別表	第6表の各欄から支給限度管理の対象となるサービスをすべてサービス提供事業者ごとに転記 事業者情報、サービス内容、種類、サービス単位／金額、合計単位数、保険給付額、利用者負担等 要介護認定期間中の短期入所利用日数	利用者に説明および同意を要する居宅サービス原案

5 居宅サービス計画作成上の留意点

　居宅サービス計画（ケアプラン）原案の作成にあたり、利用者の生活に対する意向を聞く際、いきなり「これから、どのような生活がしたいですか？」と漠然とした問いかけをしても、利用者はどのように答えてよいかわからず、返答に困ってしまうことがあると思います。

　突然の病気やけがによって、思いもよらず要介護状態になった利用者は、これからの生活に対して大きな不安や失望感を抱えていることも多いと思います。そのため、「麻痺があるので外出ができない」「このような身体では退院をしても自宅で生活を送れない」「家族に迷惑をかけるから施設に入りたい」など、現状だけをとらえて、自分自身ができないことや困りごとだけを訴えられることも多いと思います。

　このような場合、「これから、どうしたいですか？」と質問しても、「○○したい」と即座に生活に対する意向や希望が出てくることは難しいと思います。

　ケアマネジャーは、利用者の言葉の表面だけにとらわれず、「退院をして自宅で生活する際、どのようなことが一番不安ですか？」「どうして家族に迷惑をかけていると思うのですか？」など、利用者の不安の背景について丁寧に面接を行い、利用者が「本当に困っていること」や「本当はしたいけれどあきらめていること」などを明らかにすることが大切です。その上で、こうした課題に対してどのようにすれば利用者が生きがいや希望をもって生活していくことができるのか、利用者と一緒に考え、生きる意欲を引き出すプランを立てることが重要です。

　また、利用者は「このままでいいよ」とか「とにかくヘルパーさんだけ来てくれたら、どうにかなるから」などと返答することもよくあるのではないでしょうか。

　利用者の意向を尊重することは大切ですが、利用者はどうしても自分が知っている範囲のなかでサービスを選択してしまうため、ケアマネジャーが専門的な視点から利用してもらいたいと考えるサービスと相違が生じてしまうことも少なくありません。ケアマネジャーとしては訪問介護のサービスだけではなく、リハビリも必要だと思うのですが、なかなか受け入れてもらえない場合もよくあります。

　このため、利用者に制度をよく知っていただくことが大切ですが、単に説明をしても聞いてもらえなければ意味がありません。性急にこちらの意向を押しつけることはできませんので、利用者の話をよく聞くことから始めて、信頼関係をつくるなかで対応をしていくことが大切です。

　なお、ケアマネジャーにはなかなか本音を語らない利用者が、毎週サービスで訪れるホームヘルパーには本音で話をすることがあります。ケアマネジャーとの改まった面接の場で

はなく、サービス提供中に「〇〇してほしい」や「〇〇のような生活をしたい」などと意向をもらすこともよくあります。大切なことは、このような利用者の情報が、ホームヘルパーなどのサービス提供者からケアマネジャーに的確に伝わる仕組みや連携をつくっておくことです。

　また、利用者の望む生活はサービスを利用することによって変化することがあります。たとえば、デイサービスに通うようになり、交流関係が増え、他の利用者からの情報で訪問介護サービスによる調理から配食サービスに変更する、といったこともあります。ケアマネジャーは、こうしたことを理解しながら適切な対応をはかっていく必要があります。

(1) 第1表について

　「生活に対する意向」欄は、できるだけ利用者が実際に口にした言葉を記入することが大切です。また、利用者と家族の「生活に対する意向」が異なる場合は、それぞれを記載します。たとえば、「ご本人は、デイサービスなどの通所系サービスには行きたくないと思っている」が、「家族としては、本人にリハビリをしてもらうと同時に、日中、自由な時間を確保することができる通所系サービスを利用してほしい」と、両者の意向が異なるケースでは、それぞれの意向を記載しておきます。

　ケアプランは利用者にわかりやすく説明し、承諾を得た上で交付することが前提となっています。したがって、サービス計画の立案のために必要な事項であっても、利用者が目の当たりにすることが不快に思われるような事項については、表現について工夫をすることも必要となります。

認知症の症状の進行が予測される例

　本人は、終日テレビをつけたり消したり、番組を次から次に変えているが、観ている様子はない。しかし、終日テレビの前から動くことはない。妻が買い物や受診に行くと、暗くなっても電気をつけずに過ごしている。本人は会社の役員などをしていたので、デイサービスに誘っても、「幼稚園のようなところには行かない」と拒否的である。

　妻は記憶力があいまいになった夫に対して不安な気持ちがある一方、終日同じことを繰り返し聞かれるわずらわしさを感じるとともに、声かけをしなければテレビの前から離れない夫に対して不安が増す毎日である。さらに、自分の体調が不良であっても夫を1人残して外出することができないため、通院もままならない状況である。

【本人の生活に対する意向】（記載例）

　本人は、妻の援助のもと、終日自宅でテレビを観たりして過ごしたい。デイサー

ビスは幼稚なことをするような気がするし、人が多くいるととても疲れるので行きたくない。

【家族の意向】（記載例）

妻は、夫が終日テレビの前で過ごすことが多く、運動もしないため、このまま身体の機能が低下していくのではないかと不安になっている。また、自分自身も身体が不調であるが、夫を1人で家に残して受診や買い物などに行くととても心配であることから、外出もままならない状況である。夫にはデイサービスに通ってもらって、好きな将棋や運動をすることで身体機能の低下を予防してもらいたいと思っている。

長女は、父親が以前のように将棋をしたり、人との会話を楽しんだりする生活を送ってほしいと思っている。また、自分が近くに住んでおらず、母親の手伝いをすることができないため、母親の体調不良がとても心配である。父親にデイサービスに行ってもらう日には母親には受診をしてもらい、2人でできるだけ元気に生活をしてほしいと思っている。

　この例のようなケースでは、家族が「認知症」という言葉を使っていない場合、「生活に対する意向」欄には記載しないことが適切だと思います。たとえ認知症の確定診断がなされたとしても、ケアプランの記載については表現の工夫をすることが必要だと考えます。たとえば、「物忘れが目立つようになり」「短期記憶のあいまいさが目立つようになり」「外出をしたら家の方向がわからなくなり、迷子になることが頻回になり」などと、「認知症」という言葉を使わなくても、必要な内容は表現できます。ケアマネジャーには、こうした配慮も必要なのではないでしょうか。

　同じように、ケアプランでよく目にするのが「ひきこもりになり」などの表現です。「ひきこもり」という言葉は定義自体もあいまいですし、たとえば遠方にいるご家族にケアプランを送付する場合や帰省をしてきたご家族がケアプランを見る場合など、自分の親が「ひきこもり」だと記載されていたら、どのように思われるでしょうか。

　「ひきこもり」の代わりに、たとえば「最近はほとんど外出をすることもなく、自宅で過ごすことが多くなり」「外出することに対しておっくうになられた様子で、終日自宅で過ごすことがほとんどで、月に数回程度、受診時のみと外出の機会が減っている」などと、少し表現の方法を変えることにより、家族やご本人の受けとめ方も変わるのではないかと思います。

　ケアマネジャーは、「誰のために作成するのか？」ということを常に考えてケアプラン作成に臨むべきだと考えます。

図表2-25 第1表 居宅サービス計画書（1）作成のポイント

利用者及び家族の生活に対する意向
- 本人と家族が介護サービスなどを受けながら在宅でどのような生活を送りたいかを記載する。
- 本人と家族の意向が異なる場合はそれぞれ記載する。
- 本人と家族がお互いに言わないでほしいと思っている意向は第5表に記載しておく。
- 生活に対する意向は、面接で引き出せるとは限らないため、常に確認しながら修正していく必要がある。
- 本人や家族が話した言葉（感情的用語）はできるだけそのまま記載する。

介護認定審査会の意見及びサービスの種類の指定
- 審査会の意見がある場合は、サービス担当者会議において、この欄の記載内容について検討を行う。
- 空欄の場合は「記載なし」と記入する。
- 被保険者証に記載されているサービス提供時の留意事項を記載して、本人・家族の理解を得るように説明を行う。
- 記載しているサービスについて、本人の拒否などによりサービスが行えない場合は、第5表に内容を記載して保険者へ報告を行う。

総合的な援助の方針
- アセスメントから導き出された生活課題に対して、ケアマネジャーやサービス担当者がどのような方針で援助を行うかを明確にする。
- 本人と家族の自立した生活を目標にした総合的な援助方針とする。
- サービス担当者会議で了解された内容を記載する。
- 本人・家族にとってわかりやすい内容にする（専門用語は使用しない。例：ＡＤＬの改善・ＱＯＬの向上など）。
- 本人・家族が「何を」「どのように」行われるのかが理解でき、また積極的に取り組めるような内容を記載する。

生活援助中心型の算定理由
- 生活援助中心型の訪問介護を位置づける場合は、サービスを必要とする理由を簡潔かつ具体的に記載する。

(2) 第2表について

　第2表では、アセスメントの結果から利用者の直面する課題を明らかにし、一つひとつの課題に対する対応策を検討するとともに、どのようなことを優先して解決をはかるべきかを整理します。

　第2表では援助内容の具体的な中身として介護サービスの利用を検討することとなりますが、介護サービスの利用はあくまで利用者の生活目標を達成するための手段の一つであることを認識しておかなければなりません。目標を達成するためには状況に応じて手段を変えることが必要であり、「サービスはこれしかない」とか、「これだけのサービスを利用すべきである」などと固定した考えをもつべきではありません。

　たとえば、「ヘルパーさんに来てほしい」と利用者から要望があった場合、アセスメントに基づくニーズの検討を行わずに訪問介護サービスを位置づけたり、自分が所属する事業所のサービスしか位置づけず、他のサービスの利用は検討しないなど、サービス優先のケアプランであってはなりません。また、医療の支援を必要としている利用者の場合、療養上の留意事項等について主治医に確認や相談を行い、的確に対応していくことが必要となります。

　長期目標および短期目標は、解決すべき課題に対して実現可能なものとして、利用者にもわかりやすい表現で具体的に記入することが大切です。短期目標は、長期目標の実現に向けて段階的に達成していくことができるように設定します。

　援助内容の決定に関して、提供するサービスの種類や内容は課題解決に対して最も効率的で効果的なものを選択し、選択の根拠をいつでも示すことができるようにしておくことが大切です。

　なお、家族が行う援助やインフォーマルなサービスなど介護保険以外のサービスについても記載することが必要です。高齢者の生活を支えていくための人材や方策などの社会資源は、公的介護保険のメニューのみではなく、地域住民の支援や医療サービス、市町村独自の施策などさまざまなものがあります。ケアマネジャーには、こうした社会資源に関する情報を的確に把握し、必要に応じて活用していくことが求められています。

(3) 事例から考える第2表のつくり方

　たとえば、次のような利用者がいらっしゃったとします。下肢の筋力の低下があり、転倒に対する不安が強く、歩行時には杖やシルバーカー（手押し車）が欠かせません。坂の上に1人で住んでいるため、「買い物にいけないので困っているのよ」という訴えがあります。この利用者に対して、ケアマネジャーが「買い物をして、この坂道を帰るのは大変ですね。転んだりしたらけがをしますよ。ヘルパーさんに買い物を頼んだらいかがでしょ

う」と言ってケアプランを作成した場合、図表2－26（ケアプラン①）のような第2表が作成されます。

図表2－26 ケアプラン①

生活全般の解決すべき課題（ニーズ）	目標		援助内容	
	長期目標	短期目標	サービス内容	サービス種別
坂道の上に家があり、下肢の筋力低下から杖をついての歩行であるため、買い物ができない	定期的な買い物を依頼することで、安心して在宅生活を送る	本人に買い物のリストをつくってもらい、ヘルパーに買い物を代行してもらう	訪問介護による買い物代行 家族による買い物代行	訪問介護 家族の支援

　ケアマネジャーは、利用者が簡単な調理はできるので、ヘルパーに週2回買い物代行を依頼して、足りない分は週末にでも別居の家族から支援を得ることができれば、生活に支障をきたすことはないと考えたのです。

　しかし、利用者の「困った」「できなくなった」を安易に訪問介護などによるサービスで補うことは、利用者にとって自立支援になるでしょうか。「買い物ができない」ことを訪問介護による代行で補うことで、本当に利用者のニーズは満たされるのでしょうか。

　長年、主婦としてなじみのあるスーパーや商店へ通うことが、その方にとっての社会との交流の機会になることもあります。自分で買い物に行けば、なじみの商店での会話を楽しむこともできます。また、買い物に行くことにより、自分で商品を選ぶ楽しみや商店に並ぶ品々から季節を感じることもできるでしょう。買い物に行くときの服装や化粧などの身なりにも関心をもつきっかけにもなります。

　「生活全般の解決すべき課題」に対して目標や援助内容を検討する際に、ケアマネジャーとして確認しなければならない重要な視点が三つあります。

　その一つは「環境要因」です。利用者を取り巻く環境について、自宅から日常的に買い物をする店までの距離や道路の勾配、階段の有無によってはシルバーカーの利用、また、食料や日用品の確保について家族や近隣の援助を得ることは可能か、宅配サービスの利用はできないかなどを確認することが大切です。

　二つ目は「身体的要因」です。下肢の筋力低下の程度、どのくらいの距離や時間なら歩行可能か、シルバーカーを使うことができるか、買い物をした物を持つことができるか（どのくらいの重量までなら無理なく持てるか）、金銭の計算能力についてなどを確認するこ

とが必要です。特に、介護サービスの提供にあたっては、利用者が有する能力を最大限活用することができるような方法を選択することが重要であり、その維持・向上をはかるためにも現状を把握することが重要です。

三つ目は「心理的要因」です。たとえば、必要な物を誰かにそろえてもらうのではなく、日々の食材や日用品の買い物については自分の目で吟味したい、1人でシルバーカーを押して買い物に行くことに転倒の不安を強く感じるなど、利用者の心理的な要因を確かめることが大切です。

こうした三つの視点から、利用者の生活全般の解決すべき課題、目標および援助内容を示したものが図表2－27（ケアプラン②）です。

図表2－27 ケアプラン②

生活全般の解決すべき課題（ニーズ）	目標		援助内容	
	長期目標	短期目標	サービス内容	サービス種別
坂道の上に家があり、最近では足腰が弱くなり1人で買い物に行くのに自信がなくなってきたが、誰かに付き添ってもらって、シルバーカーを押して自分で買い物ができるようになりたい	近隣者・家族などの同行により、シルバーカーを利用して、自分で買い物ができるようになる	週2回は訪問介護の同行により、シルバーカーを利用して食材などの買い物ができるようにする	訪問介護による買い物への同行 宅配サービスの検討 家族・近隣者の支援による買い物の代行	訪問介護 宅配サービス 家族・近隣者の支援

環境要因と身体的要因については、定型的なアセスメントを行うなかで比較的容易に把握することができると思います。心理的要因に関しては、利用者や家族と話し合うなかで、繰り返し情報を整理しながら生活の目標を設定していくことが重要です。このような過程は、利用者やその家族にはとてもわかりにくいことだと思いますが、利用者や家族との協働作業によってケアプランを作成していくことが大切なのです。

この事例の場合、長年専業主婦として家庭を切り盛りしていた利用者が、買い物に行くことに自信がなくなったという背景について、丁寧にアセスメントを進めていくことが重要です。ケアマネジャーは、利用者の「自信がない」という言葉をキーワードに、転倒をした経験から1人で外出することに自信がないのか、荷物を持って歩くことに自信がない

のか、スーパーで代金を支払うときにお金を正確に数えられないのが不安なのかなど、あらゆる角度から丁寧に情報収集を行うことが必要です。

　その上で、サービスを利用することによって利用者や家族の生活がどのように変わっていくのか、利用者の心身にどのような効果をもたらすのか、利用者や家族自身が具体的にイメージすることができるケアプランを提供していくことが大切です。

　生活している姿を具体的に思い描くことができないケアプランや漠然とサービスが貼りつけてあるようなケアプランは、利用者にとって自立支援に向けた取り組みの方向性が見えないばかりでなく、ケアマネジャーにとってもモニタリング時に的確な評価を行うことが困難となります。

　また、援助目標の設定にあたっては、提供期間の設定が重要です。そして、その期間において短期・長期目標が達成できたのかをきちんと評価することが大切です。ケアプランを立てっぱなしにしないこと、「いつまでに」「何を」「どのようにして」「目標を達成する」のかをきちんと計画する必要があります。

(4) 優先順位の検討

　アセスメントにより導き出された「生活全般の解決すべき課題」は、どの課題から解決をはかっていくのか、利用者や家族の状況や要望を十分に踏まえた上で、ケアマネジャーとして優先順位を検討することが必要です。

　優先順位の検討にあたっては、まずは緊急性が高い医療的な支援の確認を行い、必要なサービスの導入等に関して本人や家族にわかりやすく説明し、理解を得ます。次いで、基本的な生活ニーズが満たされているかどうかを確認します。食事の摂取、排泄、清潔の保持などの生理的欲求が十分に満たされず本人の望む状況に至っていないのに、リハビリを優先的に行うようなケアプランを提示しても、利用者が積極的にリハビリに取り組むことができないのは明白です。ボタンの掛け違いのような生活課題の解決方法になっていないか、ケアマネジャーとして再度確認することが大切です。

(5) 生活リズムの把握

　利用者の「生活全般の解決すべき課題」を確実にとらえるためには、利用者の生活リズムを把握することが不可欠です。1日24時間を単位として、起床から就寝までの間、食事の摂取や排泄のリズムなどを含め、1日の過ごし方を把握するとともに、1週間を単位として、通院や買い物、親族や友人等との交流状況など、曜日ごとのスケジュールを把握します。

(6) インフォーマル支援の活用

　利用者の日常生活を全般にわたって支援していくためには、介護保険サービスだけでは当然限界があるため、ケアマネジャーは介護給付対象サービス以外の保健医療サービス、福祉サービスおよび地域住民による自発的なボランティア活動等の利用も含めて、ケアプラン上に位置づけるよう努めなければならないこととなっています。

　たとえば、庭の木の剪定やほんの少しの大工仕事などは介護保険サービスの対象外となっていますが、専門家に依頼するほどでもない範囲の仕事については、地域のボランティアやシルバー人材センターなどに依頼をすることで解決できることもあります。

　そのほかにも、お弁当一つでも配達をしてくれる惣菜屋さん、少しの買い物でも配達をしてくれる八百屋さんや電話一本で配達してくれる酒屋さんなど、地域には高齢者への配慮をしてくれる多くのインフォーマルサービスが存在するものです。

　独居の高齢者の居宅において、毎日配達される牛乳がそのままになっている場合や新聞受けに数日分の新聞があふれている場合に、近隣の人からケアマネジャーへ連絡がつながる仕組みがあれば、利用者のリスクを早期に発見することができます。こうした情報の糸口をたくさん持っていることがケアマネジャーとしての強みになると思います。

　そのためにも、ケアマネジャーは自分が活動する地域において、どのような支援体制を活用することが可能であるか、フォーマル、インフォーマルを合わせて情報収集を行っておくことが重要です。

　しかし、社会資源の情報収集を行うにあたって、一人のケアマネジャーが把握できる情報量には限界があります。たとえば、事業所内で地域の社会資源に関する情報のリスト化を行うことは大変有効だと思います。できることならば、事業所を超えて他の事業所のケアマネジャーとの間でも情報交換を行ってリスト化ができれば、より有効な地域情報の把握が可能となり、そのリストは地域のケアマネジャーの共有財産になるのではないでしょうか。

6　居宅サービス計画の説明と同意

　居宅サービス計画（ケアプラン）に位置づける指定居宅サービスの選択は、利用者自身が行うことが基本です。利用者に選択を求めることは介護保険制度の基本理念であり、ケアマネジャーが利用者の課題を分析して作成したケアプラン原案についても、最終的には利用者の同意を得ることが義務づけられています。

　説明と同意を要するケアプラン原案は、居宅サービス計画書の第１表から第３表と第６表および第７表を指し、居宅介護支援事業者は、ケアプランを作成した際には、遅滞なく利用者および担当者に交付しなければならないこととなっています。

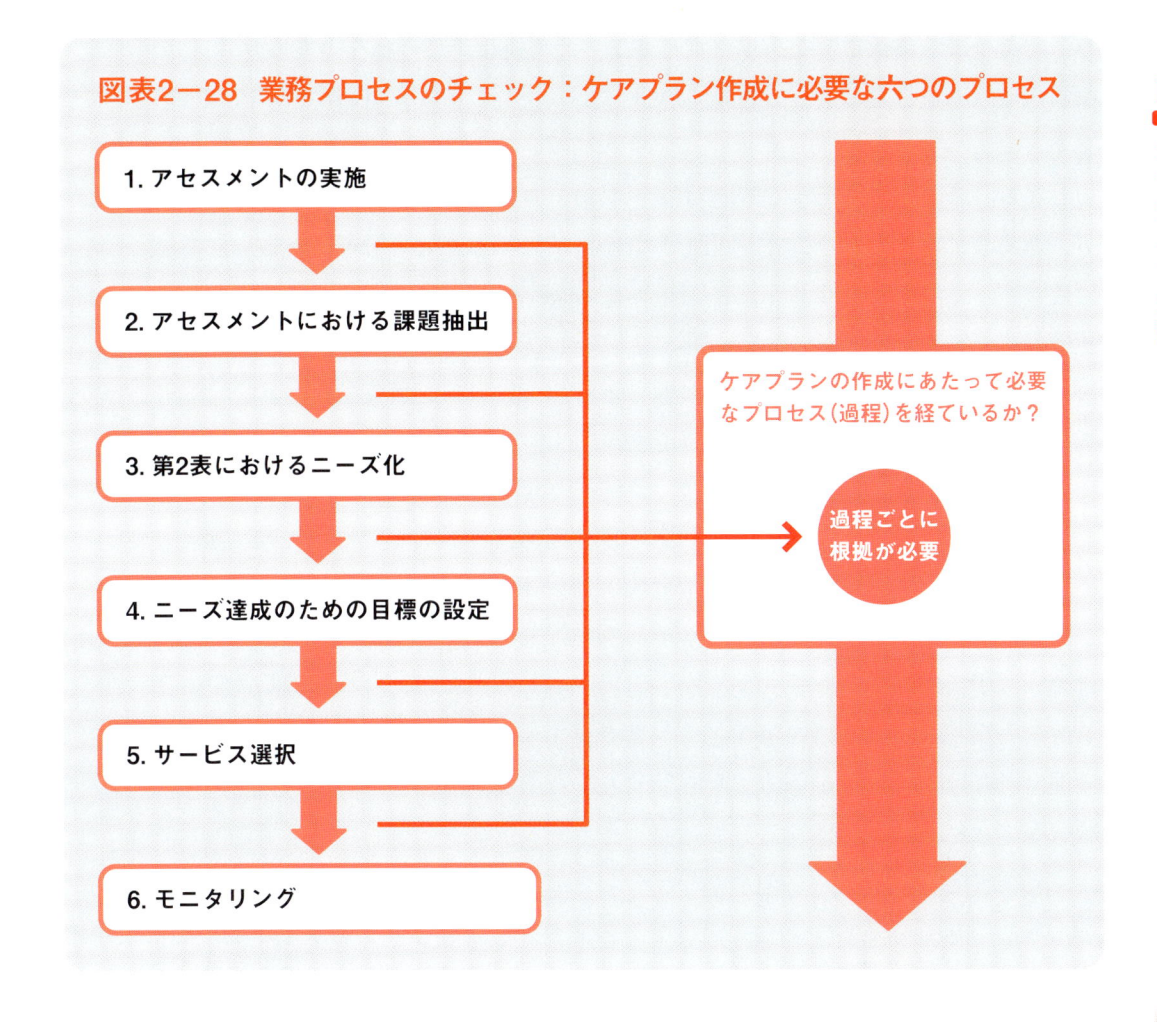

図表2-28 業務プロセスのチェック：ケアプラン作成に必要な六つのプロセス

1. アセスメントの実施
2. アセスメントにおける課題抽出
3. 第2表におけるニーズ化
4. ニーズ達成のための目標の設定
5. サービス選択
6. モニタリング

ケアプランの作成にあたって必要なプロセス（過程）を経ているか？

過程ごとに根拠が必要

7 介護予防ケアプランの作成

(1) 介護予防ケアプラン作成の基本的な考え方

　介護予防は、介護を必要とする状態にならないよう、もしくは介護や支援が必要な状態となってもそれ以上重度化しないよう、高齢者が自ら行う運動器の機能向上、栄養状態の改善、口腔機能の向上などの取り組みです。

　介護や支援が必要となる原因は、脳梗塞や転倒による骨折など、大きな病気やけがによるものが多く見られますが、最近では不活発な生活や栄養状態の悪化などにより、心身の機能が徐々に低下する高齢者が増えています。

　たとえば、1日中どこにも出かけず、テレビの前などで過ごす生活を続けていると、足腰などが徐々に弱くなって、小さな段差にもつまずくことが多くなります。不活発な生活を「歳のせいだからしかたがない」とあきらめていると、転倒事故につながり、「寝たき

り」となってしまうこともあります。また、入れ歯などが合わないまま放置していると、噛む力や飲み込む力など、口の機能が弱くなり、栄養を十分に確保することが難しくなります。

しかし、このような身体の機能の衰えは、口の中の環境を整え、栄養状態の改善をはかり、運動などに取り組むことで回復が可能であり、しかも状態が軽いほど高い効果が期待できます。ただし、このような取り組みは、高齢者自身が介護予防の意義を理解し、自ら状態の改善に努めない限り効果は期待できません。

このため国では、平成18年度の介護保険制度の改正に併せて、高齢者に主体的に介護予防に取り組んでいただけるよう、市町村が中心となって介護予防の支援を行うこととしました。高齢者が介護を必要とする状態にならないようにするため、「基本チェックリスト」を用いて生活機能の確認を行い、介護や支援が必要となるおそれが高い生活機能が低下している虚弱な高齢者を把握して、積極的に介護予防を働きかけていくこととしています。

また、介護や支援が必要な状態となっても、それ以上重度化しないよう、介護保険の給付のうち状態の維持・改善が見込まれる比較的軽度な者（要支援１・要支援２）に対する給付を「予防給付」として、中重度者（要介護１～５）に対する「介護給付」と区分して、原則、市町村が設置する地域包括支援センターが介護予防ケアプランを作成する等の支援を行うこととなりました。

『地域包括支援センター業務マニュアル』には、介護予防ケアマネジメントの基本的な考え方として、「本人ができることはできる限り本人が行う」ことを基本とすることが示されています。

このため、アセスメント段階においては、利用者の問題状況といったマイナス面だけでなく、本人の身体面の潜在的な能力（～ができる体力）、精神・心理面の意欲（～したいといった気持ち）や抱負（～したい希望）などプラス面を把握することが必要です。また、同時に「介護者も外出することに協力的である」「近所に世話してくれる友人がいる」「室内がバリアフリーになっている」など、社会環境面におけるプラス面についてもアセスメントすることが不可欠です。

介護予防ケアマネジメントを担うケアマネジャーは、日常の生活において利用者が「していること」の現状を十分に把握しながら、「できないこと」と「していないこと」を分析するなかで「できること」を見出し、少しずつ「できること」の拡大をはかりながら、利用者のQOLを高めていく視点をもつことが大切です。ケアマネジャーが利用者とともに「できること」と「できないこと」を確認していく過程において、利用者が自ら「～したい」ことを見出すことができれば、利用者の生活に対する意欲を高めることにつながり、その状態に応じて残存機能を活用しながら能力の維持や改善を目指すことができます。

ただし、ケアマネジャーが配慮しなければならないのは、「できること」を十分に活用したセルフケアを常時遂行するよう利用者に強制してはいけないということです。「できること」を本人が行うのは、「できる限り」であって、このセルフケアは目標概念です。身体的な理由や精神的な理由により、当然、計画に位置づけたセルフケアができる場合もあれば、できない場合もあります。目標の達成に向けて利用者を励ましながら支援していく姿勢は大切ですが、過度にならないよう留意することが大切です。

　利用者が徐々にセルフケアの考え方を理解しながら、そこに向けて進んでいけるよう、ケアマネジャーは利用者の自己選択や自己決定を支援していくことが重要です。そのためには、比較的達成することが容易で無理のない短期目標を設定し、目標の達成感を利用者と共有する過程を積み重ねながら、時間をかけて丁寧に計画を実施していくことが効果的です。

　主役は常に利用者です。定期的に達成状況を評価しながら、必要に応じて計画の見直しを行うとともに、利用者の気持ちの変化にも柔軟に対応していくことが大切です。

介護予防ケアプラン作成の基本的な考え方

① 「目標とする生活」をイメージできるケアプランの作成

　アセスメントを通じて把握した課題の解決をはかるため、利用者や家族と共同で「目標とする生活」を明らかにし、ケアマネジャーはこれをイメージして介護予防ケアプランを作成することが大切です。

② 合意を得るためのプロセスの実行

　介護予防策を効果的に実施するためには、利用者の生活機能の向上に対する意欲を引き出し、主体的に取り組んでいただくことが重要です。そのためには、利用者や家族に課題に対する目標と具体策を十分に納得していただくための合意のプロセスを丁寧に進めていく必要があります。

③ 改善の見込みに基づいたアセスメントの実施

　状態像の変化に応じて必要な支援要素を決定します。そして、それぞれの支援要素に対応した適切なサービスを調整し、定期的に見直しをしていく仕組みを構築することが必要です。

　また、利用者の状態のみに着目するのではなく、要介護状態に至る直接的および間接的な原因にも着目して設定することが大切です。

④ 明確な目標設定と適切な評価の実施

　生活機能がいつまでにどの程度向上するのか、またはどの程度の期間維持でき

るのかを明らかにし、利用者・家族およびサービス提供者がその目標を共有するとともに、適切に評価することが重要です。

⑤　インフォーマルサービス活用の留意点

　　介護予防ケアプランの作成においては、利用者自身が取り組む行動や導入すべきサービスを計画するだけでなく、セルフケアや同居の家族の協力、近隣者の見守りや支えなどのインフォーマルサービスを積極的に活用することが大切です。その際は、近隣者の負担が重くなりすぎないよう配慮を行うことも重要です。

　具体的な手法は中重度の要介護者に対するケアマネジメントと変わりはありません。インテークから始まって、アセスメント、ケアプラン原案の作成、サービス担当者会議の開催、利用者の同意、ケアプランの確定、サービスの提供、モニタリングという一連のケアマネジメントサイクルに沿って実施することとなります。

　介護予防ケアプランの作成にあたっては、利用者の生活機能が、いつまでにどの程度向上するのか、もしくはどの程度の期間維持できるのかを適切に評価するとともに、実際のサービス提供による状況の変化等を見ながら次の対応をはかっていくことが重要です。

　また、モニタリングの際には、利用者の能力や意欲を把握することが重要であり、その

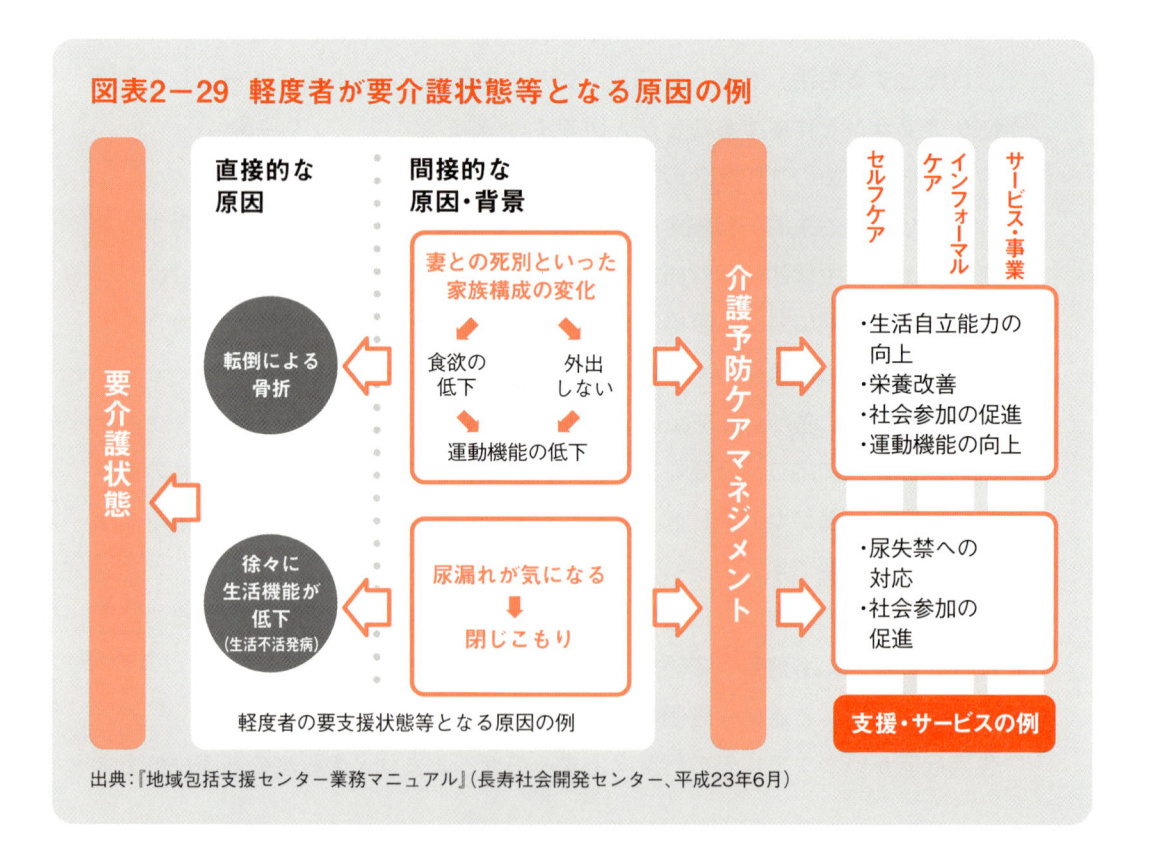

図表2－29　軽度者が要介護状態等となる原因の例

直接的な原因
- 転倒による骨折
- 徐々に生活機能が低下（生活不活発病）

間接的な原因・背景
- 妻との死別といった家族構成の変化
  - 食欲の低下
  - 外出しない
  - 運動機能の低下
- 尿漏れが気になる → 閉じこもり

要介護状態

介護予防ケアマネジメント

支援・サービスの例

セルフケア／インフォーマルケア
- 生活自立能力の向上
- 栄養改善
- 社会参加の促進
- 運動機能の向上

サービス・事業
- 尿失禁への対応
- 社会参加の促進

軽度者の要支援状態等となる原因の例

出典：『地域包括支援センター業務マニュアル』（長寿社会開発センター、平成23年6月）

ためには、何でも話してもらえる信頼を得ることがカギとなります。

したがって、基準上は3か月に最低1回の訪問面接でよいことになっていますが、初期の段階では頻繁に利用者と会ったり、サービス事業者から意見を聞いたり、介護予防サービスの利用場面を見学するなどして、相応の時間をかけて対応することが大切です。

(2) 介護予防サービス・支援計画表作成上の留意点
① 目標とする生活

利用者が今後どのような生活を送りたいか、利用者自身の意思・意欲を尊重し、望む日常生活のイメージを具体的にすると、利用者が介護予防へ主体的に取り組む動機づけとなります。望む日常生活のイメージを具体的に表現できない利用者の場合、利用者基本情報の「趣味・楽しみ・特技」欄にある利用者が得意だと思っていること、楽しいと思っていることなどを参考に、具体的なイメージをもてるように支援することも必要です。

また、生活に対する意欲が著しく低下している場合には、必要に応じて、専門家の視点から利用者の生活機能改善の可能性を判断し、具体的な案を提示します。

図表2-30 「目標とする生活」の設定

項目	作成上のポイント
1日	ここでは、大きな目標にたどり着くための段階的な目標や健康管理能力や機能の向上・生活行為の拡大・環境改善など、さまざまな目標を設定します。 　たとえば、毎朝新聞受けへ新聞を取りに行き、1番に新聞を読みたい、毎日1通ずつ絵手紙を書いて郵便局まで出しに行くなど、対象者が達成感・自己効力感が得られるような内容が望まれます。
1年	利用者とともに、生きがいや楽しみを話し合い、今後の生活で達成したい目標を設定します。あくまでも、介護予防支援や利用者の取り組みによって達成可能な具体的な目標とします。ケアマネジャーは、利用者の現在の状況と今後の改善の可能性の分析を行い、利用者の活動等が拡大した状態を想像してもらいながら、その人らしい自己実現を引き出すようにします。 　例：お盆に小学校の同窓会に出席する、春に盆栽展に出展するなど

② アセスメント領域と現在の状況

① アセスメント領域において「現在、自分で（自力で）実施しているか否か」「家族などの介助を必要とする場合はどのように介助され実施しているのか」等について、その領域全般について聞き取ります。
② 聞き取りにあたっては、利用者と家族の双方に聞き、実際の状況と発言していることの違い、利用者と家族の認識の違いなどにも留意します。
③ 利用者・家族からの情報だけでなく、ケアマネジャーが観察した状況についても記載します。
④ アセスメントに際しては、利用者を全人的にアセスメントすることが大切です。
⑤ 初回面接では、完璧に情報収集しようとするあまり強引に聞き出すような態度で利用者を不快にさせないような配慮が必要です。

③ 本人・家族の意欲・意向

アセスメント領域において確認した内容について、利用者・家族の認識を記載します。たとえば、機能低下を自覚しているかどうか、困っているかどうか、それについてどのように考えているかといったことです。具体的には、「○○できるようになりたい」「手伝ってもらえれば○○したい」と記載し、その理由についても確認します。

利用者と家族の意向が異なる場合は、それぞれについて記載します。また、否定的ないし消極的な意向であった場合は、その意向に対し、なぜ消極的なのかという理由を明らかにすることが大切です。

④ 領域における課題（背景・原因）

「アセスメント領域と現在の状況」の区分（運動・移動、日常生活、社会参加・対人関係・コミュニケーション、健康管理）ごとに、課題がある場合には「□有」に印をつけます。

記載する内容は、生活上の問題となっていることやその背景・原因について、「アセスメント領域と現在の状況」「本人・家族の意欲・意向」に記載した内容や実際の面談中の様子、利用者の基本情報、主治医意見書、生活機能評価の結果等の情報をもとにした健康状態、心理・価値観・習慣、物的環境・人的環境、経済状態等の観点から整理し、分析します。

⑤ 総合的課題

「領域における課題」から、利用者の生活全体の課題を探すため、直接的な背景・原因だけでなく、間接的な背景・原因を探り、各課題共通の背景等をみつけて統合します。

ここであげる総合的課題は、以降の介護予防ケアマネジメントのプロセスを展開するため、優先度の高い順から番号を付して整理します。

⑥ 課題に対する目標と具体策の提案

「総合的課題」に対して、目標と具体的な対応策を記載します。この目標はケアマネジャーが専門家として利用者や家族に対して示すものであるため、漠然としたものではなく、具体的で評価が可能なものでなければなりません。

また、具体的な対応策についても、生活機能の低下の原因となっていることに対する解決策だけでなく、生活機能の低下を補うため、他の機能の強化や向上につながる対策等、さまざまな角度から検討することが必要です。

具体的な支援やサービスは、介護保険サービスだけでなく、生活機能の低下を予防するためのセルフケアや家族の支援、地域のインフォーマルサービスなどについても記載します。

⑦ 具体策についての意向（本人・家族）

ケアマネジャーが提案した「課題に対する目標と具体策」について、利用者や家族の意向を確認して記載します。合意が得られた場合は、「○○が必要だと思う」「○○を行いたい」等と記載します。

合意が得られなかった場合には、その理由や根拠等について、利用者や家族の意向を記載します。たとえば、取り組むことが困難である場合や継続することが難しい場合など、その理由が次の項目の「目標」の根拠となります。

⑧ 目標

前項目の「具体策についての意向」を踏まえ、ケアマネジャーと利用者・家族が合意した目標を記載します。

図表2－31　アセスメントの入口から目標を立てるまでの流れ

アセスメント領域と現在の状況
- 日常生活の状況を明らかにするため領域ごとにアセスメントを行う
- 地域支援事業の基本チェックリスト項目の要素を含める
- 健康状態について
- 必要な事業プログラム

↓

本人・家族の意欲・意向

- 生活機能が低下している行為に気づきを与える
- 改善や自立への意欲を引き出す
- 生活機能の低下の原因や背景等の分析を行い、根本的な問題や課題を見定めて支援ニーズを明らかにする

↓

領域における課題（背景・原因）
アセスメント領域において生活上の問題となっていることがあるか、その背景や原因について分析する

↓

総合的課題
利用者の全体像を理解した上での生活全体の課題を書き出す

↓

課題に対する目標と具体策の提案
総合的課題に対する目標と具体策を書き出す

利用者にとっての課題を把握し、価値観や好みを十分に考慮し、達成可能な目標や具体策を立てる

↓

具体策についての意向（本人・家族）
- 改善についての利用者と家族の意向を確認し、記載する
- ケアマネジャーが示した生活課題が本人や家族の考えと一致しない場合は、その旨を記載する

↓

目標
利用者・家族とともに考え、合意した目標を記載する

単に意向を聞くだけでなく、その根拠や利用者の心理状況を考慮し、合意できる目標を利用者と一緒に見つける

⑨ 支援計画

（ア）目標についての支援のポイント

前項目の目標に対して、具体的な支援を考える上での留意点を記載します。

目標達成の支援のポイントとしては、支援実施における安全管理上の留意点やインフォーマルサービスの役割分担などが該当します。

（イ）本人等のセルフケアや家族の支援、インフォーマルサービス

本人が自ら取り組むことや家族が支援すること、地域のボランティアや近隣住民の協力などもインフォーマルサービスとして記入します。この場合、誰が何をするのか具体的に書くことが大切です。

（ウ）介護保険サービスまたは地域支援事業

介護保険による予防給付または市町村が実施する地域支援事業などのサービスの内容を具体的に記載します。

具体的なサービス内容について、利用者・家族と合意し、目標を達成するために最適と思われる内容については、本来の支援としてそのまま記載します。利用者・家族と合意できない場合や地域に適当なサービスがない場合は、本来の支援の下に、当面の支援として代替のサービスをカッコ書きで記載します。

また、本来の支援ができない場合で、利用者や家族の合意が得られないときは、本来の支援ができるように働きかける具体的な手順や方針を書くなど、その内容の実現に向けた方向性を記載します。

本来必要な社会資源が地域にない場合には、地域における新たな活動の創出などの必要性を記載します。

（エ）サービス種別

「本人等のセルフケアや家族の支援、インフォーマルサービス」「介護保険サービスまたは地域支援事業」の支援内容に適したサービスについて、たとえば「介護予防通所介護」「介護予防訪問介護」「助け合い事業」「ふれあい昼食会」などのサービスのメニューや事業名を記載します。

（オ）事業所

具体的にサービスを実施する「事業所名」を記載します。家族、地域、介護保険以外のサービスについては、誰が行うのかを記載します。

（カ）期間

支援内容に掲げた支援をどの程度の期間にわたって実施するのかを記載します。

【介護予防サービス・支援計画表の記入例】

介護予防サービス・支援計画書

NO. _____
利用者名　○○　○○　様　　認定年月日　平成○○年○月○日　　認定の有効期間　○○年○月○日～○○年○○月○○日

計画作成者氏名　○○　○○_____
計画作成（変更）日○○年○○月○○日（初回作成日○○年○○月○○日）
目標とする生活

| 1日 | | | | | | 1年 | |

アセスメント領域と現在の状況	本人・家族の意欲・意向	領域における課題（背景・原因）	総合的課題	課題に対する目標と具体策の提案	具体策についての意向 本人・家族	目標
運動・移動について		□有　□無				
日常生活（家庭生活）について 長期入院生活で体力が低下しており、自信もないため、近くのコンビニまでは買い物に行けるが、少し離れたスーパーでは買い物に行けない。そのため、食べ物以外はほとんど娘に買ってきてもらっている。脳梗塞後の右手のしびれや握力低下が残り、包丁は持つのが怖い。ふだんの食事はコンビニで買ったものを温めて食べている。掃除や洗濯は自分で行っている。	（本人）もともとは料理好き。包丁を使って切ったり刻むのが難しいので、障害があっても上手に調理できる方法があったら知りたい。自分で作るのが怖いため、誰かそばにいて手伝ってほしい。 （娘）母は昔料理が上手だった。また作れるようになると嬉しい。	☑有　□無 自分で調理したいという意欲はあるが、右手のしびれや握力低下により、包丁を握ることが困難な状態である。不安は大きいようだが、このまま右手を使わないままでいると拘縮してしまう可能性もあるので、調理器具や調理方法を工夫することで、1人で調理を行えるようにする必要がある。	1．1人で調理ができるように、調理器具や方法を工夫する。	1． （目標）自宅で週2回調理が行えるようになる。 （具体策） ① 自分に合う調理器具、調理方法をみつける。 ② 家族に料理を食べにきてもらう。 ③ スーパーの宅配サービスを活用する。	【合意の場合】 （本人）調理が自分で行えるようになるのは嬉しい。でも、まだ自分1人で行うのは心配。最初は誰かと一緒がいい。 （家族）頑張ってほしい。おかあさんのおせち料理が食べたい。まだ、おかあさんの味を覚えていないから、また料理を習いたい。 基本的には同意しているが、本人は不安があるようだ。 【合意が得られなかった場合】 （本人）調理が自分で行えるようになるのは嬉しい。でも、まだ自分1人で行うのは無理。しばらくの間ヘルパーさんに来てもらいたい。 （家族）頑張ってほしい。でも危ないし、ヘルパーさんが来てくれたほうが安心。 右手を動かさないと拘縮が進み、細かい動きが取れなくなる可能性がある。できれば早期から手を使うことは重要。自宅ではなく、施設などで練習する段階を踏むのはどうか。	自宅で週2回調理を行う。
社会参加、対人関係・コミュニケーションについて		□有　□無				
健康管理について		□有　□無				

健康状態について
□主治医意見書、生活機能評価等を踏まえた留意点

基本チェックリストの（該当した質問項目数）／（質問項目数）をお書き下さい。
地域支援事業の場合は必要な事業プログラムの枠内の数字に○印をつけて下さい。

	運動不足	栄養改善	口腔内ケア	閉じこもり予防	物忘れ予防	うつ予防
予防給付または地域支援事業						

| 初回・紹介・継続 | 認定済・申請中 | 要支援1・要支援2 | 地域支援事業 |

委託の場合：計画作成事業者・事業所名及び所在地（連絡先）
　　　　　　担当地域包括支援センター：

支援計画					
目標についての支援のポイント	本人等のセルフケアや家族の支援、インフォーマルサービス	介護保険サービスまたは地域支援事業	サービス種別	事業所	期間
(　)					
(　)	（本人） 娘が帰省したときに自宅で1人で調理する。 教室で習った献立を家でも作ってみる。 （家族） 母親の作った料理を食べに帰省する。 （時間があれば見守る） （地域） 近所の人に買い物に誘ってもらう。 スーパーの宅配サービスを使う。	（介護保険サービス） 障害にあわせた調理器具や調理方法について、情報提供、訓練をする。	介護予防通所リハビリテーション	Tセンター	平成○○年○月○日〜平成○○年○月○日
(　)					
(　)					

「介護保険サービス」 → 該当するサービスを○で囲みます

自立支援の観点に基づきセルフケア等から検討していきます

【本来行うべき支援ができない場合】
妥当な支援の実施に向けた方針

総合的な方針：生活不活発病の改善・予防のポイント

計画に関する同意
上記計画について、同意いたします。

平成　　年　　月　　日　氏名　　　　　　　　　印

地域包括支援センター
【意見】
【確認印】

5. サービス担当者会議

1 サービス担当者会議の役割

　ケアマネジャーは、居宅サービス計画(ケアプラン)の原案を作成するまでの間、通常、自らの判断に基づき1人で業務を行います。

　作成したケアプランが真に効果を発揮するためには、主治医をはじめ指定介護サービスを提供する事業者、地域包括支援センターなど行政関係者、地域のボランティアなど利用者を取り巻く関係者が、ケアマネジャーの立案した計画の趣旨を理解し、一つのチームとして連携をはかりながらそれぞれの役割を担っていくことが重要です。同時に、こうした関係者の情報提供や専門的な助言がケアプランに的確に反映されることが必要です。とりわけ、さまざまな疾患をもった利用者に対する援助については、服薬の問題やアレルギーなど、利用者の生命や心身に重大な影響を及ぼす場合もあることから、主治医の指導や助言は大変重要です。

　ケアマネジャーの作成したケアプランの原案を関係者に説明・周知し、関係者から専門的意見を出してもらう場がサービス担当者会議です。

> **サービス担当者会議（ケアカンファレンス）の役割**
> ① 要介護者等や家族の生活全体を共通理解すること。
> ② 「利用者や家族の生活に対する意向」や援助者側の「総合的な援助の方針」について共通理解すること。
> ③ 要介護者等の生活全般の解決すべき課題（生活ニーズ）を共有すること。
> ④ 関係者の協議により、ケアプランの内容を深めること。
> ⑤ 作成されたケアプランでのサービス提供者の相互の役割分担を理解すること。

2 サービス担当者会議の意義

(1) 利用者にとっての意義

　利用者にサービス担当者会議に出席していただくことは、自らの支援のために多くの人がかかわっていることを理解していただき、これから提供される介護サービスを主体的に利用していただく（自立に対する意識を高めていただく）意義があります。特に、介護予防サービスについては、利用者自身が介護予防の趣旨や目的を理解し、主体的に取り組ん

でいく必要があるため、サービス担当者会議がこうした理解を促す機会となることが大いに期待できると思います。

また、利用者が今困っていることや近い将来に予測できる問題などを具体的に言葉にすることで、「ケアマネジャー任せ」ではなく、利用者自身の考えが反映されたケアプランであることを自覚する機会になり、自分の今後の生活に対する具体的なイメージがつくりやすいというメリットもあります。

(2) 家族にとっての意義

家族にサービス担当者会議に出席していただくことによって、ケアプランに位置づけている支援の目的と内容を理解していただくとともに、利用者を支えるケアチームの一員としての役割を認識していただく機会となります。

サービス担当者会議に参加することで、家族は介護保険サービスの仕組みに対する理解がよりいっそう深まります。また、多くの人が支援にかかわっていることを目の当たりにすることによって、ともすれば抱きがちな介護者としての社会的孤立感や孤独感を軽減することにもつながります。とりわけ、認知症の利用者を介護している場合、精神的・肉体的に疲弊してしまわないよう、家族を支える支援者が周囲にいることを理解していただくことが大切であると思います。

また、居宅サービスの担当者や責任者と面識をもつことにより、今後のサービスの利用に関して、電話などで相談を気軽に行うことができるようになるというメリットもあります。さらに、今後進行する利用者の心身の変化に関して専門的な見地から助言をもらうことで、介護の状況の変化についての予測が可能となり、今後の生活設計を具体的にイメージすることができます。

一方、家族にサービス担当者会議に参加していただくことによって、ケアマネジャーやサービス提供事業者は誰がキーパーソンであるのかを明確に理解できる機会となります。また、家族間で介護に対する意向が異なる場合は、意見の相違を調整する場とすることも可能です。

(3) ケアマネジャーおよびサービス提供事業者にとっての意義

介護サービスを初めて利用する利用者や家族は、サービス事業者が自分たちの生活領域に入ってくることに戸惑いや不安を抱くことが少なくありません。

サービス担当者会議のなかで利用者や家族が不安に思っていることを聞き、必要な情報や知識を提供するなどの配慮をすることは、ケアプランの円滑なスタートにつながり、将来の信頼関係の構築にも大きな力になると思います。

訪問系のサービスを円滑に導入するためには、サービス担当者会議において利用者・家族の生活歴や暮らし方に関する情報を収集し、習慣や暮らしの価値観を理解することが大切です。特に認知症の利用者の場合は、生活用具の位置が変わっただけで物盗られ妄想につながることもありますので、支援にかかわる関係者がこうした情報を共通理解することが大切です。

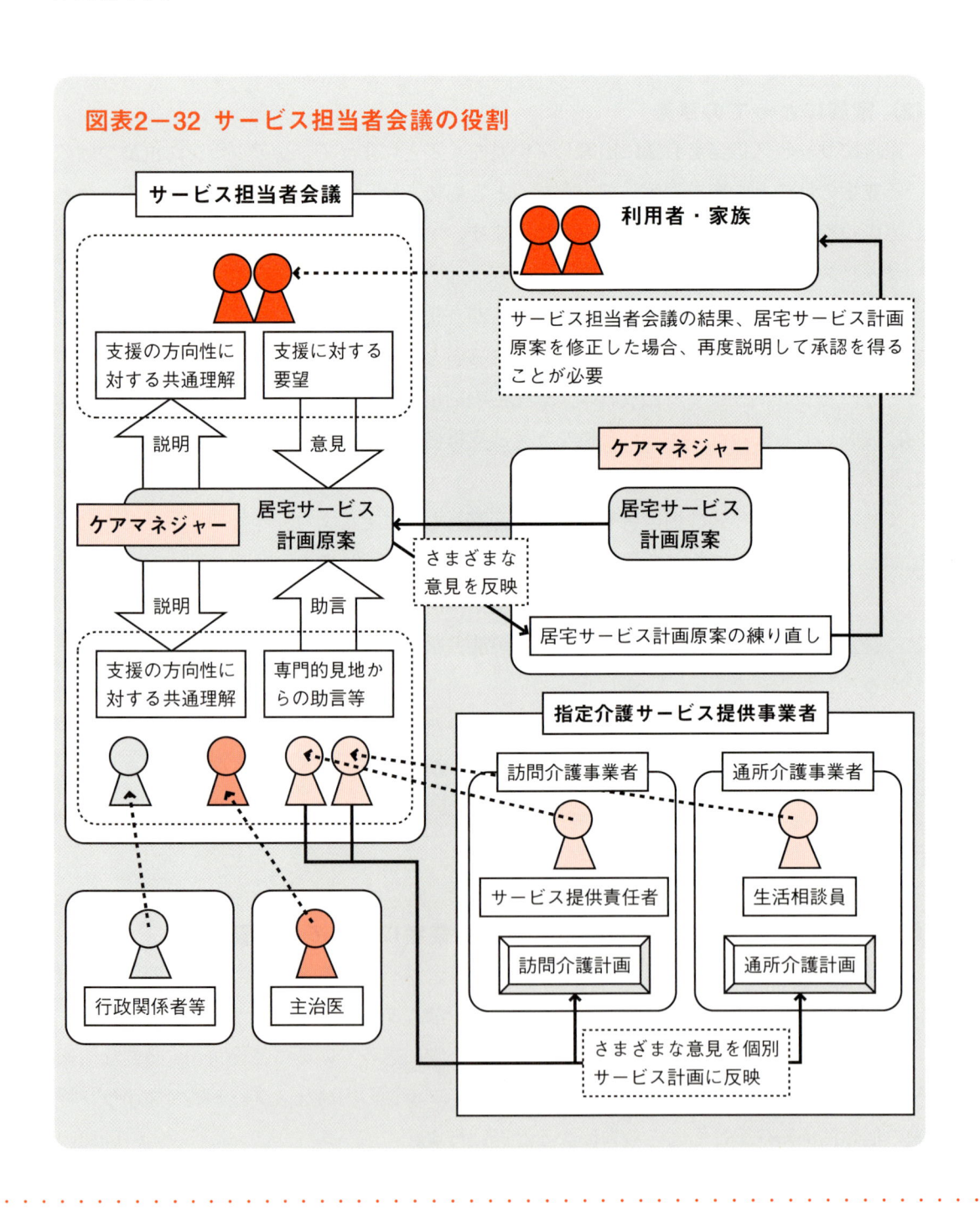

図表2-32 サービス担当者会議の役割

サービス担当者会議

- 支援の方向性に対する共通理解 ← 説明 ← ケアマネジャー
- 支援に対する要望 → 意見 → 居宅サービス計画原案
- 専門的見地からの助言等 → 助言 → 居宅サービス計画原案
- 支援の方向性に対する共通理解 ← 説明

利用者・家族
サービス担当者会議の結果、居宅サービス計画原案を修正した場合、再度説明して承認を得ることが必要

ケアマネジャー
居宅サービス計画原案 → さまざまな意見を反映 → 居宅サービス計画原案の練り直し

指定介護サービス提供事業者
- 訪問介護事業者：サービス提供責任者／訪問介護計画
- 通所介護事業者：生活相談員／通所介護計画

さまざまな意見を個別サービス計画に反映

行政関係者等／主治医

また、サービス担当者会議において、異なる資格の専門職の視点から見た情報を交換し、お互いに自分では気づかない点などを補完し合うことができる点も大きな意義があると思います。

　こうして多職種が連携することで、効果的・効率的なサービスを提供することが可能となり、利用者にとって有効なサービス提供を行うことができます。

3 サービス担当者会議の開催

(1) 参加者の調整

　サービス担当者会議を円滑に行うためには、ケアマネジャーによる事前準備が必要です。誰に参加をしてもらうのか、どこで開催をするのか、何を検討するのかなどの項目について決定をした後、利用者、ご家族、主治医、サービス事業者などの関係者に開催内容をお知らせして日程調整を行います。

　参加予定者が多くなるほど参加者の日程調整は困難となるため、個別に電話をしてもなかなか調整はできません。したがって、**あらかじめ開催日・時間について複数案を示したFAXなどを関係者に送り、日程調整を行うことが効率的**だと思います。調整が済みしだい、関係者に開催日時、場所、内容等を記した開催通知などを送ることが大切です。

　サービス担当者会議の最大の目的は、利用者がどのように暮らしていきたいと思っているのかを関係者が理解・共有することであり、そのために何ができるのかをそれぞれの立場で考えることです。したがって、**利用者にかかわる主治医や事業者が出席できない場合は、ケアマネジャーが事前に事業者に出向いたり、事業所に来てもらったりすることで、事前に関係者と検討を行っておく**とよいと思います。

(2) 参加者

　サービス担当者会議の主役は、もちろん利用者ご本人とそのご家族です。ケアプランに位置づけられた援助の方針を理解していただくとともに、これから提供されるサービスの内容などについてご理解いただくためにも、特別な配慮が必要な場合を除いて必ず参加していただくようにすることが大切です。

　医学的な側面で特に配慮が必要な場合は、主治医の参加を求めることが望ましいと思います。たとえば、糖尿病や心不全、腎不全の疾患がある場合、食事に関する制限や水分摂取に関する配慮、さらに運動の制限など、日常生活に特別な配慮が必要となることも多くみられます。また、大腿骨の骨折後の場合など、リハビリテーションの必要性や日常生活の動作に関する禁忌など、医学的な視点をもって支援しなければならないケースもあります。このような場合、利用者を含め支援にかかわる関係者に対して、直接主治医から指導

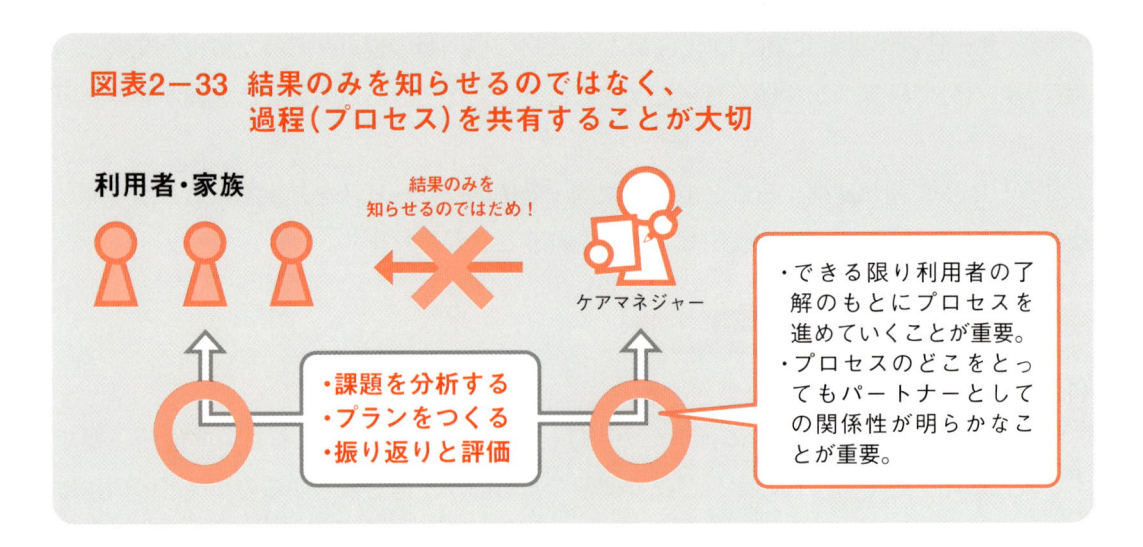

図表2-33　結果のみを知らせるのではなく、過程（プロセス）を共有することが大切

利用者・家族　　　　結果のみを知らせるのではだめ！　　　ケアマネジャー

- 課題を分析する
- プランをつくる
- 振り返りと評価

- できる限り利用者の了解のもとにプロセスを進めていくことが重要。
- プロセスのどこをとってもパートナーとしての関係性が明らかなことが重要。

を受ける機会を設けることは大変有効です。

　しかし、忙しい主治医に参加を求めることが難しいのも現実です。主治医の参加を求める場合の工夫として、ターミナルケアや医療依存度の高い事例などについては、往診時の時間を活用する方法があります。また、事前に主治医に連絡して午前中や午後の最後の診察としていただき、利用者の受診に合わせて診察室や待合室を利用させてもらうのも一つの方法だと思います。

　なお、どうしても主治医の参加が困難な場合は、ケアマネジャーがサービス担当者会議の前に主治医から必要な情報を収集しておき、会議の場で利用者やサービス事業者などへ説明するなどの方法をとることができます。

　訪問介護サービスについては、実際にサービス提供を行うのは担当のホームヘルパーですが、サービス担当者会議に参加するのはサービス提供責任者のみであることがよくみられます。しかし、訪問介護サービスは、在宅において利用者の生活に密着したサービスとして、特に個別性が求められるサービスです。また、訪問介護サービスは本人の生活支援に視点を当てながら、常に自立支援を心がけて自立の拡大をはかることが重要であるため、担当のホームヘルパーの意見はとても大切な意義をもち、ケアプラン作成に不可欠な情報だと思います。

　ヘルパーと一緒に掃除をしているときや買い物の同行をしているときなどに利用者が本音を話されるということをよく耳にします。また、**日々の動作や行動などを通じて、担当ヘルパーは利用者の現状についての正確な情報をもっています。**これらの情報をサービス担当者会議などを通じてケアマネジャーやその他のサービス事業者などへ情報提供してもらうことは、ケアプランや他のサービスの個別支援計画をより意義の高いものにしていく上で有効であると思います。したがって、できるだけサービス提供責任者と担当ヘルパー

とが一緒に参加してもらえるように働きかけるとよいと思います。

なお、ケアプランに位置づけて協力をしていただいている近隣の方や民生委員さんなどのインフォーマルサービスの方々にも参加をしてもらえるように働きかけることもよいと思います。

(3) 開催場所

サービス担当者会議の開催場所としては、利用者宅、ケアマネジャーの事業所、デイサービスなどのサービス事業所、そのほか公民館の会議室など、参加者が集まりやすい場所であればよいと思います。

なかでも、利用者宅での開催が一番よいのではないかと思います。サービス提供の現場となる利用者宅を訪問することにより、サービス事業者は環境面のアセスメントを行うことが可能となります。また、認知症の高齢者にとっては、自分が一番なじんでいる自宅で開催することにより、緊張することなく会議に臨むことが可能となります。

なお、利用者や家族に、利用者宅でサービス担当者会議を開催させてもらいたい旨を説明すると、「座布団を準備しなければならない」「部屋を片づけなければならない」「お茶の用意が必要だ」などと、開催する前から本人や家族は準備で頭が一杯になり、緊張やストレスにつながることもよくあります。

利用者宅でサービス担当者会議を開催する場合、特別な準備は必要ないことやふだんのご本人の生活の様子を関係者が知るためにも、利用者が最もリラックスすることができる居室などで開催することに意義があることを、ケアマネジャーは事前に本人や家族に十分に説明をしておく必要があります。

また、利用者や家族に説明するときに「サービス担当者会議」という専門用語を使うと、それだけで緊張される方も少なくありません。そのような場合には、「○○さんの介護について、サービス事業者が集まってご本人さんとご家族を交えて話し合いをします」など、具体的に説明することも有効です。

また、あわせて会議にかかる時間も具体的に説明しておくことが大切です。特に初回のサービス担当者会議では、ご本人やご家族が精神的な負担を感じることがないよう配慮することが不可欠です。

(4) 検討内容

まずは、介護サービスを利用するに至った背景などを含めた経緯を、利用者・ご家族・サービス事業者などの出席者全員で共通の認識とします。そして、利用者とご家族の生活についての意向を確認します。

その上でケアマネジャーは、ケアプランに掲げた目標を具体的に説明します。特に、短期目標の設定については、その達成時期も含めて説明を行い、その目標を達成するためにサービス事業者等の支援者がどのような方法で何を支援していくのか、参加者全員の共通理解をはかります。その過程において、支援の方法や各サービスの役割分担を明確にしておくことが大切です。

　たとえば、訪問看護が清拭を行う場合、使用したタオルなどは洗濯機で洗濯しておくので、その後に訪問介護サービスが入る際にタオルを洗濯機から出して干すなど、異なるサービス間の継ぎ目をなくすことも、サービス担当者会議における重要な検討事項です。

　ターミナルケアや認知症の方のケアプランを実行する場合には、利用者の心身の変化に伴い、サービスを提供するなかで課題が次々と生じることも多く、サービス担当者会議を頻回に開催しなければならないこともあります。このような場合は、情報共有をしてケアプランの決定をするための会議ではなく、支援経過のなかで生じた課題を解決するための会議となります。

(5) 着座位置

　私は、ケアマネジャーはできるだけご本人やご家族の隣（もしくは90度の位置）に座ったほうがよいと考えます。それは、ケアマネジャーは利用者の代弁者であり、常にご本人の意向を伝える役割があるからです。また、会議中の利用者の表情なども、相手に緊張感を与えることなく観察することができます。特にご本人とご家族、またはご家族間での意向が異なる場合のサービス担当者会議では、ご本人に不安が生じやすいため、ケアマネジャーが近くにいる安心感は大きいと思います。

(6) 運営上の留意点

　新人のケアマネジャーのサービス担当者会議にオブザーバーとして同席をするときに思うことですが、ケアマネジャーが1人で発言をしていることが少なくありません。司会者であるケアマネジャーは、次のような点に十分留意をしてください。

① 発言者が偏らないこと

　サービス事業所や家族・本人など、特定の人だけが発言することがないよう、各人の発言の頻度に偏りが生じないよう配慮することが大切です。

② 専門用語の使用を避ける

　たとえば、ADL・清拭・保清・ROMなどは、サービス事業者間においては当たり前に使っている専門用語ですが、利用者や家族にとってはなじみの薄い言葉です。これらの言葉はできるだけ通常の言葉に置き換えて発言をする配慮が必要です。

③ 利用者や家族の多面性はどれも本当の姿

　サービスを提供していてもよく遭遇することですが、たとえばホームヘルパーに言うことと訪問看護に訴えることの内容が異なっていたり、ヘルパーのサービスに対する不満をケアマネジャーやデイサービスなどでこぼし、一方でヘルパーにはケアマネジャーの対応について不満を訴える方などもいらっしゃいます。

　ご本人やご家族は事業者ごとや担当者ごとに異なる側面を見せたり、異なる要望をしたりすることがあります。こうしたことが生じたとしても、非難や審判をすることなく、それぞれの異なる要望、訴えの背後にある利用者や家族の心情を理解するように努めることが必要です。

④ 会議時間の厳守

　参加者は、それぞれに忙しい時間を割いて会議に出席をします。また事業所によってはサービス担当者会議が1日数件立て込んでいることもあります。したがって、開始時間、終了時間は厳守するよう、司会者であるケアマネジャーが時間管理を行うことが重要です。

⑤ 会議進行の管理

　サービス担当者会議の運営がうまくいっていない場合によく目にする光景ですが、発言者が発言をしているにもかかわらず、出席者が隣同士などで会話をしていることがあります。また、隣同士では話をしているのですが、意見としては発言をしないといった光景も目にします。いわゆる「井戸端会議化」です。このような散漫な会議にならないために、ケアマネジャーは会議の進行管理を確実に行うことが大切です。

　会議で発言しなかった意見は意見として取り扱われることはありません。よって意見がある場合はきちんと会議の場で発言する旨を徹底することが重要です。

　また、関係者をできるだけ名前で呼ぶように心がけるとよいと思います。たとえば、「訪問看護ステーションさん」や「訪問看護さん」などと事業所やサービス形態で呼び合うのではなく、「訪問看護ステーションのAさん」とか、利用者ご本人についても「ご本人」ではなく「Bさん」と名前を呼ぶと、不思議とそれぞれの担当者との連携が深まります。

⑥ 守秘義務

　サービス担当者会議で話し合った内容は利用者の個人情報であるため、決して口外することのないよう、守秘義務については会議終了時に再度説明をしておくことが重要です。

4　サービス担当者会議の記録

　多職種のサービス関係者が、どのような場面でどのような検討をしたのかを評価する上で、サービス担当者会議の記録は大変重要であり、チームとしての利用者支援において不可欠なものです。

　また、居宅介護支援事業の運営基準に沿ってサービス担当者会議の開催、担当者への照会を行っていない場合、介護報酬が減算されることとなっていますので、その根拠となる書類を整備することはケアマネジャーの重要な業務の一つです。

　「サービス担当者会議の要点」（第4表）は、次の点に留意して記録することが大切です。

サービス担当者会議の記録に関する留意点

① 　検討項目番号に対応して結論を記載する。
② 　「いつまでに誰が○○をする」という具体的な書き方で、結論を明記する。
③ 　それぞれの役割分担に漏れや重複がないか、計画がスムーズに進行するか、話し合った要点を書き留める。
④ 　決定事項については、利用者や参加者に配布して共通認識がもてるようにする。

6. モニタリングとケアプランの評価

1 モニタリングの意義

　モニタリングとは、ケアマネジャーがサービスの実施状況を把握し、必要に応じてケアプランの変更や事業者等との連絡調整などを行うものです。もう少し詳しくいうと、利用者自身の日常生活能力や家族の状況または社会状況等の変化によってケアプランに位置づけた課題(ニーズ)が変化していないかを継続的に把握しながら、ケアプランに基づくサービスが利用者の自立支援、QOL（生活の質）の向上につながっているか否かを評価するとともに、必要に応じてケアプランの修正や事業者等との連絡調整を行うものです。

　モニタリングで重要なことは、単にサービスの実施状況を監視（モニター）することや評価することだけではありません。実行されているケアプランが利用者の自立支援やQOLの向上に役立っていない場合は、どの点に無理があったのか、どのサービス内容が目標と一致していなかったのかなどについて、常にアセスメントを繰り返すことが大切なのです。もし、利用者の置かれている状況や生活ニーズに変化があった場合には、当然ケアプランを変更していくことになります。

　現在、居宅介護支援事業の運営基準においては、月に1回の訪問をしてモニタリングを実行し、毎回その記録をすることとなっています。しかし、モニタリングは単に月に1回行えばよいというものではありません。

　たとえば、新規に介護サービスを導入したケースでは、サービスの開始から数日経った時点で、サービスが利用者に受け入れられているのか、有効に機能しているのか、ケアプランに無理がないのかなどを確認するために訪問することはごく普通のことです。ケースによっては、1週間に2回3回と訪問が必要になることもあると思います。

　また、モニタリング記録は、利用者のサービスの利用履歴であり、ケアプランの効果測定の根拠となります。ケアマネジャーは多忙な時期にあっても、支援経過をきちんと記録することが大切です。

　利用者やその家族のなかには、毎月ケアマネジャーの訪問を楽しみにしている方がたくさんいらっしゃいます。その一方で、「用事があれば連絡をするから、毎月の訪問は必要ない」とおっしゃる方も少なくありません。モニタリングは利用者の在宅生活の質に大きく関係しますので、ケアマネジャー自身はもとより、利用者やその家族にもモニタリングの意義をよく理解していただくことが大切だと思います。

2 モニタリングの視点

　モニタリングには、大きく分けて「利用者の状況を把握するためのモニタリング」と「サービス提供の状況を把握するためのモニタリング」という二つの視点があります。

　利用者の状況を把握するためのモニタリングは、利用者やその家族のニーズに変更がないか、利用者やその家族の健康状態・生活状態・環境等に変化がないかという二つの点をモニターすることが必要です。利用者の状況を把握するためのモニタリングは再アセスメントを行うことであり、利用者に新たなニーズが生じていないかを把握する視点が大切になります。

　在宅生活の支援においては、利用者が生活のしづらさを訴えていることや、「以前のような○○がしてみたい」など、利用者の生活に対するニーズが明らかにされている、いわゆる顕在的なニーズについては対応策を検討することは容易です。しかし、利用者の生活には、利用者や家族が気づいていないニーズやケアマネジャーが見落としているニーズ、さらには、ケアマネジャーはプランニングしたほうがよい、支援を検討する必要があると思っていても、利用者や家族の合意が得られなかったニーズや、利用者とケアマネジャーが信頼関係を構築するまで表面化しないニーズなどがあります。

　モニタリングで重要なのは、利用者の生活の場を毎月訪問しながら、潜在化しているニーズを把握し、これらのニーズを顕在化させることです。利用者のニーズは、利用者やその家族の健康状態・生活状態・環境等に応じて変化します。特に初めて介護保険サービスを利用した場合、サービス事業者等がかかわることで環境が変化し、それまでとは異なるニーズが生じてきます。また、ケアマネジャーとも十分な信頼関係が構築されていない状況で介護サービスが開始されることが多いため、初期のケアプランでは利用者のもつ力を見極めることができないままサービスの導入が行われることもめずらしくありません。

　たとえば、ご本人ははじめはあまり乗り気ではなく、家族の勧めで思い切って通所サービスの利用を承諾した場合などには、ケアマネジャーは初めて通所サービスを利用した翌日など、できるだけ早めに利用者にお会いして、通所サービスを利用した感想を聞いてみることが必要であると思います。

　「緊張してデイへ行ったけれども、思ったよりも楽しかった」「久しぶりに体操をしたら気持ちよかった」「これを機に通所でリハビリを続けていきたいと思った」など、利用者の生活に対する意欲が少し見えることもあります。

　ケアマネジャーは、このような利用者の言葉に対して共感し、励ましながら支援していくとともに、家族に対して利用者の意欲の表れをきちんと伝えることが大切です。家族は本人の意欲を知ることで、通所サービスを利用することを勧めたことに対して安心感をも

つことができるのです。

　また、サービス提供事業者に対して、サービスを利用して楽しかったという利用者の感想やリハビリテーションに対して意欲をもったことなどを伝えると、次回の利用者に対するスタッフの声かけや提供されるサービスの内容に活用され、今後の支援においてもよい循環につながると思います。

　反対に、丁寧なモニタリングが行われないと、たとえば訪問介護サービスや通所サービスなどをケアプランに位置づけてサービスを提供しても、「サービスになじめないからやめる」と、1回利用しただけで中止になってしまうこともあります。ケアマネジャーがタイミングを逃さずモニタリングを行い、サービスのどのような点になじめないのかを早い段階で聞くことができていれば、サービス事業者に対応を変えてもらったり、利用者の誤解を解くなどして、利用の継続につながることがあります。

　このように、ケアマネジャーは、ケアプランに位置づけたサービスが利用者にとって適切だったか、サービスを提供した事業者は適切に対応していたかを把握することが大切です。今月はすでに訪問したので、その話は来月の訪問のときに聞くことにしようなど、ケアマネジャーの都合のみで面接のタイミングを逸してしまうと、利用者の不満は時間とともにふくらみ、その後の介護サービスの導入をより困難にしてしまいかねません。

　利用者の不満や不安が顕在化した場合は、できるだけ早く利用者の意見を聞くことにより、ケアプランの内容を変更するなどの対応策を講じなければなりません。とりわけ、初めて介護サービスを利用する場合は、ご本人やご家族が期待していたサービスと実際に利用したサービスの中身に差がある場合や、実際にサービスを利用してみて初めてわかることも多いことから、特段の配慮が必要です。

　介護保険サービスは、本来、計画と現実（サービスを提供した結果）をすり合わせながら、サービスを受ける側と提供する側の調整を行いつつ、利用者にとって最善のサービスを提供していくものですが、利用者のなかには目先の結果だけをもってサービス全体を判断してしまう方もいらっしゃいます。このため、利用者やその家族がサービスに不満や不安を感じている場合には、丁寧に説明を行い、納得していただく必要があります。

　介護サービス導入時は、できるだけ早い時期にモニタリングを行い、退院直後やサービス内容に大幅な変化が生じた場合などは定期訪問時ではなく、その時期に合わせてモニタリングを行うことが必要です。「いつ」「何を」「どこで」モニタリングするかが、重要なカギとなるのです。

　モニタリングは利用者の自宅で行うことが基本ですが、現実のケアマネジャーの業務では、自宅におけるモニタリングだけでは利用者の生活状況をすべて把握することができない場合もあります。たとえば、ケアプランにデイサービスが位置づけられている場合、実

際に利用者が通うデイサービスを訪問して、どのような表情で過ごしているのか、誰と話をしているのかなどをケアマネジャーが自分の目で把握することも大切です。

また、独居の認知症高齢者の場合やターミナル時期の支援については、かかりつけ医と連携をとりながら、モニタリングの「時期（サイクル）」「内容」「場所」について柔軟に対応していくことが必要です。

モニタリングを行う際の重要な視点として、利用者の身体的、精神・心理的、社会的要因の三つの要素について変化の有無を確認することがあげられます。たとえば、利用者に昼夜逆転の状況が生じたことにより、介護者の介護負担が増している実態が見えてきた、あるいは服薬が確実に行えなくなり、飲み忘れや重複服薬による体調の悪化が生じたなど、本人や家族の身体的側面の変化への対応の必要性はないかを確認することが必要です。

さらに、精神・心理的な側面として、たとえば、近隣の友人が亡くなったことで精神的に落ち込み、終日一人で過ごすようになったため話す機会がなく寂しい、などの変化が見られることがあります。あるいは、家族が介護のストレスを感じつつも、自分が頑張らなくてはならないとの強い思いから、頑張りすぎて精神的な変調をきたすといったケースもよく目にします。

このように、利用者や家族の精神・心理的な変化の有無についてモニタリングを行い、そのような発言や雰囲気などを察知したら、再アセスメントで要因を明らかにしながら、さらなる支援方法を検討することが必要です。

また、モニタリングを行う際には、社会的要因について変化がないかを把握する必要があります。たとえば、同居の長男が単身赴任になった、本人の話し相手をしてくれていた孫娘が結婚のために家を出るといった要因についても把握する必要があります。

モニタリングの際に必要となる視点を整理すると、次のようになります。

初期のモニタリングのポイント

① 居宅サービスに組み込まれたサービスが的確に提供されているか。
② サービス内容は適切で、目標に沿って提供されているか。
③ 介護者がサービスの導入にうまく適合できているか。
④ 利用者が変更や取消しを繰り返していないか。
⑤ サービスを利用した新しい生活状況は利用者にとって快適なものとなっているか。

継続期におけるモニタリングのポイント
① 提供されているサービスは有効なものであるか。
② サービスに対する利用者からの苦情はないか。
③ 時間の経過とともに、利用者の状態や取り巻く環境、たとえば介護する家族の状況や生活環境等は変化していないか。
④ 利用者の状況の変化の兆候を早期発見できるよう心がけているか。
⑤ 目標は達成されているか。
⑥ ケアプラン作成時に残された課題があった場合は、経過確認や今後の対応を検討しているか。
⑦ 各サービス担当者に利用者の状況を確認し、必要に応じて情報交換しているか。

図表2−34 ケアマネジャーの働きかけと本人・家族の意欲・意向の変化

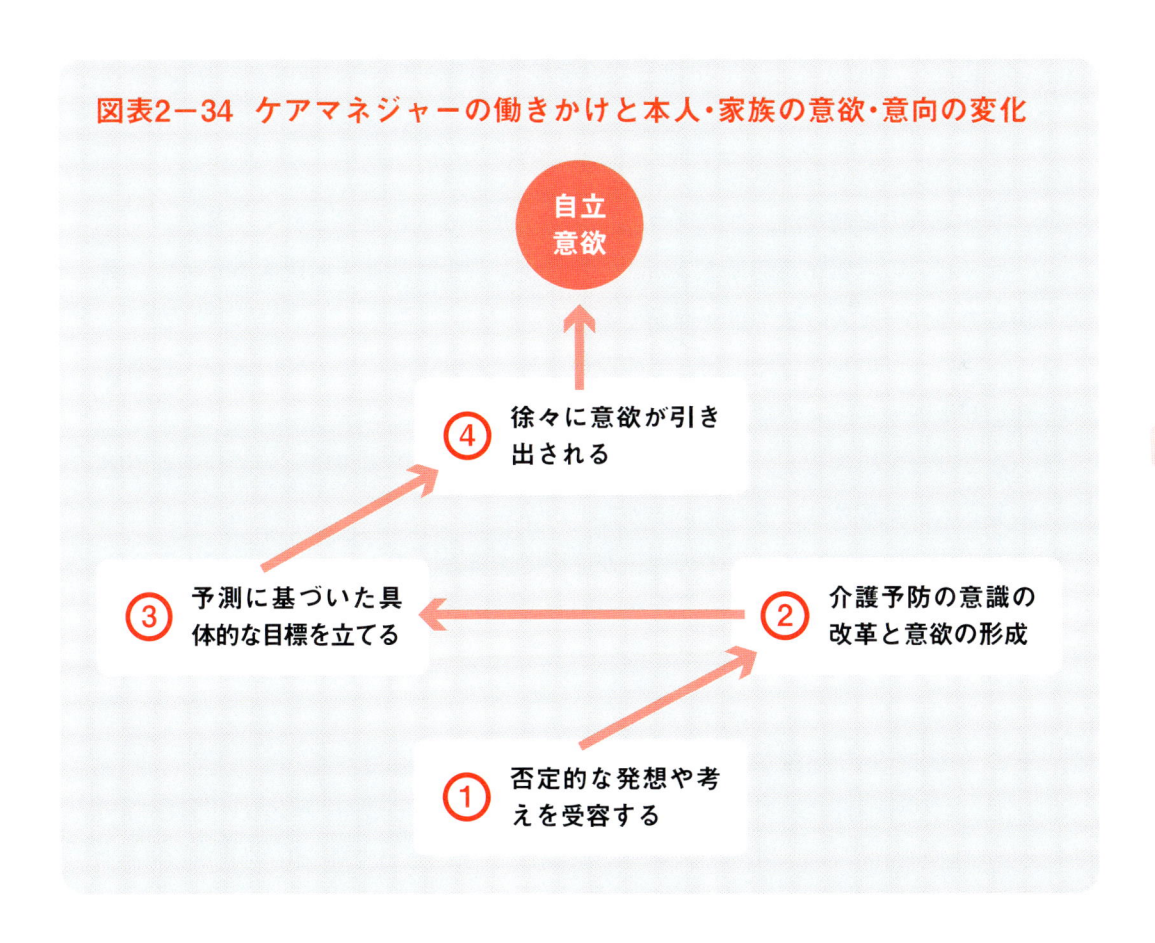

- ① 否定的な発想や考えを受容する
- ② 介護予防の意識の改革と意欲の形成
- ③ 予測に基づいた具体的な目標を立てる
- ④ 徐々に意欲が引き出される
- 自立意欲

3 モニタリングの記録

(1) モニタリング記録の視点

　近年、都道府県や保険者において、行政職員が事業所に赴いて行う実地指導やケアプランチェック等の給付費適正化の取り組みが活発に行われるようになり、それに伴って多額の給付費の返還や指定取り消しなどの措置を受ける事業所が見られるようになりました。このため、現場のケアマネジャーの間には、実地指導やケアプランチェックに耐え得る書類を作成しなければならないという負担感が増大しています。

　なかでも、モニタリングの結果を記録することが最も困難に感じる業務の一つであるといわれています。モニタリングの記録である「第5表　居宅介護支援経過」に、何をどのように記載すればよいのかわからないという思いを抱いている方が多いようです。

　実際の記録を見せていただくと、「平成○年○月○日、利用者宅訪問。モニタリング実施、特に利用者に変化なし。来月も継続してケアプランを実行する。」等と記載している例を大変多く目にします。

　モニタリングの記録の視点としては、次のような事項が考えられます。

モニタリングの記録の視点

① サービスの実施状況、ケアプランどおりのサービスが提供されているか。
② サービスの内容が適切であるか。ケアプランの生活課題を解決するために、提供されるサービスの量や質が適切であるか。
③ ケアプランの短期目標に対しての達成状況はどのようになっているか。短期目標に対するサービスの提供状態は適切であるか。
④ ケアプランの内容が効果的であり、このケアプランの実施によって利用者の望む暮らしの実現がはかられているか。
⑤ ケアプランの内容についての修正が必要であるか。また、サービス担当者会議などを開催してチームメンバーでの検討の必要があるか。

---

(2) モニタリングの記録に際して最低必要とされる項目

　モニタリングの記録については、事業所の所定の帳票や地域の介護支援専門員協会などが作成した帳票を利用している例が多く見られます。どのような帳票に記載するにせよ、最低限必要とされる項目は次のとおりです。

> **モニタリングの記録に際して必要とされる項目**
> ① モニタリングを行った日付（都道府県の指導によっては、時間の記載も求められることもある）
> ② モニタリングを行った場所（原則、利用者の自宅であるが、月に一度利用者の自宅を訪問することと、モニタリングのためにどこで利用者と接するかについては別と考えてもよい）
> ③ モニタリングを行った相手（利用者およびその家族が対象であるが、必要に応じて、かかりつけ医や介護サービス事業者等に状況を聞き取りすることも必要である）
> ④ モニタリングを行った内容

　モニタリングの記録に際しては、まずサービスの実施状況を把握し、評価を行うことが必要です。その上で、サービスの提供が短期目標に対して効果的に実施されているか、「計画どおりに実施されている」「おおむね計画どおりに実施されている」「計画どおり実施されていない」のように記載することが必要です。その際、必ず評価を行った根拠も記録しておくことが重要です。

　たとえば、計画どおりにデイサービスの利用ができなかった場合、「前日に遅くまでテレビを見て過ごしていたため、朝起きることができずに休んだ」「家族は早く寝るように声をかけたが、本人はテレビを見て過ごし、翌日は昼近くまで寝るなど生活のリズムが乱れている」などのコメントを記載しておくことが大切です。

(3) 利用者のサービスに対する満足度の評価

　次に、利用者のサービスに対する満足度をサービスごとに把握し、記録します。その際、「満足」「やや満足」「不満」などの指標を用い、あわせてその判断の根拠を記載することが重要です。

　なお、利用者や家族に対して、「サービスの内容や事業者の対応について満足していますか？」などとストレートに質問をすると、多くの場合「はい」という答えが返ってくるでしょう。利用者や家族にはサービス事業者に対する遠慮などもあるため、たとえば「デイサービスに行かれて不快な思いなどをしたことはありませんか？」「リハビリはどのような内容を実施していますか？」「食事の味付けはおいしいですか？」「入浴時に不快な思いをしていませんか？」など、各サービスの具体的な内容について質問をすると、サービス内容に焦点の当たった満足度を把握することが可能となります。

　サービスに満足をしている場合についても、どのような点で満足しているのか、たとえ

ば「スタッフがよく声かけをしてくれる」「入浴や移動に時間がかかるが、自分の動きのペースで支援をしてくれる」「リハビリについて個別に細かく指導をしてくれる」など、その理由を具体的に記録することが大切です。

(4) 目標の達成度の評価

　目標の達成度は、短期目標と本人の状態を比較して、目標ごとに「達成」「一部達成」「未達成」などと評価し、その評価の根拠を簡潔に記載します。

　たとえば、「通所サービスを利用することにより、他者との交流や会話を増やす」ことを目標にしていた場合、「通所サービスのスタッフや他の利用者と楽しく会話ができるようになった」「特定の友人ができ、その方と話をする楽しみができた」という状況が見られるようになれば、目標の「達成」ととらえることができます。

　また、「スタッフの声かけには話が弾むが、自分から話しかけるなど他の通所者の方と会話をするようなことはない」「スタッフの声かけがないと一人でテレビを見ていることが多い」などの状況が見られる場合には、目標は「一部達成」したととらえることができます。

　今後の対応としては、目標の達成度や本人および家族の意向を踏まえて、それぞれのサービスについて今後も継続するのか、変更するのか、中止にするのか、対応方針を記載することが必要です。

　何らかの新たな課題が生じたために支援計画を大幅に見直す必要が生じた場合、サービス担当者会議を開催すべきかどうか判断する必要があります。サービス担当者会議を開催する場合は、その月のモニタリングを総括し、その結果をチームメンバーで共有することが大切です。

　モニタリングの記録はケアマネジャーの感想を書くものではありません。あくまでも事実に基づいた記録が必要です。長い記録が必ずしもよい記録というわけではなく、要点をしぼって記載することが大切です。また、モニタリングの記録は、担当ケアマネジャーの私的なメモではなく、公的な書類であるとともに、担当が替わった場合においても円滑に引き継ぐことができるよう、誰が見ても必要事項が理解できる「カルテ」であるという認識が必要です。

III

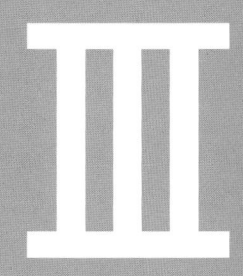

関係機関等との連携

1. 医療との連携
2. ケアマネジメントにおける多職種連携
3. 行政との連携

1. 医療との連携

　医療との連携については、介護保険法において「十分に配慮」しなければならないと位置づけられています。しかしながら、ケアマネジャーに対するアンケート調査の結果などを見ると、主治医との連携の必要性は認識していても、多忙な医師と連携をとることの難しさが大きな悩みの一つとして上位にあがっています。
　ここでは、主治医や医療機関との連携のしかたについて考えていきます。

1 主治医との連携

(1) 主治医意見書の作成時における連携

　主治医とケアマネジャーとの連携の第一歩は、利用者の要介護等認定申請から始まることが多いと思います。要介護認定のための必須書類である主治医意見書の「傷病に関する意見」は、介護を必要とする原因となった心身の状況や健康状態に直接かかわってくる内容であり、傷病の始まりの時期などを含む情報が記載されています。また、「生活機能とサービスに関する意見」は今後発生する可能性の高い病態や対処方針、医学管理の必要性などについて記載されており、介護サービスの利用や提供に重要で有効な情報となります。
　ただし、主治医が有する情報は利用者の心身の状況や健康状態に関するものが中心であり、在宅生活においてどのような支障が生じているかなどについては十分な情報をもっていないことが一般的です。
　たとえば、利用者に認知症の症状が現れて、食料品などの管理ができなくなって同じものを大量に購入したり、頻繁な失禁によって家中に尿臭が漂うなど、生活面に大きなほころびが生じて地域包括支援センターに相談がつながったようなケースにおいても、利用者は月に一度の通院時には懸命に外見を繕うため、主治医がその変化をとらえることは容易ではありません。

図表3-1 医療との連携

> **（介護保険法第2条より）**
> 保険給付は、要介護状態又は要支援状態の軽減又は悪化の防止に資するよう行われるとともに、医療との連携に十分配慮して行われなければならない。

このため、ケアマネジャーは要介護等認定申請時には必ず利用者の了解を得て、主治医と情報交換を行い、介護保険を利用する目的や日常生活における利用者の状況を主治医に説明する必要があります。同時に、主治医から利用者の心身の状況や健康状態に関する情報を聞き取り、介護サービスの提供にあたって留意すべき点などに関して指導や助言を得ることが大切です。

> **主治医意見書**
> 　主治医意見書は全国一律の様式になっており、以下のような大切な意義があります。
> ①　訪問調査結果との照合・確認に必要です。訪問調査の結果を医学的観点から再確認する上で「特別な医療」や心身の状態に関する意見が必要です。
> ②　ケアプラン作成にあたっての留意事項を確認するために必要です。介護サービスを利用するにあたって医学的管理の必要性の有無や医学的観点からの留意事項を確認することにより、適切なケアプランを立案することができます。
> ③　第2号被保険者の場合の介護認定にあたって、介護等を要する直接の原因が「特定疾病である15疾病」に該当しているかどうかを確認するために必要です。
> 　なお、主治医意見書は、保険者（市町村）が主治医に直接依頼し、依頼を受けた主治医が保険者に提出することとなっています。

(2) 主治医との面談にあたっての留意点
① 面談のアポイント（約束）
　主治医との情報交換は一度限りのものではなく、利用者の状態の変化等に伴って、サービス担当者会議や要介護認定等の更新・変更申請時には必ず必要となるため、まずは「ケアマネジャーの存在を知ってもらうこと」「顔を覚えてもらうこと」が円滑な連携をはかる第一歩となります。

　相手は忙しい方です。主治医に面談を申し込む場合は、必ずアポイントを取りましょう。また、電話で用件が済む場合についても、忙しそうな時間帯の電話は避けるべきです。総合病院などの場合は、利用者の了解を得て、利用者の受診時に同行をして面談する方法もあります。

> **診療所や病院訪問時の留意点**
> ・受付担当者、外来看護師と顔見知りになりましょう！
> ・医療との連携には、受付担当者、外来看護師との関係が大切です。
> ・きちんと挨拶、お礼を述べて好印象を得ておくことが重要です。

② 面談時の留意点

　主治医との面談に際しては、介護保険申請の意向や現在の生活上の困りごとを簡潔に報告します。たとえば、「短期記憶の低下により鍋を焦がすことが目立つようになった」「下肢が歩行時に痛むため外出をしなくなり、自宅で過ごすことが多くなって生活に活気がなくなってきた」など、主治医に介護サービスの利用を検討している理由を報告し、支援方針などについて助言をいただきます。私の事業所では「主治医報告書」をつくって利用者の生活状況等を報告するようにしています。

　また、医療的知識が乏しい場合は、事前に質問内容をまとめておくことが大切です。主治医から専門用語などをまじえた難しい説明があった場合は、わからない部分は正直に質問しましょう。「このように理解しましたが、間違っていませんか？」と確認することが大切です。

(3) サービス担当者会議における連携

　忙しい主治医にサービス担当者会議への参加を求めることが難しいのは現実ですが、医療依存度の高い事例などでは、主治医から医学的な視点やかかわる際の留意事項などについて直接指導を受けることができる機会は貴重です。主治医の参加を求める場合の工夫として、往診時の時間を活用したり、事前に主治医に連絡して利用者の受診を午前中や午後の最後にしていただき、診察後に診察室や待合室を利用させてもらうといった方法があります。どうしても主治医の参加が困難な場合は、ケアマネジャーがサービス担当者会議の前に主治医から必要な情報を収集しておき、会議の場で利用者やサービス事業者などへ説明するといった方法をとってもよいと思います。

記入例			平成○○年○○月○○日

主治医報告書

氏名	○○　○○	生年月日	M　T　Ⓢ　○○年○○月○○日　　○○歳
現在の要介護度	要支援　1　2　　要介護　1　②　3　4　5		認定有効期限○○年○○月○○日

在宅での生活状況

ご自分のペースでどうにか家事を行いながら、生活を送っている。娘さんの同居に対してはストレスが多く、訪問時には必ず娘さんに対する不満を訴える。4月より、長年（8年ぐらい）継続して来てくれていたヘルパーさんが、事業所の都合により異動をされることになり、訪問介護事業所が変更される。

介護サービスの利用状況

通所リハビリテーション	0回　／　週	訪問介護	1回　／　週
通所介護	0回　／　週	訪問看護	1回　／　2週
福祉用具	品名　特殊寝台および付属品	その他	
短期入所サービス等　有　㊈		おむつ給付	□有　☑無
頻度		配食サービス	□有　☑無

日常生活の支障をきたす状況について　　㊲　無

頸椎から手にかけてのしびれがあるため、日常生活全般に支障をきたしていると本人の訴えがある。重い物が持てない、包丁が握れない等生活全般にわたり支障があるが、本人が訪問介護事業所に対して攻撃的な発言をしたりするため、事業所として対応できないと断られる。また、通所介護に通っていたが、他の通所者とけんかをしたり、「事業所の管理者が自分に対して意地悪をする」といった訴えもあり、対応が困難な状況にある。

水分摂取および食事摂取状況について　　㊲　無

水分摂取については、「医師から水分制限をするようにと言われコントロールしている」と言われている。

褥瘡・皮膚の状態について　　㊲　無

入浴は月に1・2回程度である。自分で体を拭いて清潔を保っている。臭気はない。

幻聴・幻覚などの症状について　　㊲　無

大家さんが物を盗った。ヘルパーさんが交代をすることを隠していた。ヘルパーさんがエアコンを壊そうと意地悪をする。娘が外出する際には必ず、何か意地悪をしていく（たとえば鍋に針で小さな穴をあける）など、現実的なこととは思えないような発言は日常的にある。被害的な訴えが日常的にある。

火の不始末などの日常生活上の支障について　　㊲　無

火の不始末は、時々鍋の焦がしなどがあるが、本人は隠している。物をしまい忘れて探し物をすることはたびたびある。（鍋焦がしの頻度は週1回程度である）

その他

○○先生の指示をいただき特殊寝台を導入されて以来、起床時の体のこわばりが減り、起きやすくなったと本人が言われる。本人の特有な性格のため、介護サービス事業者などは対応できる方が少なく、トラブルが絶えない。軽度（要支援状態）になると居宅介護支援事業所から地域包括支援センターに担当が移るため、本人は強く不安に思っている。

　　　　　　　　　　　　　　　　　　　　　　　○○居宅介護支援事業所
　　　　　　　　　　　　　　　　　　　　担当ケアマネジャー　　○○　○○

Ⅲ　関係機関等との連携

2 退院時の連携

(1) 医療機関の連携の窓口

　入院中の高齢者やその家族等から退院後の介護保険の利用に関して相談があった場合、入院中の医療機関に訪問することとなります。その際、医療ソーシャルワーカー（MSW）など、退院に関して助言や指導を行う医療機関の担当窓口を確認し、連携をとることが必要です。

　近年、大規模な病院においては、入院患者が退院する際に患者が生活する地域の診療所や介護保険事業者等を紹介し、退院後の生活について相談や調整を行うとともに、地域の診療所や介護保険事業者等と連携をはかるため、「病診連携室」等の専門部署を設置し、医療ソーシャルワーカー（MSW）等の専門職を配置するところも多くなってきました。

　医療ソーシャルワーカー（MSW）は次のような援助を行うこととなっていますので、ケアマネジャーは連携をとりながら利用者の円滑な在宅生活への移行に努めることが必要です。また、こうした専門職等を配置していない医療機関においては、病棟の看護師長などに相談してみるとよいでしょう。

退院に際して医療ソーシャルワーカー（MSW）の果たすべき役割

① 地域における在宅ケア諸サービス等についての情報を整備し、関係機関、関係職種等との連携の下に、退院・退所する患者の生活及び療養の場の確保について話し合いを行うとともに、傷病や障害の状況に応じたサービスの利用の方向性を検討し、これに基づいた援助を行うこと。

② 介護保険制度の利用が予想される場合、制度の説明を行い、その利用の支援を行うこと。また、この場合、介護支援専門員等と連携を図り、患者、家族の了解を得た上で入院中に訪問調査を依頼するなど、退院準備について関係者に相談・協議すること。

③ 退院・退所後においても引き続き必要な医療を受け、地域の中で生活をすることができるよう、患者の多様なニーズを把握し、転院のための医療機関、退院・退所後の介護保険施設、社会福祉施設等利用可能な地域の社会資源の選定を援助すること。なお、その際には、患者の傷病・障害の状況に十分留意すること。

④ 転院、在宅医療等に伴う患者、家族の不安等の問題の解決を援助すること。

⑤ 住居の確保、傷病や障害に適した改造等住居問題の解決を援助すること。

⑥ 関係機関、関係職種との連携や訪問活動等により、社会復帰が円滑に進むように転院、退院・退所後の心理的・社会的問題の解決を援助すること。

出典：「医療ソーシャルワーカー業務指針」（平成14年11月29日）

（2）医療保険から介護保険へのスムーズな移行のための評価

　平成21年度の介護報酬の改定において、医療と介護の連携の強化・推進をはかる観点から、ケアマネジャーが退院・退所時に病院等と利用者に関する必要な情報共有等を行う際、居宅介護支援費の加算が行われるようになりました。利用者の退院・退所にあたり、ケアマネジャーが病院または施設等に出向き、職員との面談により利用者に関する必要な情報を得て、その情報を反映した居宅サービス計画を作成し、利用者が退院・退所後にサービス利用を開始した月に算定することができます。

　私の事業所では「退院連携シート」をつくり、活用しています。このシートは加算の根拠となるだけでなく、事業所内のどのケアマネジャーも同じ視点で漏れなく情報を収集することができ、退院・退所後の在宅サービス利用にあたっても、各サービス事業所に対して留意事項等を的確に情報提供することができるというメリットがあります。

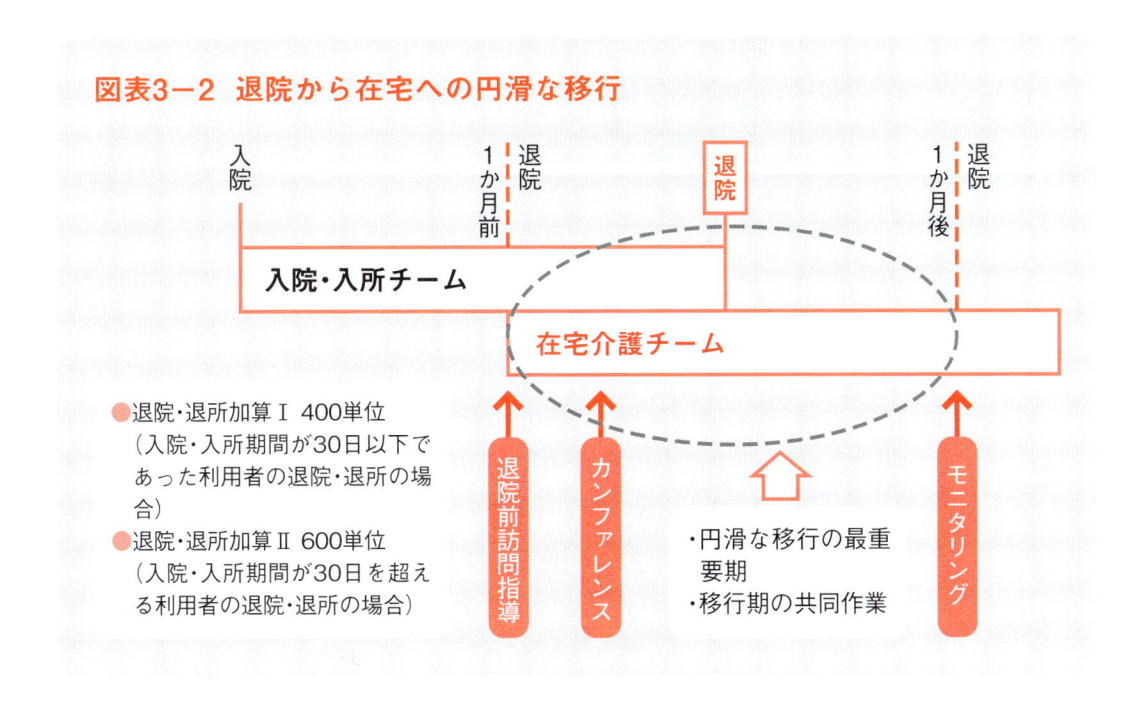

図表3-2　退院から在宅への円滑な移行

- 退院・退所加算Ⅰ　400単位
  （入院・入所期間が30日以下であった利用者の退院・退所の場合）
- 退院・退所加算Ⅱ　600単位
  （入院・入所期間が30日を超える利用者の退院・退所の場合）

・円滑な移行の最重要期
・移行期の共同作業

記入例				平成○○年○○月○○日
		退院連携シート		
入院年月日	平成○○年○○月○○日		入院先（医療機関名）	○○病院
□医療連携室　担当者　　　　　　　　　　　　　　　　　　　　　　　様 ☑病　　棟（　看護師　）担当者　○○　　　　　　　　　　　　　様				
利用者氏名	○○　○○	生年月日　　M　T　Ⓢ　○○年○○月○○日　　○○歳		
住所	○○市○○町○○－○○		電話	○○○－○○○○
現在の要介護度　要支援　1　2　要介護　1　②　3　4　5			認定有効期限	○○年○○月○○日
入院が必要となった経緯	平成21年3月3日、夫と夕方に近隣を散歩していて段差につまずき転倒し、右大腿骨頸部骨折をした。夫に付き添われ救急車にて搬送される。翌日に手術を行う。その3週間後○○病院から当○○リハビリテーション病院に転院してきた。			
入院中の状態	手術後2日目からリハビリを開始している。手術後数日は意味不明なことを言ったり、夫のことを認識できないことがあったようだが、現在は特に問題なく過ごしている。リハビリの声かけをしても痛がって嫌がることがあるが、夫が一緒に行くと特に問題なくリハビリを行っている。			
現在の状態	歩行器を使用すれば自分で歩行することも可能となってきた。今後は4点杖を使っての歩行練習を行う予定である。			
服薬について	循環器の薬の服用を継続している。疼痛があるときに湿布を貼付している程度である。			
日常生活においての注意事項				
□食事	特になし	□入浴		特になし
☑運動	特にないが、右下肢の浮腫があるので注意が必要	その他特記事項		転倒などには十分に気をつける必要がある。
通所系サービスなどでの注意事項・禁忌事項				
□食事	特になし	☑入浴		浴槽での転倒に気をつけること
☑運動	痛みが残らない程度に運動を行う。	□血圧		特になし
その他特記事項	骨粗鬆症があるため、転倒やしりもちをつくと骨折や腰部圧迫骨折の可能性が大であるため、注意が必要である。			
退院後の医学管理について	定期受診　外来　往診　頻度　　／週　・1／1月　・不定期			
かかりつけ医	○○先生	受診先医療機関		○○病院
訪問看護の必要性	㊲・無	訪問リハビリの検討の必要がある。		
訪問看護導入	㊪・済み	導入済みの場合事業所名		
医学的管理の必要な器具、処置等について				
□バルーンカテーテル		□酸素療法		
□胃ろう		□点滴		
□人工肛門		□IVH		
□気管カニューレ		□褥瘡の処置		
□その他				
退院前カンファレンス				
カンファレンス　開催日予定	平成○○年○○月○○日　　○○時～			
カンファレンス　開催場所	○○病院			
要介護認定変更申請の必要性	㊲・無	申請予定日		平成○○年○○月○○日

　　　　　　　　　　　　　　　　　　　　○○居宅介護支援事業所
　　　　　　　　　　　　　　　　　　　　担当ケアマネジャー　○○　○○

(3) 在宅においても継続的な医学管理が必要なケースへの対応

　入院時にインスリン療法や自己導尿、酸素吸入などを行っている方が退院するに際して、引き続き自宅においてもこうした医学的な管理が必要な場合、在宅における主治医の指示に従い、必要なサービス提供を行うための体制づくりが必要となります。

　その際、まず入院している病院の担当医師、または医療ソーシャルワーカー（MSW）、看護師長等と連携をとり、訪問看護、訪問介護など、具体的に必要なサービスの内容やそのサービスの提供にあたって留意すべき点などに関して、家族を含めそれぞれの役割を確認します。

　在宅における主治医が病院の医師から利用者の「かかりつけ医」へと替わる場合は、病院が診療所の医師と連携をとり、必要な情報提供などを行うこととなります。また、利用者にかかりつけの医師がいない場合などは、入院していた病院が利用者の自宅の近辺で往診が可能な診療所の医師を紹介するなど、医療機関相互の連携がはかられることとなります。

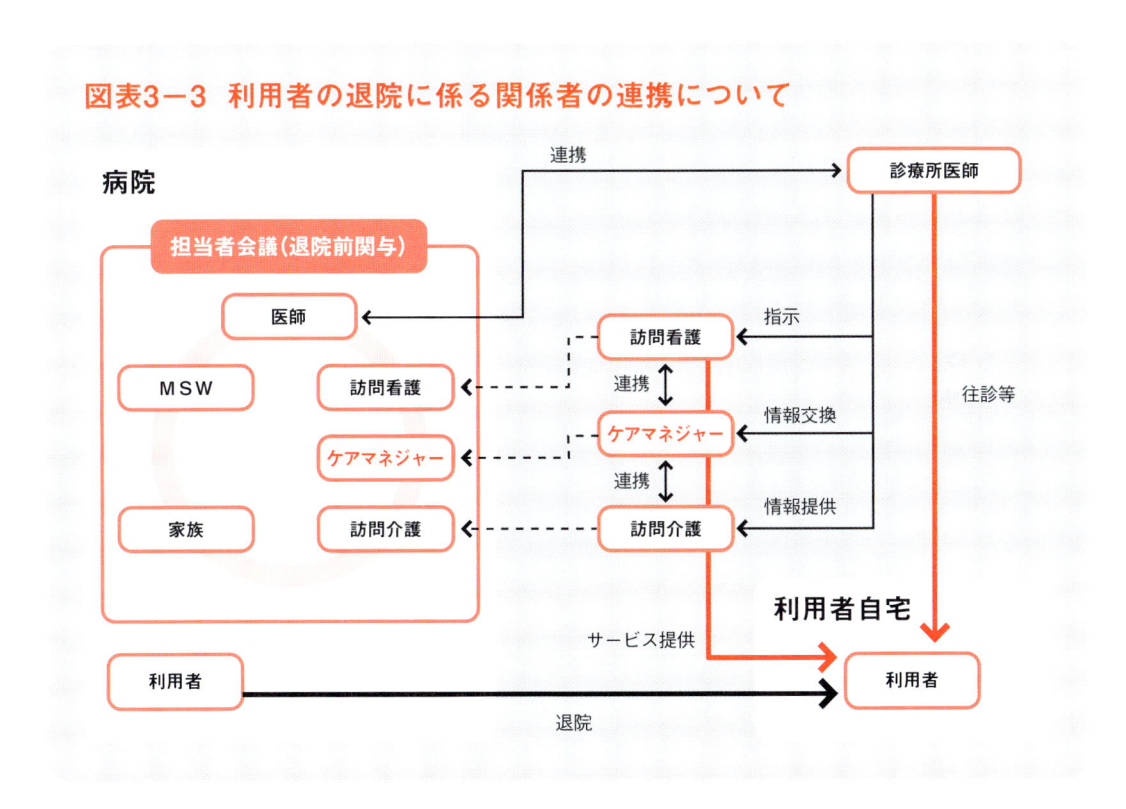

図表3-3　利用者の退院に係る関係者の連携について

（4）自宅でターミナルケアを行うケースへの対応

　末期がんや特定の難病など、治すことが難しい病気にかかり、その病気による死が予見される段階になった際に、余生は自宅でゆっくり過ごしたいと希望する利用者やその家族が増えてきています。

　その希望を叶えるために必要な治療・処置などを自宅で実施するのが在宅ターミナルケアです。在宅ターミナルケアでは、尊厳ある安らかな死を目指して緩和医療を実施します。疼痛・呼吸困難・不眠などの苦痛を心配される方も多いのですが、薬剤・酸素・医療器具などを使用して、かなりの程度まで入院せずに対応することができます。

　このように、死の予見される時期に安心して自宅で過ごすためには、定期的に訪問診療に応じてくれるとともに、具合が悪くなったときには休日や夜間でも気軽に相談・往診してくれる医師の存在が不可欠です。また、利用者や家族の精神的苦痛を軽減するための援助や利用者と家族を囲む社会経済的問題の解決、孤独や死別に伴う人間の存在の根幹を揺るがす問題解決のための援助といったケアが必要となりますが、これらもケアマネジャーを中心とした在宅ケアチームの仕事です。

「ターミナルケア」とは

　全人的な観点に立って、痛みの緩和などを中心に行われるケアのこと。
- 痛みをはじめとする諸症状のコントロール
- 患者および家族の精神的苦痛の軽減のための援助
- 患者と家族を囲む社会経済的問題の解決
- 孤独や死別に伴う人間存在の根幹となるスピリチュアルな問題解決のための援助

図表3-4　在宅ターミナルケア

在宅ターミナルケアの条件
① 本人に「家で過ごしたい」という意思があること
② 家族に「家で過ごさせたい」という意思があること
③ 医療チームの体制（往診・訪問診療・訪問看護）が整っていること
④ 介護力、介護職の支援が整っていること
⑤ 24時間体制のケアが可能であること
⑥ 病院・ホスピスとの連携が可能であること

在宅ターミナルケアで提供されるケア
① 医師の訪問診療
② 看護師の訪問看護
③ 必要に応じた訪問サービス　訪問介護、訪問入浴、訪問リハビリ等
④ 利用者を中心とした24時間対応ケア
⑤ 苦痛を対象とした緩和ケア
⑥ 利用者と家族を一つの単位とみなしたケア
⑦ インフォームド・コンセントに基づいたケア
⑧ 病院や施設ホスピスと連携したケア
⑨ 遺族を対象とした死別後のケア（グリーフケア）

（5）食事療法が必要なケースへの対応

　糖尿病や腎臓病などで摂取カロリーや塩分に対する厳格な管理が必要な場合、食事の提供にあたって特別な配慮が必要となります。このような場合、利用者本人や家族に対して、病院の管理栄養士等から指導が行われることとなりますが、ひとり暮らしで心身の状態から自ら食事の準備ができない場合、日常の食事の準備を担うホームヘルパーが病院の管理栄養士等から指導を受けることが必要になります。

　なお、特別な調理の提供に関しては、訪問介護事業の介護報酬の算定上、身体介護としての算定ができることとなっていますが、毎回の食事提供の内容が高度な技術と手間を要するものであるか十分に把握した上で、真に必要性がある場合のみ利用者に説明して同意を求めることとします。専門的観点からのアセスメントを経ずに、安易に身体介護の位置づけをするべきではありません。

3 入院時の連携

　在宅で介護サービスを利用している高齢者が入院した場合、ケアマネジャーは入院先の医療機関と連携をとり、利用者の在宅生活の状況と介護サービスの提供等に関して情報提供を行う必要があります。これは、医療と介護の連携の強化・推進をはかる観点から、治療、看護、リハビリテーションの連続性を確保し、切れ目のない円滑なサービスの提供を目指すものであり、医療と介護に携わる者の情報の共有化が不可欠となります。

　このため、ケアマネジャーが病院または診療所に入院する利用者について、当該病院または診療所の職員に対して利用者に関する必要な情報を提供した場合、居宅介護支援費の加算が行われることとなっています（医療連携加算：150単位／月）。

　私の事業所では「入院時情報シート」を作成し、情報提供に役立てています。

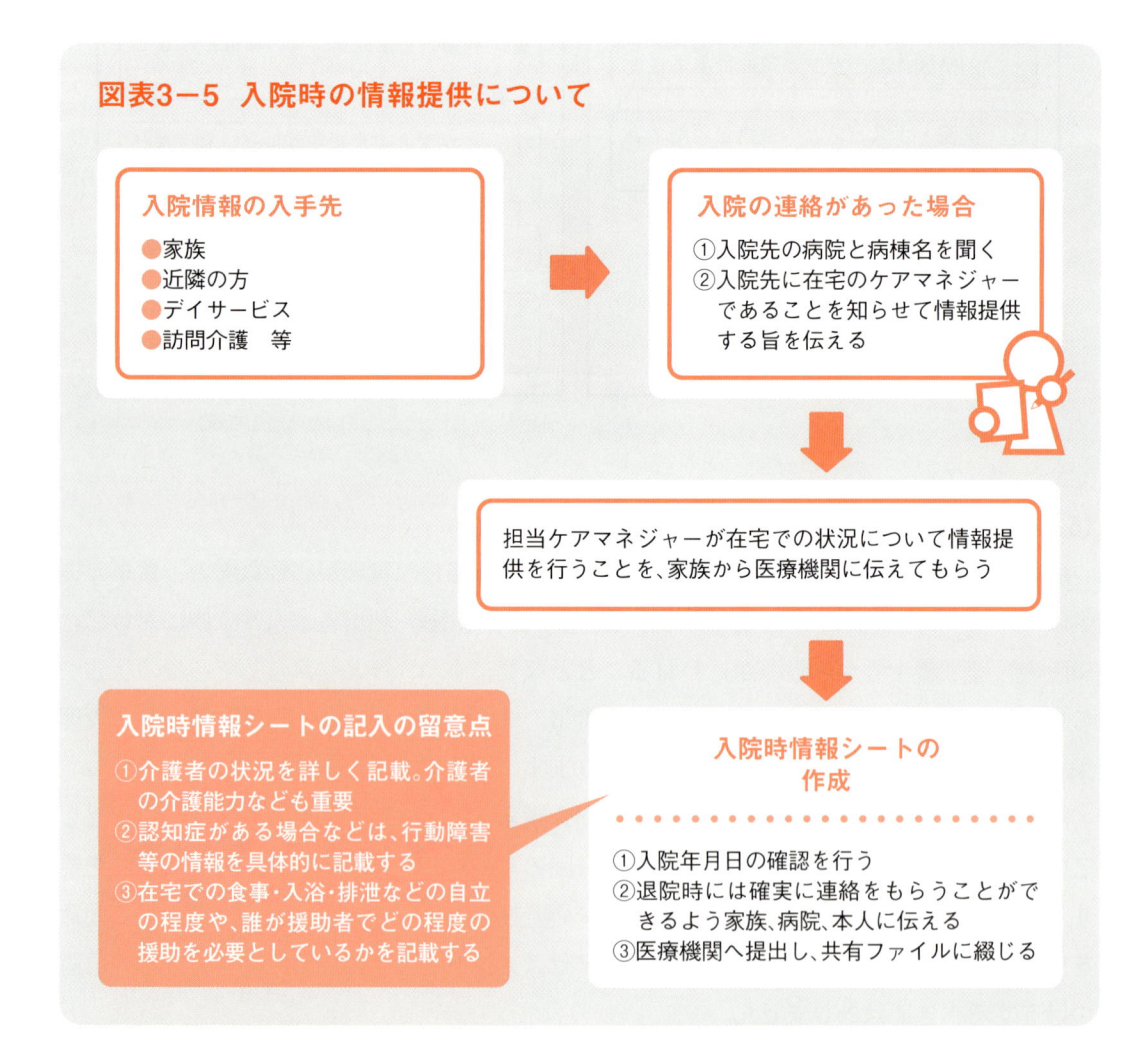

図表3-5　入院時の情報提供について

入院情報の入手先
- 家族
- 近隣の方
- デイサービス
- 訪問介護　等

入院の連絡があった場合
① 入院先の病院と病棟名を聞く
② 入院先に在宅のケアマネジャーであることを知らせて情報提供する旨を伝える

担当ケアマネジャーが在宅での状況について情報提供を行うことを、家族から医療機関に伝えてもらう

入院時情報シートの記入の留意点
① 介護者の状況を詳しく記載。介護者の介護能力なども重要
② 認知症がある場合などは、行動障害等の情報を具体的に記載する
③ 在宅での食事・入浴・排泄などの自立の程度や、誰が援助者でどの程度の援助を必要としているかを記載する

入院時情報シートの作成
① 入院年月日の確認を行う
② 退院時には確実に連絡をもらうことができるよう家族、病院、本人に伝える
③ 医療機関へ提出し、共有ファイルに綴じる

[記入例]　　　　　　　　　　　　　　　　　　　　　　　平成○○年○○月○○日

入院時情報シート

入院年月日	平成○○年○○月○○日	入院先（医療機関名）	○○病院

□医療連携室　担当者　　　　　　　　　　　　　　　　　　　　様
☑病　　棟（　看護師　）担当者　○○　　　　　　　　　　　　様

利用者氏名	○○　○○	生年月日	M T ⓢ ○○年○○月○○日　○○歳
住所	○○市○○町○○-○○		電話○○○-○○○○
現在の要介護度	要支援 1 2　要介護 1 ② 3 4 5	認定有効期限	○○年○○月○○日

日常生活自立度等

障害高齢者日常生活自立度	自立　J1　J2　A1　A2　B1　B2　C1　C2	行動障害	☑ある　□なし
認知症高齢者自立度	自立　Ⅰ　Ⅱa　Ⅱb　Ⅲa　Ⅲb　Ⅳ　M		夕方になると徘徊

在宅での生活について：夫と二人暮らしである。夫は85歳と高齢であり、難聴がある。通所介護サービスを利用して夫婦二人でどうにか生活を送っている状況である。本人は家事をほとんど行うことができないため、夫が行っている。排泄については尿意があるため、トイレに行くがリハビリパンツの中で排泄をしていることがほとんどである。便意についてはわかり、トイレに行っているが後始末が確実にできないときもあり、夫や介護スタッフの声かけがあるとどうにか行えている。

在宅の医学管理について		定期受診	外来 往診 頻度 ／ 週 ・ 1／1月 ・ 不定期
かかりつけ医	○○先生	受診先医療機関	○○クリニック（内科・循環器科）

介護サービス利用状況	サービス内容等	特記事項
☑訪問介護	週 3 回	子どもが他界しており、夫婦世帯での生活である。近所に夫の妹夫婦が住んでいるが、妹夫婦も高齢であるため支援を受けることはできない。時折訪ねてきてくれて話し相手になる程度である。昨年の夏頃までは、妻は簡単な料理をつくっていたが、最近は火の不始末や味つけなどが充分にできなくなってきたので、次第に行わないようになってきた。夫も妻には無理に家事をさせないようにしている。2か月に1回程度、民生委員が訪問をして様子を見てくれている。妻が夕方になると徘徊をし始めるので、夫は夕方になると妻と一緒に近所の公園まで散歩に出かけては、徘徊を防止している。
☑通所介護	週 3 回	
□通所リハビリテーション	週　　回	
□訪問看護	週　　回	
□福祉用具貸与（品名　）	内容	
□短期入所	利用経験なし	
☑その他	配食弁当　週3回	
□住居等環境上の注意点	有　・　無	
☑住宅改修	未　・　㊙済み	
手すりの設置	段差の解消	

介護者の状況

介護者の有無	㊲有　・　無	介護者氏名	○○　○○	続柄	夫
住所	○○市○○町○○-○○			介護者の就労	有　・　㊎無
連絡先	○○○-○○○○				
健康状態	高血圧症があるが、内服をしている程度である。難聴があり、電話での会話が通じにくい。				
その他					

退院が決定しましたら　TEL　あるいは　FAX　での連絡をよろしくお願いします。

○○年○○月○○日　　情報提供方法　　□郵送　　□ファックス　　□その他（　　　　　）

　　　　　　　　　　　　　　　　　　　　　　　　○○居宅介護支援事業所
　　　　　　　　　　　　　　　　　　　　　　　　担当ケアマネジャー　○○　○○

2. ケアマネジメントにおける多職種連携

1 チームアプローチの意義

　ケアマネジャーの立案したケアプランが真に効果を発揮するためには、主治医や介護サービスを提供する事業者など、利用者を取り巻く関係者がケアプランの趣旨を理解して、一つのチームとなって連携をとりながらそれぞれの役割を担っていくことが重要です。

　このため、ケアプラン原案を策定した際には、ケアマネジャーが関係者を集めてサービス担当者会議を開催し、ケアプラン原案に対して関係者の共通理解をはかるとともに、それぞれの立場からの助言をもとに必要な修正を加える機会をもつことが必須となっています。とりわけ、さまざまな疾患をもった利用者の生活を支援していくためには、利用者の生命や心身に重大な結果をもたらす服薬の問題やアレルギーなど、療養上の禁忌に関する情報等を的確に把握する必要があることから、主治医の指導や助言は大変重要です。

　ケアプランに基づいて実際に介護サービス等が提供された際には、ケアマネジャーは少なくとも１か月に１回利用者の自宅を訪問して、利用者や家族の状況等に変化がないか、サービスを提供した結果が利用者の自立支援や生活の質（QOL）の向上につながっているかなどをモニタリングします。しかし、このような情報収集をケアマネジャー１人で行うことには限界があります。このため、ケアマネジャーは実際に支援にかかわる関係者がそれぞれの立場から把握している利用者や家族の身体的・心理的・社会的な変化などの情報や専門的な助言の提供を受けながら、必要に応じてケアプランを変更するなどの対応をしていくことが必要です。

　主治医や薬剤師などの医療関係者との連携については、ケアプラン作成に際して医療情報を活用するだけではなく、認知症を発症した利用者の服薬管理を的確に行うなど、介護サービスが医療を支援するという面もあり、まさにチームとして対応していくことが求められています。

　利用者に対して効果的で効率的な支援を行うためには、主治医や実際にサービス提供を行うさまざまな介護保険事業者等との連携を円滑に進めることが重要です。

　そのためには、まず「誰と、何のために、連携をするのか」を明確にすることが大切です。つまり、連携の必要性を整理して、意識的に連携をとっていく必要があるのです。相手からどのような情報をもらいたいのか、自分から伝えたい情報や依頼したいことがあるのか、協議しなければならない事項があるのかを事前に整理した上で行動を起こすことが必要です。

次に、連携の手段を吟味することが大切です。相手にとって負担にならず、また目的を果たすために一番有効な手段は何かを考えて、行動を起こします。そのためには、文書による照会、電話、FAX、E-mail、訪問しての面談、面談の際に誰の立会いが必要かを考慮する必要があります。

　さらに、情報を一方的にもらうだけでなく、連携の成果を相手に返すことも大切です。それによって、相手側も連携の成果を自覚でき、それ以降の連携をさらに円滑に進めることができるのです。

図表3-6　関係機関との連携のポイント

①「誰と、何のために、何をするのか」について明らかにする
　連携の必要性を整理し、意識的に連携をはかる必要があります。そのためには、相手から情報がほしいのか、自分から伝えたい情報や依頼したいことがあるのか、協議しなければならない事項があるのかを事前に整理した上で、行動を起こすことが必要です。

②利用者や家族の同意を得る
　他機関との連携をとるためには、利用者の個人情報を提供する必要が出てきます。これに関して、ケアマネジャーはその目的と、誰と何についてどんなことを話すのかを利用者に示して、個人情報提供の了解を得る必要があります。

③連絡先の窓口を見つける
　連携をはかる相手の機関では、どの部署の誰が機関の窓口になっているのかを把握して、アプローチをする必要があります。そうした窓口を把握しておくことは、連携の促進のために有効です。

④連携の手段を吟味する
　相手にとって負担にならず、また目的を果たすために一番有効な手段は何かを考えて、行動を起こします。そのためには、文書による照会、電話、FAX、E-mail、訪問しての面談、面談の際に誰の立会いが必要かを考慮する必要があります。

⑤連携できたことによりもたらされた結果を相手に報告する
　情報は一方的にもらうだけでなく、連携の成果を相手に返すことも大切です。それによって、相手側も連携の成果を自覚でき、それ以降の連携をさらに円滑に進めることができます。

参考文献：「連携のための5箇条」（吉田光子『ケアマネジャー』2001年10月号）

図表3−7 チームアプローチ

チーム

共有
- 生活課題（ニーズ）
- 利用者・家族の意向
- 生活の目標
- 支援の目標

分担
- 事業者A
- 事業者B
- 事業者C
- 事業者D

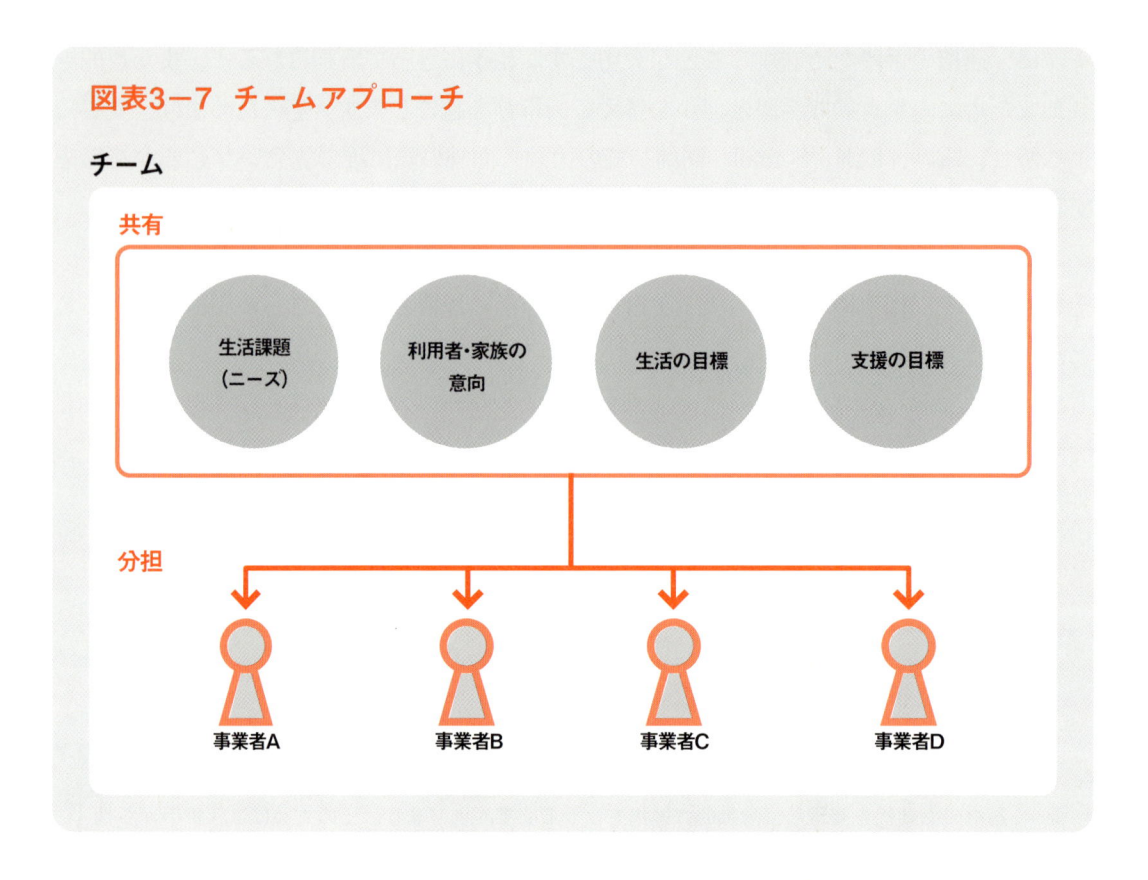

図表3−8 支援チームを生かすマネジメント力

- 自分と異なる専門性を尊敬し理解しあう関係性をつくる
- 利用者・家族にも理解しやすい共通言語のコミュニケーション
- ケアマネジャーが協働するための場面づくりや連携を行う

↓

- ●利用者支援における目標の統一
- ●アセスメントの共有
- ●ニーズに関する共通理解
- ●利用者支援における役割の分担
- ●モニタリングのための情報の共有

2 ホームヘルパー（訪問介護員）との連携

(1) 連携のポイント

　利用者に対するホームヘルパー（訪問介護員。以下「ヘルパー」という。）のかかわりは、ケアマネジャーよりも頻度が高く、冷蔵庫の中身やトイレの状況も見ることができる関係であり、最も身近な存在です。「洗濯物に排泄で失敗した下着が増えている」「訪問するたびにトイレの汚れが目立つようになった」「浴槽を使った気配がない」「冷蔵庫に同じ食品が必要以上に入っている」「鍋の焦がしが目立つようになった」など、些細な生活の変化に初めに気づくことができるのもヘルパーです。

　ヘルパーは「おやっ」と思うことや直感的な感覚（「家の中のにおいが変わった」「以前はきちんと片づいていたが、ここのところ雑然としてきた」など）でとらえた変化をチーム内で発信できる立場にあるといえます。ケアマネジャーと担当ヘルパーおよびサービス提供責任者の三者が連携をはかり、1人の利用者の生活支援の視点を共有することが必要です。

　しかし、実際には現場では円滑な連携ができていない場合も少なくありません。利用者や家族の生活のほころびがさまざまなところで表面化してきているにもかかわらず、その情報がケアマネジャーのところまで届かないことがよくあります。

　ヘルパーが「このような些細なことはサービス提供責任者やケアマネジャーまで伝えなくてもよいのでは？」と判断をしてしまったり、ケアマネジャーとの関係性が十分に築かれていないときは小さな情報などは報告されないケースが少なくありません。また、ケアマネジャーとヘルパーとの関係において、職務上の上下関係が生じてしまい、円滑な連携を阻害しているケースも見受けられます。

　たとえば、このような事例があります。介護サービス利用料の口座引き落としができずに利用料が滞納になっている旨の報告をサービス事業所から受けたケアマネジャーが、利用者宅を訪問したときに「利用料の引き落としができなかったようです」と利用者に報告すると、「うっかりしていました。明日にでも支払います」と返答されました。ケアマネジャーは「あっ、そうなんだ」と利用者の返答を鵜呑みにしました。しかし、在宅へ訪問をしているヘルパーは少し前に利用者から消費者ローンの通知書について、「最近、こんなものが届いたのだけど、何かしら？」と相談され、「お金を借りたことがある方に来る通知ですよ」と説明をしていたのです。ただ、「これだけのことをわざわざサービス提供責任者へ報告することもないし、ましてやいつも命令口調で指示をするケアマネジャーへ連絡する必要もないわ」と自分一人の胸におさめていたのです。

　実はこの背景には、ギャンブルで行き詰まった長男が利用者に承諾もなく借金をしてい

たことや、ご本人のキャッシュカードを勝手に持ち出して預金を使い込んでいたという重大な事実が隠れていたのです。

　利用者の生活に一番近い位置にいるヘルパーとの連携は、ケアマネジャーにとっては在宅生活に関する情報の命綱といえるかもしれません。まずは、お互いの役割をきちんと理解し、「チームとして支援をしていく」という意識を共有することが重要です。

　もう一つ、ヘルパーとの連携において重要なのは、ケアマネジャーが利用者ごとに今後の展開の予測をしておくことです。それぞれの事例が陥るリスクを予測できる場合、たとえば、「○○さんは最近、認知力の低下が目立つようになったので、買い物に行って帰り道を間違えたとか、曜日を間違えるなど、ヘルパーさんが支援を行っているなかで『おやっ？』と思うことがあったら、是非教えてくださいね」というように、ヘルパーに対してどのような情報がほしいのか、具体的な情報の中身について情報提供を依頼しておくことが大切です。

　ケアマネジャーは、自分だけが知り得た情報のみでアセスメントを行い、支援を行うことには限界があることを十分に認識しておく必要があります。ヘルパーのなかには、「忙しそうにしているケアマネジャーにこれぐらいのことで電話をかけるのは迷惑ではないだろうか」と思っている方も少なくありません。日頃から、「ヘルパーさんの情報が私たちケアマネジャーにとってとても大切な情報になります。是非、いろいろな情報提供をお願いします」と声かけをしておくと、ヘルパーとしても連絡がしやすくなります。

　また、ケアマネジャーがヘルパーや訪問介護事業所からの連絡を受けたときの言葉遣いや態度・対応も、連絡・報告の継続性に影響を及ぼします。「忙しいときにこれぐらいのことで連絡をしてこないで」といった返答や態度をとると、訪問介護事業所の協力を損なうことにつながります。先方が「連絡してよかった」と思えるような対応が重要です。「情報提供ありがとうございます。明日、ご本人のところへ伺ってみますね。そのときの様子をまたご報告しますね」と、情報の提供に対して必ずフィードバックする姿勢が連携を深めていくことを、ケアマネジャーは十分に理解しておく必要があります。

訪問介護事業所との連携のポイント

◆**訪問介護事業所ごとの特徴を知ることが大切です**

- 治療食に対する調理の知識がある。
- ターミナルケアの支援を理解している。
- 難病など疾患の理解と支援の方法がよく理解できている。
- 認知症の方とそのご家族の支援をよく理解できている。
- 医療ニーズの高い方の支援をよく理解できている。

- 介護保険外サービスのアイテムが豊富な事業所である。
- 土曜・日曜日などでも対応してくれる事業所である。　　　　　など

（2）認知症高齢者への支援

　認知症高齢者にヘルパーを派遣する際の留意点として、本人がヘルパーの顔を覚えるまでに時間がかかる点があげられます。ヘルパーが訪問すると「知らない人が家に入り込んできた」と言って追い出そうとするようなこともよくあります。このような場合、利用者がヘルパーの顔を覚えるまでの間は少人数でしっかりかかわり、確実な信頼関係を築いていく対応が望まれます。

　また、訪問介護事業所においてサービスの手順が作成されていることも重要です。たとえば、認知症の行動障害により物盗られ妄想などがある場合、ヘルパーが活動を終了して帰ったあとに、利用者から「ヘルパーが自分の洋服を持って帰った」などと訴えられることがあります。物盗られ妄想などの行動障害が疑われる場合、ヘルパーは大きなバッグを持っていかない、目の前でバッグの中身を出し入れしないなど、常に誤解を生じないようにする工夫が必要です。また、ヘルパー1人で利用者のいない部屋への出入りは行わない、常に本人の視野にヘルパーが入っているようにする、部屋の出入りが必要な場合は必ず本人に声をかけて行うなど、サービス提供を行うヘルパー一人ひとりにサービスに関する手順が伝わり、十分に理解をしていることが重要です。

　親身にかかわり、信頼されるヘルパーほど、認知症高齢者の妄想のターゲットになることがあります。このような場合には、訪問介護事業所のサービス提供責任者等がケアマネジャーに対してきちんと情報提供するとともに、利用者宅を訪問して一緒に探すなどの行動をとる（ふりをする）など、担当ヘルパーをサポートしながら上手に対応することが大切です。

3 訪問看護師との連携

（1）訪問看護サービスの特性

　訪問看護は、かかりつけ医と連携をとりながら、健康状態の観察と助言、治療の促進のための看護、日常生活における看護、療養環境改善のアドバイス、在宅リハビリテーション、介護者の精神的支援・相談、終末期の看護など、医療的側面と福祉的側面をつなぐサービスを提供する役割を担っています。

　高齢者の多くは複数の疾患をかかえ、複数の診療科目を受診している方も多く、常用している薬剤は内服薬をはじめ種類や1回あたりの服用数も多いことが一般的です。認知症

の発症などにより、服薬の時間や1回あたりの服薬数を管理できなくなると、薬剤が有する本来の効果を引き出せず、あるいは間違った薬剤の使用による副作用などにより、ADLが低下し、QOLに大きな影響が生じてしまいます。

　ひとり暮らしの高齢者の支援に関しては、服薬カレンダー等を活用して利用者の自己管理をサポートしている例がよく見られますが、それでも服薬管理ができない場合は、訪問看護による服薬の管理をケアプランに位置づけることも必要となります。

　訪問看護師は、医師の指示書を受けて訪問看護計画を立て、バイタルサイン、服薬状況、排便状況等の確認や支援を行い、その結果を医師に報告する役割を担っています。こうした情報が確実に医師に届くということは、特に本人が受診した際に伝えることが困難な認知症高齢者にあってはとても有意義な支援であるといえます。

　また、認知症高齢者は身体的な不調を言語で訴えることができないことが少なくありません。どこか具合が悪くても的確に言葉に表すことができず、便秘などの不快感から、いらいらしたりすることもよく見られます。たとえば、排便ができていない場合も、認知症高齢者は「排便ができている」と答えることがありますが、訪問看護が入ることにより、腹囲を測って排便の状況を確認することが可能となるのです。その他にも、血圧の測定や皮膚の状況の観察など、外から見た健康管理が可能となります。

　また、利用者によっては、必要な水分をとっていなかったり、歯磨きや入浴を嫌がったりすることもよく見られますが、訪問看護によって入浴介助を行うと、本人の身体状況を把握する機会となります。腹部が張っていないか、皮膚の状態から脱水を起こしていないかなど、さりげない言葉かけや観察のなかで、体調不良のサインを見逃さないようにすることができます。

　認知症の初期症状のときには通所系サービスの導入を拒否することも多く見られますが、看護師であれば受け入れられるケースもよく見られますので、「1週間に一度、看護師さんに来てもらって血圧を測りましょう」と、第三者が自宅に入ることに慣れてもらい、徐々に訪問介護や通所系サービスなどの導入につなげていくような活用方法も検討してみるとよいでしょう。

(2) 訪問看護師との連携のポイント

　高齢者支援において医療と介護の連携は不可欠ですが、ケアマネジャーのなかには「医療は敷居が高い」と医療との連携に苦手意識をもつ人も少なくありません。医療との連携が重要になる中重度者の支援においても、訪問看護が位置づけられている割合が少ないともいわれています。複数の疾病をもち、状態が不安定な利用者を支援する場合、訪問看護との連携は不可欠であると思います。

ケアプランに訪問看護が位置づけられていないケースでも、日頃から訪問看護事業所と連携をはかり、相談できる体制をもつことはとても有効です。たとえば、難しい医学用語や疾患の特性などが十分に理解できない場合など、看護師はとても心強いチームメンバーになります。是非、事例検討会など地域の研修会などを通して、気軽に相談できるネットワークをつくっておくことをお勧めします。

　訪問看護のサービスは介護保険サービスのみではなく、医療保険サービスとしての利用も可能です。たとえば、在宅で生活している利用者が脱水症状になった場合、主治医が受診困難であると判断して訪問看護の特別指示書が出されると、医療保険のサービスとして訪問看護サービスを提供することができます。この場合、介護保険の支給限度額とは別枠の取り扱いとなります。

　また、パーキンソン病などの特定疾患等で一定の要件に該当する場合やがんの末期と診断された場合は、医療保険と介護保険の訪問看護サービスを併用することが可能となります。状態によっては１日のうちに頻回な訪問も可能となります。

　どのような状態の場合に医療保険の訪問看護サービスの適用を受けることができるのかについては、身近な訪問看護ステーションに相談をするとよいと思います。また、こうした相談が連携の第一歩にもなると思います。

　医療保険による訪問看護サービスが提供されるケースは、介護度においても比較的重度化している傾向があります。利用者や家族は身体的な変化や症状の変化に対して敏感になり、さまざまな不安を抱えて生活を送ることになります。このような場合、訪問看護師が定期的に自宅を訪問してくれると、利用者や家族にとってとても心強く、安心して生活を送ることができると思います。特に、胃ろう・バルーンカテーテルの留置・ストーマなどの医学的管理が必要なケースでは、利用者や家族は見慣れない医療機器を前にちょっとしたことでも緊張してしまうことがありますので、訪問看護師に気軽に相談できる環境があるだけで、在宅ケアに自信がもてるようになります。

4 通所系サービス（通所介護・通所リハビリテーション）との連携

(1) 通所系サービスの特性

　通所系サービスは利用者の閉じこもりや不活発な生活習慣を改善することにつながり、介護を担う家族にとっても自由な時間を享受できるなど、さまざまなメリットがあります。

　ひとり暮らし高齢者の場合、水分摂取や食事の摂取量が不安定になることも多く見られますが、通所系サービスを利用することによって１日に必要な水分量や栄養の大半をとることができるなど、健康状態を保つ上で大きな効果があります。また、疾患や障害などに

より自宅で入浴が困難な方に対しても、安全に清潔の保持をはかるための機会としての役割を果たしています。

　さらに、通所系サービスのスタッフが利用者の家族のよき相談相手となり、家族の愚痴を聞くことも大切な役割です。在宅で認知症の高齢者のケアを行う家族は頑張り過ぎる面があるので、共倒れにならないためにも、家族の発する信号を見逃さず、的確に手を差し伸べることが必要です。通所系サービスのスタッフのちょっとしたアドバイスが、介護のしかたがわからずに混乱をきたしている家族にとってとてもありがたく感じられ、「あの一言で乗り切れた」ということもよくあります。

　このように通所系サービスは、利用者の機能回復や健康の保持などに有効なサービスを提供しています。また、一面では在宅と同様に利用者の生活の場そのものでもあります。高齢者の支援においては、生活意欲の継続性や生活の場の継続性が重要であるため、在宅サービスと通所系サービスが適切に連携をはかりながら支援していくことが大変重要となります。

　水分や食事の摂取量などに制限がある場合などは、在宅と通所系サービス等の利用時を通して把握することは当然であり、また、服薬の管理や清潔の保持に関して特段の配慮が必要な場合などにおいても、双方が連携をとりながら情報交換を行うことが不可欠となります。ケアマネジャーがこれらのサービスの評価・モニタリングを行う場合、それぞれ個別のサービスを評価することとあわせて、利用者の生活全体を見た上で一体的に評価する視点も重要となります。

(2) 通所系サービスとの連携のポイント

　通所系サービスとの連携の第一のポイントは、情報交換を密にしておくことです。

　ケアマネジャーから通所サービスの担当者へ行う情報提供としては、基本的アセスメント情報はもちろんですが、それらに加えてご本人の在宅での様子（1日の生活の流れを中心に、花の水やり、近隣の散歩など、ふだんご本人が行っていること）、趣味や得意としていること、興味のあることなどを中心に情報を提供するとよいでしょう。

　特に、以前は楽しんで行っていたことで、最近おっくうになってあきらめていることなどを情報提供することが大切です（たとえば、以前は絵手紙を書いていた、将棋や囲碁を楽しんでいた、若い頃はよく映画を見ていたなど）。こうした情報提供を行うことによって、利用者がかつての楽しみをもう一度味わえる機会をもつことができるかもしれません。また、通所サービスでの新しい出会いにより、それまで経験したことのない陶芸やデジタルカメラでの撮影などを体験して、それ以来没頭してしまうようなケースも見られます。

それぞれの通所サービスの特徴や規模をケアマネジャーが把握して、利用者に合った選択を支援することが大切です。

　また、通所サービスを利用する目的の一つに、家族の疲労感や介護疲れなどへの対応があります。家族に介護疲れが見られるようになってきた、以前は通所の準備がきちんとできていたのに、最近は忘れ物が目立つ、利用者を自宅に迎えに行った際、家の中で家族が大きな声で利用者を叱っている声が聞こえた、利用者が最近おどおどしている様子が見られる、利用者が通所サービスの事業所に到着したときから尿臭がする、口腔ケアが行われていないなど、さまざまな家族の様子も見えるのが通所サービスです。

　家族のなかには頑張りすぎて、完璧を求めるあまりに、知らず知らずのうちに心が病んでしまう人もいます。家族の介護負担、特に精神的な負担感については、通所サービスを含めたチームで早期に対応することが大切です。

　通所サービスとの連携を深めるためには、ケアマネジャーが通所サービスの事業所に出向いて情報交換を行うことが有効です。日頃から通所の生活相談員をはじめスタッフと顔見知りの関係をつくるよう心がけましょう。

　特に、初回の利用時には利用者は不安や緊張感でいっぱいです。家族も無事に過ごすことができるのだろうかと不安になっています。初回サービスの提供時には通所サービスの送迎に立ち会ってみる、通所サービスに出向いて利用者の利用状況を見せてもらうといった支援を行うと、利用者や家族の安心につながり、通所系サービスとの連携においても大変有効です。

5　多職種のチームによる連携

　高齢者の支援に携わる専門職は、サービス提供を行うなかで、それぞれの立場から身体的、心理・精神的、社会的要因の変化の有無について、本人やその家族の状況をモニタリングすることが必要です。

　ケアマネジャーは、サービス事業者が支援のなかで状態の変化や新たなニーズの発生などに気づいたときにタイムリーに連絡をしてもらえる体制をつくっておく必要があります。そのためには、日頃から訪問介護事業所のサービス提供責任者や通所系サービス、訪問看護事業所等と電話や対面でやりとりをする機会をできるだけもつように努めておくことが重要です。

　モニタリングにおいては、時に深刻な問題に遭遇する場合があります。たとえば、認知症高齢者に対して家族などが年金や預金の搾取を行っている場合や、いわゆる介護放棄の現状が明らかとなるケースなど、当初のアセスメントでは気づかなかったことが、支援に

携わる関係者の情報交換によって明らかになることがあります。

　このような深刻な問題に直面した場合、1人で抱え込むことはとても危険です。まずは、支援を行うチームで丁寧に事実確認を行いながら、必要に応じて地域包括支援センターなどの行政機関に相談や支援の依頼をすることが大切です。

　なお、ケアマネジャーがモニタリングで訪問すると、利用者や家族から事業者に対する不満や苦情を言われることがあります。たとえば、通所系サービスに対して送迎時の時間や手順などが徹底されていない、訪問介護サービスでは訪問時間が守られない、提供時間やサービス内容が計画どおりに実施されていないなどの明らかな指定基準違反が生じているケースもあれば、「ヘルパーさんの言葉遣いが気になる」といったことも問題として相談を受けることがあります。このような場合は、利用者の相談内容と事実を確認した後、サービス事業者の責任者に対して対応を求めることが必要です。

6 施設サービスとの連携

(1) 施設サービスとの連携の重要性

　ケアマネジャーは、要介護高齢者の生活を支えるという観点から、在宅サービスの調整のみならず、在宅サービス利用から施設入所に至る過程でのサービスの連続性の確保、施設からの退所・退院にあたっては在宅サービスの利用まで、切れ目のない支援の提供が求められています。

　そのため、ひとり暮らし高齢者の在宅支援を担うケアマネジャーは、将来的には施設入所を検討しなければならないと判断した場合には、たとえば入所を計画している施設の短期入所サービスや通所サービスを利用することでなじみの関係をつくるなど、施設入所への円滑な移行に配慮した支援を行うことも大切です。

　また、介護保険施設に入所した後も、利用者の心身の状態や意向に応じて在宅復帰を支援するなど、高齢者の状態の変化に対応してさまざまなサービスを継続的・包括的に提供していくことが求められています。このため、居宅介護支援事業所のケアマネジャーと介護保険施設の職員の双方が、地域において施設・在宅を通じたケアマネジメントを適切に行うことが必要となっています。

　今般、医療保険でリハビリテーションを受けることができる期間が短縮化され、これからは介護保険が要介護高齢者のリハビリテーションを担っていくことが期待されていますが、在宅サービスにおけるリハビリテーションの中心的な担い手である通所リハビリテーション事業所の多くが通所介護サービス事業所へと転換するなど、高齢者のリハビリテーションを取り巻く環境は大きく変化しています。このため、老人保健施設が有するリハビリテーション機能は今後さらに重要性を増していくことが予想されます。

年をとって、からだが多少不自由になっても、できるだけ自立しながら住み慣れた家や地域でなじみの人々とふれあいながら暮らしていきたいと願う高齢者は多く、在宅サービスと介護保険施設が連携をはかりながら、介護や支援が必要な高齢者の生活を支えていくことがますます重要となっています。ケアマネジャーは介護保険施設と連携をとりながら、在宅から施設、施設から在宅へ利用者の生活の拠点が円滑に移行できるよう支援していくことが求められています。

(2) 施設サービスへ移行する際の支援のポイント

　居宅介護支援を担うケアマネジャーの役割は主に在宅生活の継続を支援することですが、施設サービス利用への転換のために施設の選択を支援することもケアマネジャーの大切な業務の一つです。

　利用者やその家族が施設・入居系サービスを検討する場合、希望する施設サービスの形態がある程度明確であることもありますが、現実問題として希望どおりに入居できるかというと、かなり難しい現状があります。

　ケアマネジャーは専門的見地からその利用者にとっての望ましい暮らし方を見定めて、利用者や家族の意向を勘案した上で、在宅のサービスを手厚くすることで継続をはかるのか、施設系サービスに転換したほうがよいのか、本人と家族に対してメリット・デメリットを明確にしながら説明することが大切です。そのためには、候補となるサービス事業所のパンフレットや料金表を準備する必要があります。特に費用に関しては、入居に必要な一時金と毎月の利用料・管理費・食費などを分けて整理しておくことが大切です。

　そしてある程度候補の絞り込みを行った後に、施設見学の機会を設定することにより、本人や家族が施設の職員配置や医療体制、他の入居者の様子などを自分たちの目で確認することができるよう支援をしていきます。

　なお、最終的に判断を行うのは利用者や家族であり、ケアマネジャーが独断で施設サービスを選択することは望ましくありません。たとえ利用者が独居であっても、血縁者（甥や姪など）がいる場合もありますので、慎重に対応することが必要です。

　まったく身寄りのない利用者の場合は、地域包括支援センターを中心に地域の民生委員などの支援者や他の介護サービス事業者などを交えて検討を行うことが望ましいと思います。ケアマネジャーだけの単独の支援は独善的な支援に陥る危険性がありますので、チーム全体で検討していく必要があります。

(3) 施設・入居系サービスが決定した場合の連携の実際

　施設・入居系サービスの利用が決定すると、ほとんどの場合、施設側の職員が利用者や

家族に対して面接を行います。その際、ケアマネジャーはできるだけその場に立ち会い、施設の相談員や担当者と直接会って情報交換を行うことが大切です。施設の相談員や担当者は利用者や家族に対して入所に際してさまざまな説明を行いますが、必要に応じてケアマネジャーから助言や確認があると、コミュニケーションがよりスムーズになり、利用者や家族の理解も深まります。相談員や担当者も、本人や家族からの情報に加えて、ケアマネジャーから在宅生活の課題や住み替えの必要性などを聞くことにより、入所施設側のアセスメントに役立つ情報を得ることができます。

施設・入居系サービスに入所するにあたって確認する事項としては、以下のような点があげられます。

① 持ち込める物について（思い出の家具・寝具・仏壇などの許容範囲等）
② 医療体制について（入居系サービスの場合は、かかりつけ医の継続の可否等）
③ 実費サービスの範囲等について
④ 退去の要件について
⑤ 入院時の契約期間について

特に認知症の利用者の場合は、寝具や家具等のなじみのある物の持ち込みが可能であれば、新しい生活空間に比較的早く慣れることが可能となりますので、相談員や担当者に確認することが重要です。

在宅のケアマネジャーから施設・入居系サービスの相談員や担当者へ行う情報提供の内容としては、在宅でのアセスメント内容を中心にADL・IADLなどの基本的項目、排泄状況、排泄方法、食事内容、食事や水分の摂取状況等を伝えます。

また、通所系サービスでの様子や近隣の友人・知人等の社会交流の状況、たとえば「人見知りしやすい」「集団行動は好まない」など、性格的なことや社会交流の頻度（お寺参りや宗教活動なども含む）などについても具体的な状況を伝えることが必要です。

家族の状況については、家族の就労の有無や健康状態、同居・別居（場所：遠方、近隣等）等を含めた情報が必要です。また、すでに亡くなられた子どもや配偶者等がいる場合、死別の原因、その年なども把握している範囲で情報提供を行います。身内の死別は、誰にとっても寂しいことです。特に高齢者の場合、小さなときに亡くなった子どもが妄想などの対象になることもめずらしくありません。また、本人の輝いていた頃のエピソードや人生における最も悲しい出来事などについて情報提供をしておくことも大切な支援です。

なお、それらの情報は一朝一夕に入手できた情報ではなく、長い時間をかけて構築した信頼関係の上に得た情報も多く含まれますので、あらかじめ利用者や家族に、施設に対して情報提供を行う目的と内容を説明し、必ず事前に了解を得ることが必要です。

7 インフォーマル支援者との連携

介護や支援が必要な高齢者やその家族の暮らしを支えるには、介護保険をはじめとする専門的な支援サービスが必要ですが、在宅で生活する場合、声かけや見守りといった近隣の人のサポートや地域のボランティアによるインフォーマルなサービスも大切です。

たとえば、高齢者が認知症を発症した場合、他者に対して「ずっと私のことを見ているでしょう」などと強い口調で突然責め立てるようなことがありますが、相手が認知症であることを知らない場合、トラブルが生じることもあります。このため、家族に十分に説明をして了解を得た上で、認知症を発症したことを近隣に打ち明け、理解と支援をしてもらうことにより、トラブルを未然に防ぐなどの対応を行うことが必要になることもあります。特に徘徊の症状がある認知症高齢者やその家族が地域で安心して生活していくためには、近隣の方々の声かけや危険箇所での誘導、目撃情報などの支援を得ることが大変重要です。

このように、高齢者の支援においては、地域住民によるボランティア活動等をケアプランに位置づけることは大変有効なことですが、こうしたインフォーマルな支援を活用する場合、気をつけなければならないルールがあります。

(1) 過度な支援を依頼しない

近隣の方など自主的に利用者の支援を行っている人に対して、「必ず、毎日安否を確認してください」「夕方の何時には様子を見に行ってください」など、安否確認の訪問や連絡等を義務化しないことが大切です。このような支援を依頼した場合、依頼を承諾した支援者には「依頼されたからには必ず行わなければならない」という責任感が生じることとなります。

最初のうちは気軽に依頼を引き受けることができたとしても、旅行など泊りがけで出かけることを極力控えたり、雨の日も寒い日も安否確認を行わなければならないことにしだいに精神的な負担が強くなり、毎日の積み重ねのなかで利用者に対する感情が悪い方向に変わっていくことも容易に予測されます。

したがって、インフォーマルな支援を位置づける場合、過度な依頼内容としないよう十分な配慮を行うことが大切です。

(2) インフォーマル支援者の意向が変わった場合には支援を中止する

インフォーマルな支援の活用にあたっては、支援者自身の状況の変化により支援ができなくなった場合や支援を行うことに負担感が強くなった場合などには、すみやかに支援を

中止して代替のサービスを検討することが大切です。

　ケアマネジャーが支援者の負担感の増大に気づかないまま放置してしまうと、利用者と支援者の間の友好的な関係を壊してしまうだけでなく、支援に関するボランティア活動を行うと大変な目にあうというイメージをもたせることにつながることもあります。

　したがって、ケアマネジャーは、地域における貴重な社会資源を失うことのないよう、支援者に対し会うたびに「負担になったら遠慮せずに言ってくださいね」と配慮ある言葉を伝えるような心遣いが大切です。

（3）生活の根幹や生命にかかわることはインフォーマル支援に依頼しない

　おむつ交換や食事の提供など、生活の根幹や生命の維持に直接かかわるような支援は責任を伴うものであり、たとえ家族であっても大きな負担を負うこととなります。このような種類の支援は、隣人などがお惣菜などのお裾分けを届ける支援とはまったく別物であり、毎日の生活に不可欠な支援についてはフォーマルなサービスを提供することが原則です。

　ケアマネジャーは必ず介護保険サービスや行政サービスなどのフォーマルな支援を位置づけるよう、場合によっては利用者やインフォーマルな支援者に理解を求めていく必要があります。インフォーマルな近隣の方々の支援については、「買い物に行くけれども、ついでに必要な物はない？」「この数日顔を見ないけれどもどうしている？」など、顔をのぞかせてもらう程度にとどめることが大切です。

3．行政との連携

1　地域包括支援センターとの連携

(1) 地域包括支援センターの機能

　地域包括支援センターは、高齢者が介護や支援が必要な状態となることを予防するとともに、要介護状態となった場合においても、できる限り地域で自立した日常生活を営むことができるように支援する機関です。

　介護保険制度が実施される以前は、福祉サービスや健康づくりなど、高齢者の困りごとに関する相談については、市町村がそれぞれの担当窓口において受け付けていましたが、介護保険がスタートしてからは、民間のケアマネジャーが介護の問題に限らず、さまざまな相談を受けることが多くなりました。多くのケアマネジャーが全国各地で生活全般にわたるさまざまな相談にきめ細かく対応するなかで、高齢者から大きな信頼を得ながら家族関係や経済問題なども含めた包括的な生活支援を担ってきました。

　その間、介護保険サービスが他のサービスに優先されることから、市町村の窓口に寄せられた相談についても、よく消化されないままケアマネジャーに引き継がれることも多く見られるなど、市町村の相談機能が低下したことは否めない状況であったと思います。

　その一方で、高齢者を取り巻く課題は、認知症の人の増加、虐待や権利侵害の発生、ひとり暮らし高齢者を狙った詐欺事件など、深刻化が加速度的に進行し、経験の浅いケアマネジャーでは支えきれない状況も明らかになってきました。

　このため、平成17年の介護保険制度改正において、介護予防、総合相談、権利擁護など、高齢者の生活を包括的に支援していくための機関である地域包括支援センターが新たに設けられ、市町村が責任主体となって運営に取り組むよう位置づけられました。

　地域包括支援センターでは、高齢者を取り巻く深刻な課題に対して包括的かつ効果的に対応していくため、従来のように行政の事務担当職員が窓口で相談を受けてから実働部隊である専門職につなぐのではなく、保健師、主任介護支援専門員、社会福祉士が連携・協働の体制をつくり、「チーム」として相談の受付から必要な対応までワンストップで支えていく仕組みとしています。

　特に、高齢者やその家庭に認知症や精神疾患、虐待などの課題が重層的に存在している場合や高齢者自身が支援を拒否している場合等のいわゆる「支援困難事例」に対しては、豊富な現場経験や法的な知識、公権力介入の判断などが必要となるため、地域包括支援センターに配置されている専門職が各々の専門的知識を活かしながら相互に連携して、地域

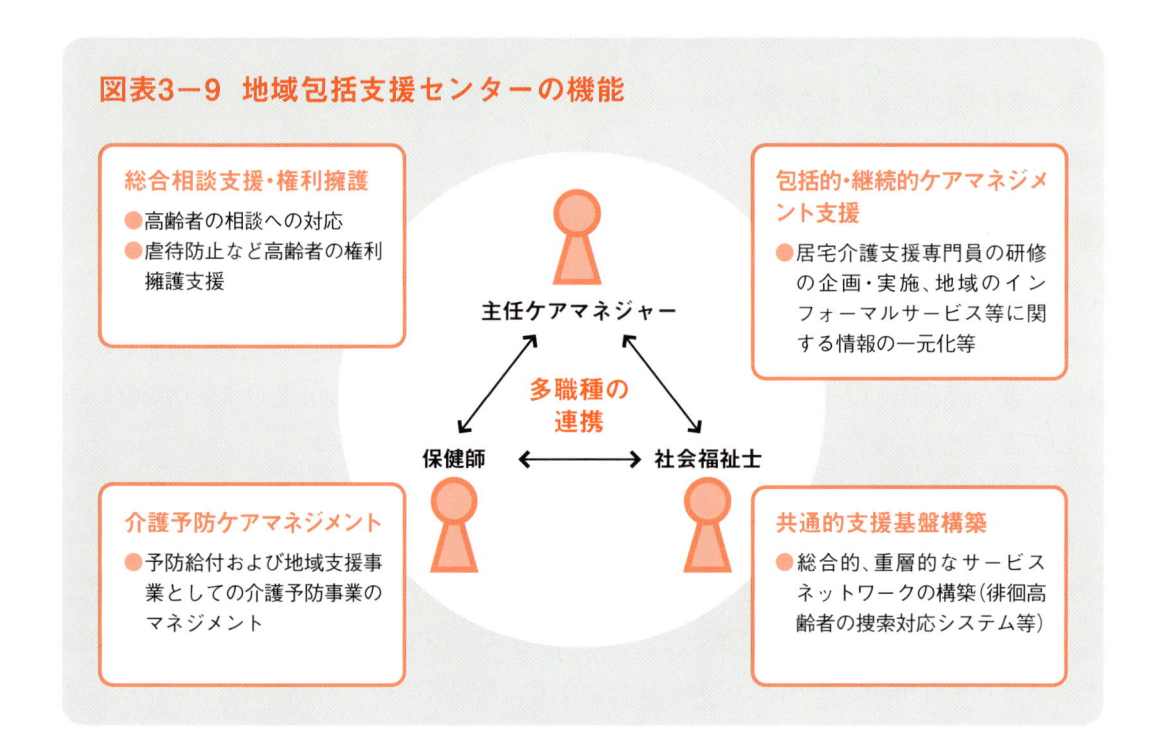

図表3-9　地域包括支援センターの機能

総合相談支援・権利擁護
- 高齢者の相談への対応
- 虐待防止など高齢者の権利擁護支援

包括的・継続的ケアマネジメント支援
- 居宅介護支援専門員の研修の企画・実施、地域のインフォーマルサービス等に関する情報の一元化等

介護予防ケアマネジメント
- 予防給付および地域支援事業としての介護予防事業のマネジメント

共通的支援基盤構築
- 総合的、重層的なサービスネットワークの構築（徘徊高齢者の捜索対応システム等）

多職種の連携：主任ケアマネジャー ― 保健師 ― 社会福祉士

包括支援センター全体で対応を検討して必要な支援を行うよう位置づけられています。

また、これらの3職種が連携して、地域における各種サービス、保健・医療・福祉の専門職、専門機関相互の連携、ボランティア等の住民活動など、インフォーマルな活動を含めた地域におけるさまざまな社会資源の有効活用を効果的かつ効率的にはかっていくためのネットワークづくりを推進することとしています。

(2) 総合相談支援に関する連携

地域包括支援センターが行う総合相談は、地域に住む高齢者に関するさまざまな相談をすべて受けとめ、適切な機関・制度・サービスにつなぎ、継続的にフォローすることが目的であり、必要に応じて介護予防事業や権利擁護支援などの地域包括支援センターの業務として対応を行うケースもあります。基本は、多様な相談内容を的確に把握・分類し、適切な対応を検討するインテークおよびアセスメント機能と初期対応です。

アセスメントの結果、支援の必要性が明らかになった場合は、原則、地域包括支援センターが直接対応するのではなく、その支援の専門的な実務者が「支援チーム」として協働して対応をはかることとなります。

この「支援チーム」には、医療や介護サービスを担う「介護・医療対応チーム」、地域の見守りなどのインフォーマルサービスを担う「地域インフォーマルチーム」、障害者支援サービスを担う「障害対応チーム」、認知症高齢者の権利擁護を担う「権利擁護チーム」

などがありますが、いずれの場合も複数の機関や事業所の職員等が一つのチームとして対応していくことが基本となります。

　しかしながら、お互いに存在も知らない人がチームとして急に集められても、うまく機能するとは限りません。このため、地域包括支援センターの職員には、日頃から地域に出向いて介護や支援が必要な高齢者や家族を中心に、行政機関、医療機関、介護サービス事業者、近隣住民等によるインフォーマルサービス関係者からなる「地域包括支援ネットワーク」を構築しておくことが求められるのです。

　なお、総合相談の各過程は並行かつ循環的に行われますので、地域包括支援センターは常に支援における最も適切と考えられる位置に立って、課題を抱えている人の状況などの変化に応じて対応していく必要があります。地域包括支援センターは「支援チーム」の真ん中に位置して、包括的に支援チームの連携を支えていくことが求められています。

　ケアマネジャーとしては、困難事例への対応の相談機関として、また他チームとの仲介役として十分な機能を発揮してもらえるよう、ふだんから地域包括支援センターと「顔の

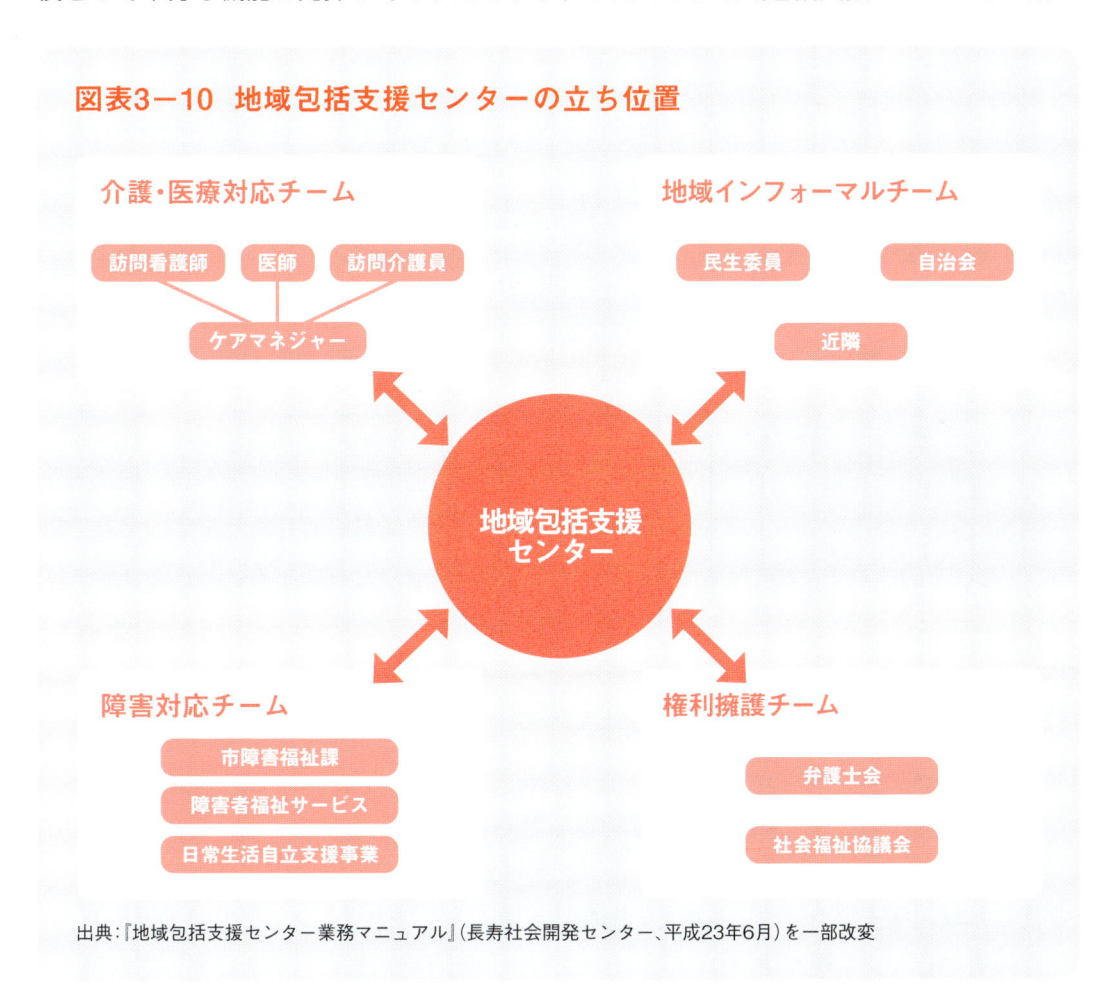

図表3-10　地域包括支援センターの立ち位置

介護・医療対応チーム
- 訪問看護師
- 医師
- 訪問介護員
- ケアマネジャー

地域インフォーマルチーム
- 民生委員
- 自治会
- 近隣

地域包括支援センター

障害対応チーム
- 市障害福祉課
- 障害者福祉サービス
- 日常生活自立支援事業

権利擁護チーム
- 弁護士会
- 社会福祉協議会

出典：『地域包括支援センター業務マニュアル』（長寿社会開発センター、平成23年6月）を一部改変

見える関係」を築いておくことが大切です。

(3) 地域包括支援センターとの連携のポイント

　地域包括支援センターの大きな役割の一つに、地域の総合相談支援機能があります。この機能を発揮するためには、地域の福祉等のニーズを把握しておく必要があります。ケアマネジャーが「地域ぐるみでの支援が必要」と判断した事例については、地域包括支援センターに情報提供を行い、地域を巻き込む形で協働して取り組むことが大切です。

　たとえば、認知症による徘徊などの行動障害等がある利用者が、これまでは自分でどうにか自宅へ帰って来ることができたのが、最近では道に迷い自宅へ帰ることが難しくなり、たびたび警察に保護されるような状況が発生しているケース。あるいは、若年性認知症の方が近所のスーパーで買い物をする際に、いつも財布を忘れてしまう、清算をしないままレジを通過してしまうなどの事象が起こり、スーパーから万引きの誤解を受けて警察に通報されるケース。これら二つの事例は、居宅において介護サービスを提供するだけでは解決できない問題です。利用者は地域のなかで生活しており、自由に外出することは当然であり、安易に行動制限を行うことはできません。しかし、行動障害等が発生している場合に、どのように利用者の安全を確保していくかということは大変重要な課題であり、そのためには地域の理解と協力が不可欠です。

　このような場合、地域の民生委員、福祉協力員、老人会の方、近隣のスーパーの方、管轄の警察などに実情を説明して、理解と協力を得ることが重要となります。そういったときに地域包括支援センターには地域との「橋渡し役」になってもらえます。つまり、居宅のケアマネジャーにとって地域包括支援センターは、認知症等を有する利用者の支援体制を構築する際の後方支援機能を有しているのです。

　なお、地域包括支援センターに相談に行く際には、事前のアポイントをとる、相談したい事例について簡潔にまとめておくなど、基本的ルールを守る必要があります。お互いに多忙ななかでの連携ですので、ビジネスマナーを守ってやりとりをすることが大切です。

> **困難事例等を地域包括支援センターに相談する場合の留意点**
> ① 事業所内において管理者等からスーパービジョンを受けるなど、事前に事例検討を行う。
> ② 事業所内における検討結果を簡単に文書にまとめて相談時に持参する。
> ③ 相談のアポイントをとる。
> ④ 地域包括支援センターも職員の離職率が高く、ケアマネジャーとしての経験が十分ではない主任ケアマネジャー等もいるため、「相談を持ち込めばすべて解決

してくれる」といった過大な期待をしない。
⑤ 「地域包括支援センターと地域の課題について共通理解を得る」という目的を忘れない。
⑥ 相談の結果や進捗状況について報告し、情報のフィードバックを大切にする。

(4) 権利擁護に関する連携

① 権利擁護の意義

認知症や知的障害、精神障害などの理由で判断能力が不十分である人は、不動産や預貯金などの財産の管理や介護サービスの利用のための契約などを自分で行うことが難しい場合があります。また、本人のための支援を一緒に考えてくれる家族がいない場合などは、自分に不利益な契約であっても判断ができずに、詐欺や悪徳商法などの被害に遭うおそれも高くなります。

このため、地域包括支援センターは必要に応じて積極的に介入し、人権・権利をまもる支援を行うことが求められています。

② 権利擁護事業の活用について

利用者が認知症や精神疾患・難病などを発症し、自分で金銭管理を行うことが困難になった場合、ケアマネジャーは権利擁護事業の利用を検討します。

特に、認知症を発症している高齢者の場合、通帳の紛失を繰り返すことなどによって公共料金等の支払いの管理ができなくなることや、布団や健康食品など高価な訪問販売や悪質リフォーム業者との契約などによって金銭トラブルに巻き込まれるケースも少なくありません。

金銭管理ができなくなると、つい身近な近隣の人や優しく声をかけてくれる地域の人に通帳やキャッシュカードを渡して、預貯金の引き出しを依頼することがよく見られますが、このようなことが発端となり、多額の金銭を詐取されるような事態が起こらないとも限りません。また、同居をしている親族が本人の通帳を持ち出して勝手にお金を引き出すことや消費者金融に無断で借金をするようなケースも見られます。

なかには、ケアマネジャーがかかわったときにはすでに通帳管理などを地域の知人・友人・親族に委ねていて、金銭管理が不透明になっているケースもあります。必要な生活費がきちんと渡されていない、必要なサービスの利用を認めてもらえない、サービス利用の支払いが滞る、金銭トラブルがすでに生じているといったケースもよく見られます。

判断能力が著しく低下している利用者の支援をケアマネジャーのみで行うには限界があ

ります。利用者から預金の引き出しを依頼されたときに引き受けてしまったり、利用者が入院した際に身元引受人や保証人の欄にサインを依頼され、安易に引き受けてしまうケースなどが見受けられますが、このような行為はケアマネジャーの支援としては逸脱したものであり、後に大きな誤解や課題を生む可能性があります。

　ケアマネジャーは、利用者の判断能力が低下したと判断した場合には、できるだけ早期に地域包括支援センター等に相談して、権利擁護事業につなぐことが必要です。

　なお、権利擁護事業は認知症だけでなく、難病等によりご自分で銀行に行けない場合や精神障害等により計画的な金銭管理ができない場合にも利用することが可能です。

　自分のお金を他人が管理することに対して抵抗を示される利用者も少なくありません。地域包括支援センターへの相談等を経て権利擁護の必要性が明らかとなった場合には、ケアマネジャーは利用者に丁寧に根気よく説明を行って利用者の理解を得ることが大切です。

　実際の権利擁護事業の導入にあたっては、まずは権利擁護センター（各地域で名称は異なります）に電話等で相談をすると、丁寧に対応してもらえると思います。その後、権利擁護センターの担当者が本人宅を訪問して事業の説明をしていただけると思いますが、ケアマネジャーはその際に立ち会うことが必要です。権利擁護事業の仕組みの説明を利用者が理解できていないと思われる場合は、支援をする必要があります。

　また、その場では理解しても、説明を受けたことを忘れてしまうこともよく見られます。利用者によっては通帳に固執して、事業利用後に「紛失した」と大騒ぎしてしまうケースもあるため、通帳等の預かり書をすぐに確認できるようわかりやすい場所に保管しておくことが大切です。

　権利擁護事業を導入する際には、必ずサービス担当者会議等を開催して、本人の支援にかかわっている訪問介護サービス・通所サービスなどのサービス事業者にも権利擁護事業の導入の目的やその内容を理解してもらうことが必要です。

　なお、金銭管理をすでに親族や地域の知人等に委ねている場合、権利擁護事業の導入を承諾しないよう本人に強く働きかけを行うことも見られます。このような場合には、今まで行っていただいた金銭管理についてお礼を述べ、これ以上の負担や迷惑をかけることはできない旨を丁寧に説明することが大切です。また、今後の支援については、公的な機関において管理をする必要性を根気強く説明し、理解していただけるよう努めます。その際は、地域包括支援センターや行政の担当者に関与してもらうことも効果的です。

【事例】

　独居の高齢者であるＡさんは、妻もすでに亡くなり、子どももいませんでした。唯一、県外にいる姪が支援者でした。しかし、姪も年に数度訪問する程度であったため、本人の認知症の進行具合がわからずにいました。

　Ａさんはある日、外食に行ったレストランで60歳近い女性と知り合いになりました。その日以来、Ａさんはレストランでその女性と食事をすることが生活の楽しみとなりました。毎日のようにタクシーを飛ばしては２人で外食をし、買い物に出かけたりして暮らしていたようです。

　ある日、近隣の人から姪に連絡が入りました。「このところＡさんの姿を見かけない。家に行っても鍵がかかっておらず、本人も居ないことが数度続いた」とのことでした。

　姪がＡさんの家を訪ねると、Ａさんは留守でした。預かっていた合い鍵で家の中に入ると、家中が散らかり放題で、衣類を着替えた様子もなく、入浴をした気配もないことに驚きました。

　Ａさんの帰りを待っていると、その女性の運転する車で帰ってきました。Ａさんは姪の訪問に驚いていたようです。姪はこれまでの伯父と異なる様子におかしいと思いながらＡさんの話を聞くと、女性の名前も連絡先もわからず、毎日迎えに来ては食事に行ったり買い物に行ったりしているとのことでした。費用は伯父が出しているとのことであり、「あの人は母親を介護している可哀想な人だ」と、女性をかばうような発言もあったようです。

　姪が最も驚いたのは、預金通帳を見ると一千万円近い貯金がなくなっていて、ほぼ毎日のように数十万円ずつキャッシュカードで引き出されていたことでした。

　姪は弁護士等に相談に行き、警察へ被害届を出したりしましたが、Ａさんがキャッシュカードを保管しており、防犯カメラの映像からはＡさんの側に女性が立って指示をしているように見えるものの、預金の引き出し自体は本人が行っている以上、横領等の犯罪にはならないということで、被害届も無効になりました。

　その後、担当ケアマネジャー等の支援で後見人の申請を行うに至りました。

　このように、認知症などにより判断力が低下した場合には、さまざまな権利侵害に遭遇する可能性があるため、ケアマネジャーは権利擁護に関する知識を高め、利用者が権利侵害に遭うことなく安心して在宅生活を送れるよう支援していくことが重要です。

③ 成年後見制度

成年後見制度は、判断能力が不十分な人の「自己決定の尊重」と「本人保護」の二つの理念を調和させながら支援する制度であり、判断能力に応じて「任意後見制度」と「法定後見制度」の二種類が利用できることとなっています。

「任意後見制度」は、任意後見契約に関する法律（平成11年法律第150号）の規定に基づく成年後見制度であり、将来的に判断能力が衰えた場合に備え、あらかじめ本人の希望に沿って「介護保険サービスの利用」「財産の相続」「不動産の売買」などの手続きや契約など「支援を受けたい内容や方法」と「支援をしてもらう人」を決めておく制度です。

判断能力が十分なうちに、公証役場において「支援を受けたい内容や方法」と「支援をしてもらう人」を公正証書により契約し、判断能力が衰えたときには、家庭裁判所が選任する任意後見監督人の監督の下に任意後見受任者が指定された支援を行います。

「法定後見制度」は、家庭裁判所によって選ばれた成年後見人等（成年後見人、保佐人、補助人）が、本人の利益を考えながら本人を代理して契約などの法律行為を行うとともに、本人が成年後見人等に同意を得ないで行った不利益な法律行為を後から取り消すことなどによって、本人を保護・支援する制度です。

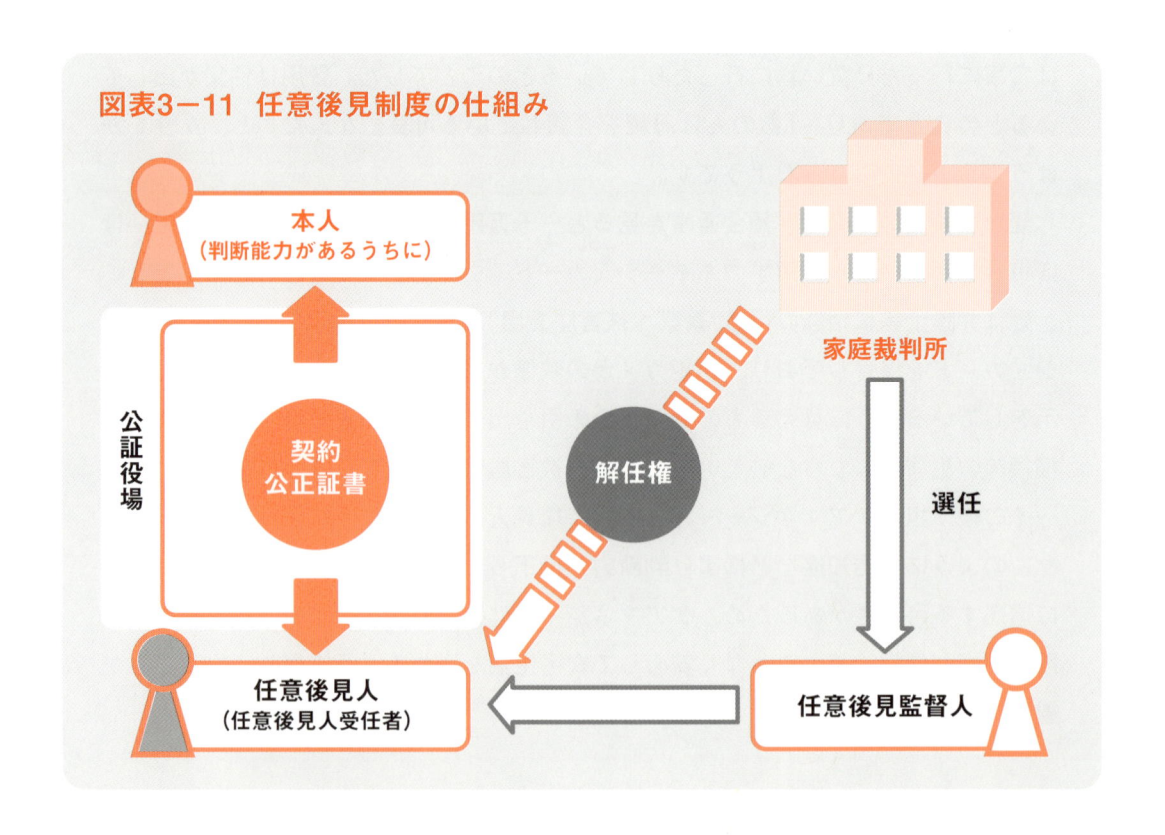

図表3－11　任意後見制度の仕組み

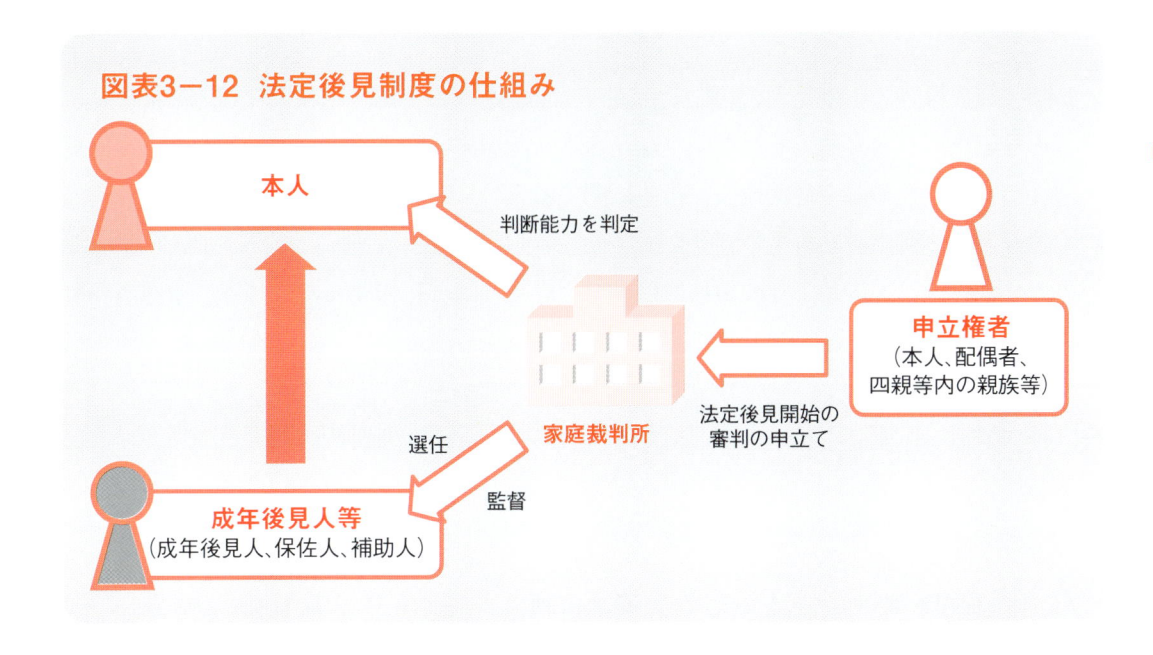

図表3-12 法定後見制度の仕組み

- 本人 ← 判断能力を判定 ← 家庭裁判所
- 申立権者（本人、配偶者、四親等内の親族等）→ 法定後見開始の審判の申立て → 家庭裁判所
- 家庭裁判所 → 選任 → 成年後見人等（成年後見人、保佐人、補助人）
- 家庭裁判所 → 監督 → 成年後見人等
- 成年後見人等 → 本人

「法定後見制度」は、本人の判断力の程度や保護の必要性等によって「後見」「保佐」「補助」の三種類の利用方法があります。

図表3-13 法定後見制度

	後見	保佐	補助
対象となる人	判断能力がほとんどない人	判断能力が著しく不十分な人	判断能力が不十分な人
鑑定等要否	原則として鑑定が必要	原則として鑑定が必要	診断書など（原則鑑定不要）
取り消し可能な法律行為	利用者本人の法律行為全般	不動産やその他重要な財産に関する権利の取得・喪失を目的とする行為	申し立ての範囲内で家庭裁判所が定める「特定の法律行為」

④ 成年後見人等の役割

　成年後見人等（成年後見人、保佐人、補助人）は、本人の生活・医療・介護・福祉など、本人の身のまわりの事柄にも目を配りながら本人を保護・支援します。しかし、成年後見人等の職務は本人の財産管理や法律行為に関するものに限られており、食事の世話や実際の介護などは一般に含まれていません。

　なお、成年後見人等は、その事務について家庭裁判所に報告するなどして、家庭裁判所の監督を受けることとなっています。

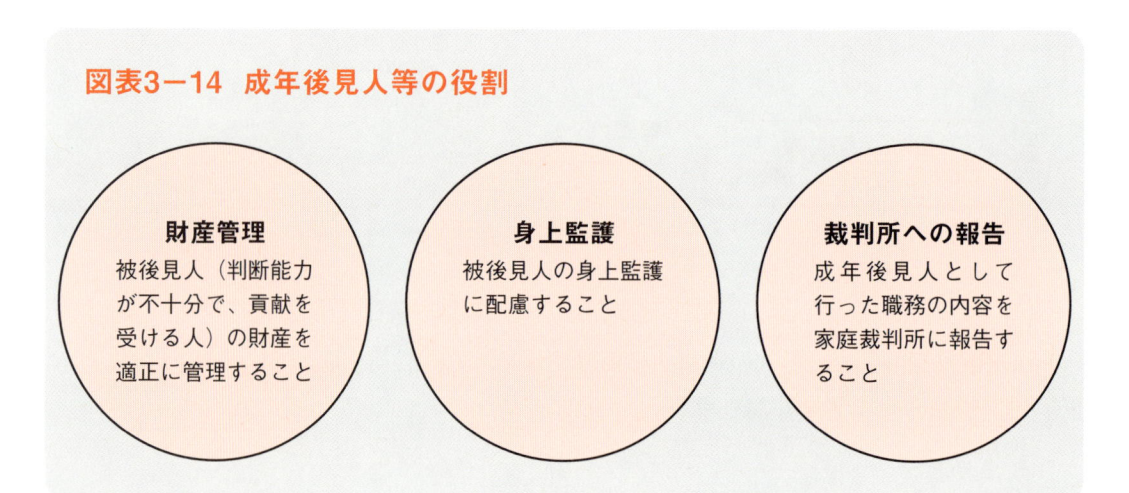

図表3-14　成年後見人等の役割

財産管理	身上監護	裁判所への報告
被後見人（判断能力が不十分で、貢献を受ける人）の財産を適正に管理すること	被後見人の身上監護に配慮すること	成年後見人として行った職務の内容を家庭裁判所に報告すること

（ア）財産管理について

　成年後見人は就任時の職務として、財産の調査および目録の調整をして、生活、療養看護および財産の管理のために毎年費やすべき金額を予定しなければならないこととなっています。この予算を立てることは、後見の方針を立てることにもなります。後見開始後は、金融機関への成年後見等開始の届出をし、その他関係官署への後見の通知を行います。

・金融機関とのすべての取引
・居住用不動産の維持・管理
・日常生活での金銭管理
・本人に必要な衣類や生活用品の購入
・その他の財産の維持・管理・処分

（イ）身上監護について

　身上監護とは、「被後見人の生活や健康、療養などのお世話を行うこと」です。

　後見人の職務は、被後見人の生活全般にわたる法律行為を行うことであり、介護労働等の事実行為を含むものではありません。次の事項に対して、契約を結んだり、契約の内容が確実に実行されているかどうかを監視したり、場合によっては契約相手に改善を求めた

りするものです。

また、契約内容に基づいて、費用を支払うことや生活保護の申請、介護保険における要介護認定に対する異議申し立てなどの公法上の行為も含まれます。

> **身上監護の具体的な内容**
> ① 医療に関する事項
> ② 住居の確保に関する事項
> ③ 施設の入退所および処遇の監視・異議申し立て等に関する事項
> ④ 介護・生活維持に関する事項
> ⑤ 教育・リハビリに関する事項

⑤ 成年後見制度の活用事例

成年後見制度の活用においても、地域包括支援センターとの連携は有効です。

> **【事例】**
> A子さんはアルツハイマー型認知症が進行し、「泥棒が入った」とか「隣の人が意地悪をする」などの被害的な発言が増えてきました。このようなことがたびたび起こるようになり、近隣の方も大変困って民生委員に相談したところ、民生委員から地域包括支援センターを通してケアマネジャーの支援につながりました。
>
> 冷蔵庫や食品庫に期限切れの食品が大量にあふれていたので、ケアマネジャーは、まず室内の清掃の支援を行うために訪問介護事業を導入しました。
>
> A子さんは結婚歴もきょうだいもなく、すでにご両親も亡くなられており、いわゆる親族といえる支援者は一人もいない状況でした。
>
> 支援が開始され、訪問を重ねるなかで、ケアマネジャーは金銭管理について課題を感じるようになりました。A子さんは銀行の手続きなどが困難になり、常に自宅に多額の現金を置いていたのです。現金が無造作に押し入れに入れてありましたので、訪問介護事業所のヘルパーも困惑していました。
>
> ケアマネジャーは、金銭管理や在宅生活継続の可能性なども含め、住み替え等の検討を行うべき時期はそう遠くないと判断しました。そこで、成年後見制度の利用が有効であると考え、まずは地域包括支援センターへ相談をしました。
>
> 成年後見制度の利用にあたっては、配偶者や四親等内の親族による申し立てが基本ですが、親族がない場合は市町村長の申し立ても可能となっています（老人福祉

法第32条等)。地域包括支援センターが仲介役となって地域の権利擁護チームが検討を行った結果、A子さんは市長申し立てをすることになり、成年後見制度の活用に結びつきました。

⑥ 日常生活自立支援事業

　日常生活自立支援事業は、認知症や精神等の障害により判断能力が不十分な人に対して、市町村の社会福祉協議会などの生活支援員が日常的な金銭管理や福祉サービスの利用などに関する支援を行う制度です。

　利用料金が比較的安価に設定されていることに加え、手続きも比較的容易であることから、悪徳商法などの被害に遭う危険度の高い高齢者等への緊急的な対応などに対しても有効な手段であるといえます。

　下記のようなサービスによる支援が必要と思われる利用者がいたら、社会福祉協議会に相談してみるとよいでしょう。

日常生活自立支援事業の主なメニュー

① 金銭管理サービス

　日常的な金銭管理が困難な方に金銭の管理の支援を行う。
- 日常生活に必要な預貯金の出し入れと本人への現金の受け渡し
- 公共料金、家賃等の支払い
- 医療費、物品購入等の臨時的経費の支払い

② 生活支援サービス

　地域で自立し、安定した生活ができるよう支援を行う。
- 福祉サービスの利用手続きに関すること(福祉サービスの利用説明、手続き援助等)
- 福祉サービス等の利用状況の確認
- 福祉サービスに関する情報提供、助言
- 定期訪問による見守り、安否確認
- 権利侵害等の問題への対応

③ 財産保全サービス

　通帳や証書等を預かり、金融機関の貸金庫を利用して保管するなどの支援を行う。

- 預貯金の通帳（普通預金を除く）
- 有価証券（株券、債券等）
- 証書（不動産権利書、遺言等）
- 実印、銀行印

④ その他のサービス
- 弁護士の紹介
- 遺言に関する紹介
- 権利擁護関係機関との連絡調整

⑦ 支援拒否事例への対応

　認知症等で判断力が低下した高齢者の場合、本人には自覚症状がないことも多く、他者から見ると支援が必要と判断される場合であっても、かたくなに支援の受入れを拒否することが見られます。また、家族等から虐待や権利侵害を受けている高齢者では、生活意欲の喪失などによって自ら助けを求めないこともあります。

　ケアマネジャーが専門的な立場から支援が必要であろうと予見した場合、地域包括支援センターと連携をとり、的確なアセスメントを行うことが大切です。その際、たとえ高齢者自身やその家族が支援を拒否したとしても、安易に自己決定ととらえず、その意思に影響を与え得るあらゆる要因を考慮した上で、対応を検討することが必要です。

　地域包括支援センターの権利擁護業務は、市町村の公的責任を背景に、積極的に支援・介入し、高齢者本人の自己責任にまかすのみではまもることができない人権や権利を擁護していくという側面をもっているのです。

権利擁護業務の留意点

① 迅速対応

　権利侵害の場合には生命にかかわる問題もあるため、緊急性が高いと考えられる場合には特に迅速な対応が不可欠になります。

② 訪問による状況確認

　権利侵害が疑われる場合には、他者からの情報による判断だけではなく、自分で状況を確認してチームで判断する必要があります。

③ 包括的支援

　生活全体を視野に入れ、単体のサービスや制度の適用のみでなく、それらの間をつなぐ、あるいは必要な社会資源を開発するなどの、幅広い観点からの支援を

行います。
　④　チームでの支援
　　　高齢者の権利をまもるという目的を達成するために最も有効だと考えられるメンバーのチームで支援を展開します。そのためにも、地域包括支援ネットワークの活用が不可欠になります。
　⑤　主体性の尊重
　　　高齢者本人が自分の権利を獲得または回復することができるように、本人の自己決定を尊重し、本人の能力を最大限に活用できるような支援が必要になります。
　⑥　説明責任
　　　権利擁護業務では、本人が支援に拒否的な場合の介入的支援を行う場合があります。さらに市町村の権限行使の場面があり得ます。このような場合には、特に法的根拠を明確に意識し、専門職としての説明責任を果たすことが不可欠になります。

出典：『地域包括支援センター業務マニュアル』（長寿社会開発センター、平成23年6月）

（5）高齢者の虐待防止に関する連携

①　養護者による虐待対応の発見にあたって

　日本の高齢者虐待は、欧米に比べ同居世帯で多く発生しています。虐待をしている者は、同居家族（嫁や息子等）が多く、「嫁・姑」等の家族間の葛藤や、家族介護のあり方と深く関連しているという特徴があります。

　養護者から虐待されている高齢者は、虐待者の介護に依存している割合が高く、自ら虐待の事実を告発しにくい状況があります。このため、虐待を受けていても、高齢者は後の仕返しを恐れて我慢をしてしまうことや社会的体面や自尊心から沈黙するケースも見られます。また、虐待を受けている高齢者自身が「波風を立てたくない」と他人に話すことに消極的であることや、どこに相談したらよいかわからずにあきらめているケースもあります。

　一方、虐待をしている側の約半数は虐待をしている自覚がないといわれていますが、虐待者のなかには、自分のしていることは悪いこと、いけないことと感じ、孤立感を深めているケースも少なくありません。その結果、他者の支援を求めず、むしろ支援を拒否することによって虐待の事実を隠すようになる傾向も見られます。

　このように、養護者による高齢者の虐待は極めて隠蔽度が高いため、発見には関係者の注意深さ、経験、知識および訓練が不可欠となります。

養護者による高齢者の虐待は、一般的に家族内のもめごとと片づけてしまい、それを虐待と認識して課題解決に向けて行動を起こすまでには至っていないことが多いのが現実です。したがって、虐待を発見するにあたっては、高齢者にかかわる保健・医療・福祉関係者をはじめとするすべての人々が、虐待を「解決すべき問題」と明確に意識して対策をはかっていくことが極めて重要です。また、地域の民生委員、警察、法律関係者等と虐待の事実と高齢者の尊厳確保の重要性についての認識を共有していくために、啓発活動に力を入れていく必要があります。

　ケアマネジャーが現場で虐待を発見した場合には、まずその事業所で現状を確認します。虐待への介入が遅れないよう、できるだけ速やかに対応することが大切です。判断に迷う場合などは、ケアマネジャーの個人レベルで「保留」「経過観察」「慎重な対応」といった判断をせず、必ず上司や同僚、地域包括支援センター等の関係機関と相談することが必要です。虐待は、家族の歴史や疾病などさまざまな問題が複雑に絡みあう根の深いものであるため、自分一人で抱え込まずに必ずチームで対応することが必要です。

　また、各事業所においては、虐待を発見した場合、どのような流れで確認するかの作業手順をフローチャート化しておくことや、地域包括支援センター等へ誰が連絡するかなどの役割を明確にして事業所内で共有しておくことも大切です。

② 虐待の確認について

　ケアマネジャーが養護者による高齢者虐待の疑いがあるケースを発見した場合、必ず事実確認を行う必要があります（法律では、高齢者の福祉に職務上関係のある介護保険サービス事業者や、医師、保健師、弁護士等については、高齢者虐待を発見しやすい立場にあることを自覚して、虐待の早期発見に努めなければならないとされています）。

　虐待を発見した場合は、地域包括支援センターに通報することとなっています。しかし、まったく面識のない地域包括支援センターの職員がいきなり自宅を訪問しても、本人や家族から真実を聞くのは困難です。このような場合、情報提供者と地域包括支援センターの職員が同行し、担当地域内の高齢者の状況把握をするための一般的な訪問であるというような形で、本人や家族の不安や不信感をかき立てない対応が求められます。

　また同時に、被虐待者にかかわるその他の関係者（特に、かかりつけ医やホームヘルパー、通所サービス担当者等）からも意見を求め、多面的な視点に立って虐待であるかどうかについて判断することが大切です。地域包括支援センター職員は、本人や家族、通報者や被虐待者にかかわるその他の関係者から聞き取った情報を整理し、緊急性と具体的な課題を把握します。

　虐待の事実確認にあたっては、被虐待者本人がどのように思っているのか、どうしたい

のかという意思確認が不可欠です。また、家族と一緒だと本人が意思表示しにくい場合もあるため、本人と家族とで別々に話を聞くことも考慮する必要があります。本人が認知症等で意思確認が困難な場合であっても、家族と一緒のときの顔つきや表情などで本人の気持ちの確認に努めることが大切です。同時に、介護している家族の様子にも着目し、判断材料とします。

③ 虐待への対応
(ア) 緊急を要しない場合

　緊急は要しないが、何らかの介入またはサービスの導入等が必要と思われる事例については、カンファレンスを開き、対応について協議します。基本的には、地域包括支援センターの社会福祉士と被虐待者の担当ケアマネジャーが中心となってサービス担当者会議を開催し、必要に応じて地域包括支援センターの他職種、かかりつけ医、ホームヘルパー、ケースワーカー等の参加も要請します。

　サービス担当者会議では、今後の対応方針、必要なサービスの検討、見守り体制等について協議し、それぞれのキーパーソンを決定します。介護保険サービスの導入が必要な場合は、ケアマネジャーが中心となって調整します。介護保険以外の福祉サービスや生活保護の申請が必要な場合は、地域包括支援センターの社会福祉士が中心となり、市町村の福祉事務所等と調整します。

　被虐待者が認知症等により判断能力が不十分な状態となっており、家族や同居者等からの金銭の搾取や悪質リフォーム等の詐欺の被害を受けているような場合は、市町村の消費生活センターや市町村社会福祉協議会の権利擁護センター等につなぎ、本人の権利および財産を保護するためのサービスの利用について検討します。

　また、虐待者が家族で、特に虐待の背景に介護疲れやストレス、被虐待者の認知症に伴うBPSD等がある場合は、認知症を正しく理解するために市町村が行う「認知症予防教室」など、介護する家族の精神的・身体的なストレスや疲れを緩和する事業への参加を勧めます。さらに、必要に応じて、「物忘れ外来」等の専門医療機関へつなぐことも大切です。

　サービス担当者会議の参加者は、各自に課されている守秘義務に基づき、会議で提供された資料や情報等の個人情報を他に漏らさないよう特段の注意が必要です。また、サービス担当者会議で提供した資料は終了後に回収し、保存の必要なもの以外はすべてシュレッダーにかけるなどして廃棄します。

　会議で決定したサービスの導入等の対応後も、会議に参加した関係者のほか、地域の虐待防止ネットワークとの連携により本人および家族に対しての見守り活動を継続し、状況の変化に気をつけます。

（イ）緊急を要する場合

　虐待を受けている高齢者の生命または身体に重大な危険が生じている場合は、医療機関への入院や介護保険施設への入所等により、まずはその高齢者と虐待を行っている家族等を分離する対応をはかる必要があります。

　また、医療機関への入院は不要であっても、認知症等により本人の判断能力が不十分で介護保険施設と入所契約を結ぶことができない場合は、老人福祉法に基づく措置（やむを得ない事由による措置）を行うこととなります。老人福祉法に基づく措置を行う際に、対象者が要介護認定を受けていない場合は、ただちに要介護認定の手続きを行い、要介護状態の判定が出た後に、措置を解除して介護保険施設への入所契約を結ぶこととなります。

　また、本人が認知症等により判断能力が不十分で契約能力に欠ける場合については、介護保険施設への入所契約ができないため、要介護認定の手続きを行うと同時に、成年後見制度の活用について検討を行うことが必要となります。

　家族などの養護者が虐待を行っている場合は、緊急的な措置として分離するための対応をはかることとなりますが、再び在宅生活に戻ることができるよう、虐待の要因を分析し、その要因を解消するための支援のあり方について検討することが必要です。このため、虐

図表3－15　地域包括支援センターを中心とした高齢者虐待防止ネットワーク

地域包括支援センター

個別事例への対応
- 行政の権限による緊急介入・措置
  - 警察との連携による立ち入り調査
  - 老人福祉法に基づく措置
  - 成年後見制度の市町村長の申し立て
- サービスの調整
  - 行政サービス、介護保険サービスの提供
  - ボランティア活動、地域の見守りへのつなぎ

虐待防止に向けた啓発
- 虐待防止に向けた啓発
  - 市民理解の推進
  - 見守り等の地域活動の促進

地域

協働と連携による対応

虐待

ネットワークによる対応

かかりつけ医

介護サービス事業者

民生委員

警察・消防

地域住民

- 福祉・医療のネットワークによる緊急対応
  - 行政、警察、消防、医師等のネットワークによる緊急的な対応
- 介護サービス等による支援
- 地域の見守り
  - 地域住民による見守り

待を受けている人が入院・入所している間に、虐待を行っていた家族等への支援を行うことにより、家族が再びともに自宅で生活ができる環境を整えます。

(6) 包括的・継続的ケアマネジメントに関する連携
① 包括的・継続的ケアマネジメントとは

　高齢者の状態は、たとえば発病や病状の悪化によって一時的に入院治療が必要となったり介護が必要な状態になったりしますが、回復して再び在宅での生活が可能となるなど、時間や環境とともに変化し、その変化は必ずしも直線的なものではありません。

　介護や支援が必要な高齢者が住みなれた地域で暮らし続けるためには、主治医とケアマネジャーの連携や在宅サービスと施設サービスの連携など、さまざまな職種が協働して高齢者の状態の変化等に応じて継続的にフォローアップしていくことが必要です。特に、病

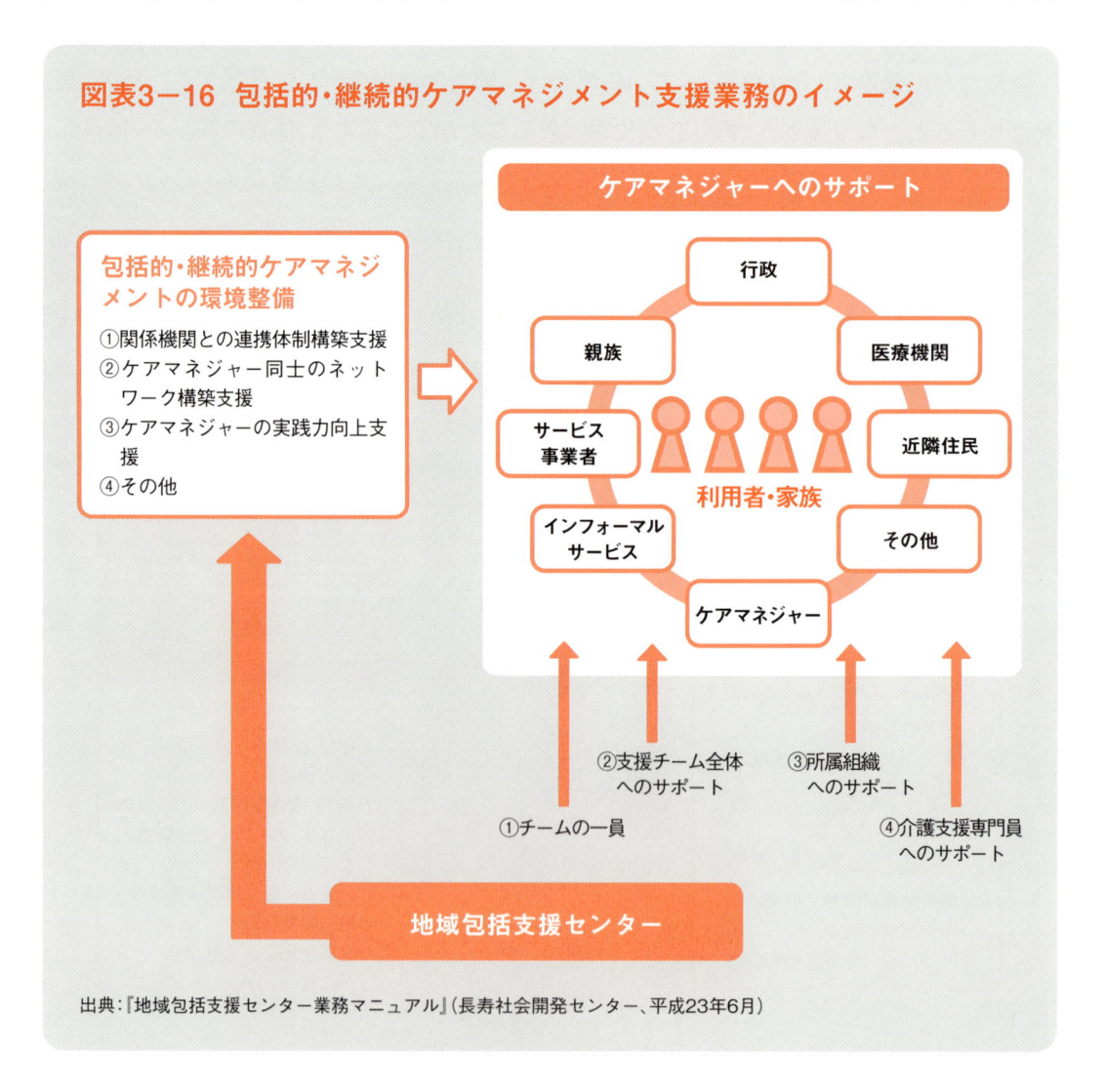

図表3-16　包括的・継続的ケアマネジメント支援業務のイメージ

包括的・継続的ケアマネジメントの環境整備
① 関係機関との連携体制構築支援
② ケアマネジャー同士のネットワーク構築支援
③ ケアマネジャーの実践力向上支援
④ その他

ケアマネジャーへのサポート
- 行政
- 医療機関
- 近隣住民
- その他
- ケアマネジャー
- インフォーマルサービス
- サービス事業者
- 親族
- 利用者・家族

① チームの一員
② 支援チーム全体へのサポート
③ 所属組織へのサポート
④ 介護支援専門員へのサポート

地域包括支援センター

出典:『地域包括支援センター業務マニュアル』(長寿社会開発センター、平成23年6月)

院・施設へ入院・入所、もしくは病院・施設から退院・退所する高齢者や、医療依存度が高い状態、あるいは要介護度が重い高齢者を地域で生活し続けられるように支援するためには、地域のさまざまな専門機関が協働してその機能を適切に発揮できるよう調整を行う必要があります。

しかしながら、高齢者自身がさまざまな支援を自分で探して個別にアプローチすることは容易ではありません。また、特定のサービスに関するケアマネジメントだけを考えているのでは、高齢者への生活支援がそのサービスの領域に限定され、地域で暮らし続けるための支援としては不十分となる場合があります。

したがって、「介護保険の対象となった場合」「医療の対象となった場合」「在宅の場合」「施設に入所した場合」というように、特定のサービスを利用したり特定の状態だけを対象とするのではなく、一人の高齢者が地域で暮らし続けるために生活を総合的に支えていくことが求められます。このことは、時間の経過においても同様であり、とぎれることなく一貫して支援していくための継続的なケアマネジメントの視点が求められています。

② 包括的・継続的ケアマネジメント支援

介護や支援が必要な高齢者に対して必要なサービスを包括的・継続的に提供していくためには、ケアマネジメントの実施に際して、個々のケアマネジャーが個別にさまざまな機関と連携をはかるだけでなく、市町村が行う保健・医療・福祉サービスや地域住民による自主的なボランティア活動、インフォーマルなサービスなど、多職種・多機関がシステムとして連携できる地域包括支援ネットワークを構築・活用することが必要です。

このため、地域包括支援センターは、地域の高齢者のさまざまな課題に対して複数の機関や事業所の職員等が一つの「支援チーム」として効果的に機能することができるよう、基盤となる「地域包括支援ネットワーク」を構築することとなっています。

さらに、地域包括支援センターでは、包括的・継続的ケアマネジメントの強化に向けて、個々のケアマネジャーに対してケアマネジメント能力の向上のための支援を行うこととなっています。

(ア) ケアマネジャー同士のネットワーク構築の支援

包括的・継続的ケアマネジメントを可能にするためには、行政機関、医療機関、介護サービス事業者、近隣住民等によるインフォーマルサービス関係者からなる「地域包括支援ネットワーク」を構築することが大切ですが、地域のケアマネジャー同士のネットワークを構築することも必要です。

高齢者が抱える問題はさまざまであり、ケアマネジャーが直面する課題は、日常生活上の介護に関することだけではなく、医療に関することや経済的な問題、近隣や家族との不

和など多様なものがあります。時には「支援困難事例」といわれるケースを担当することもあります。

多くの居宅介護支援事業所は小規模であるため、ケアマネジャーは自分の力量に不安を感じながらも、スーパーバイズを受ける機会が得られないことがほとんどです。直面している問題をどこにも相談することができずに、一人で抱え込んでしまい、解決できないまま責任感の重圧に押しつぶされてしまったケアマネジャーも少なくありません。

地域のケアマネジャー同士のネットワークがあると、包括的・継続的ケアマネジメントを実践するのに必要な具体的な情報の共有が可能となり、実際に協力して支援にあたることもできます。また、精神的なサポートの効果も期待できます。

ケアマネジャーがやりがいを感じて仕事を続けていくことができる環境をつくることは、質の高い包括的・継続的ケアマネジメントの提供に必要なことだといえます。

ケアマネット21の取り組み

介護保険制度のスタートから1年あまりが経過すると、高齢者支援を取り巻く状況はやや落ち着いてきましたが、その一方で新たな問題も生じてきました。

その一つは、いわゆる燃え尽き症候群といわれる、あまりの多忙さゆえに多くのケアマネジャーが精根尽き果てて離職してしまった問題です。

当時の北九州市の介護保険課長は厚生労働省から来られた方で、現場の声をとてもよく聞いてくださいました。そのなかで、ケアマネジャーが燃え尽きないためにはどのような支援を行っていけばよいのか、広く意見を聞きましょうということで、1000名近い関係者を集めてシンポジウムを開催することとなりました。

そのとき、多くのケアマネジャーから「連絡会などの横のつながりがほしい」との声があがりました。これを契機に、ケアマネジャーによるケアマネジャーのための協議会を設立することとなり、多くの関係者にご協力をいただき「介護支援専門員ネットワーク21(ケアマネット21)」として設立することができました。

この会では、ケアマネジャー相互の資質の向上と情報の共有化をはかるため、定期的に研修会を開催するとともに、介護サービスに関する調査研究などに取り組んでいます。また、よりよい介護保険制度の推進に向けて、行政などの関係機関と連携をとりながら職能団体としての情報発信なども行っています。

会では自主的な研修会を行っていて、終了後には毎回必ずアンケートを実施しています。先日、そのアンケートの自由記載欄に「この会があったからこれまでケアマネジャーの仕事を続けてくることができました」という意見がありました。多忙な業務の合間を縫って、まさに手弁当で事業の企画・運営に携わってきた役員や理

事さんと喜びを分かち合うとともに、「本当にそうだね」と共感しました。
　自分たちの職業に誇りをもつためには、自分たちで考え、学ぶことが大切だと思います。また、たとえ異なる事業所に所属していても、共通の悩みを分かち合える仲間の存在はとても大きなものであり、これからも大切にしていきたいと思っています。

図表3-17　ケアマネジャーにとっての困難な事例とは？

- 家族による利用者への虐待
- 認知症の進行によるひとり暮らしの限界
- 利用者の性格等に起因するもの
- 親族間の対立・不和
- 利用者の経済的な問題等

→ ケアマネジャー

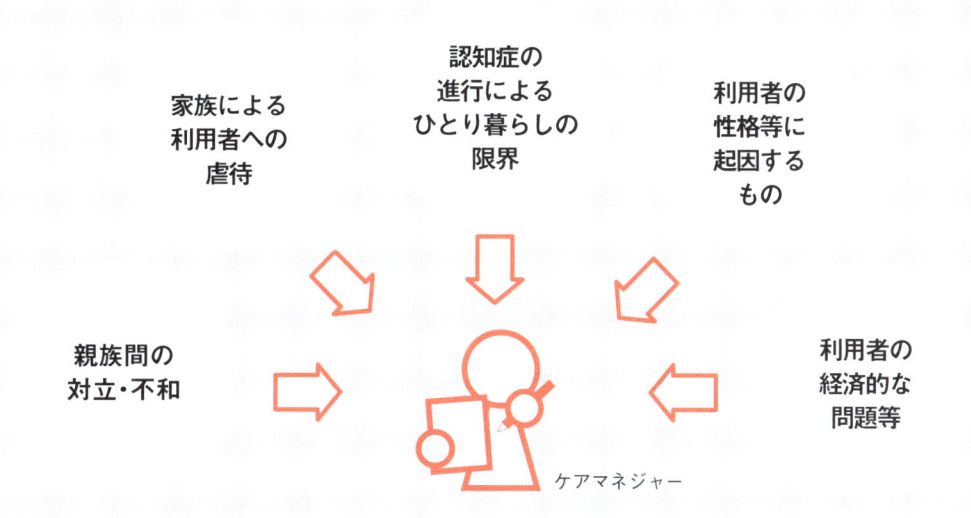

図表3-18　ケアマネジャーが「困難な事例」と感じる理由

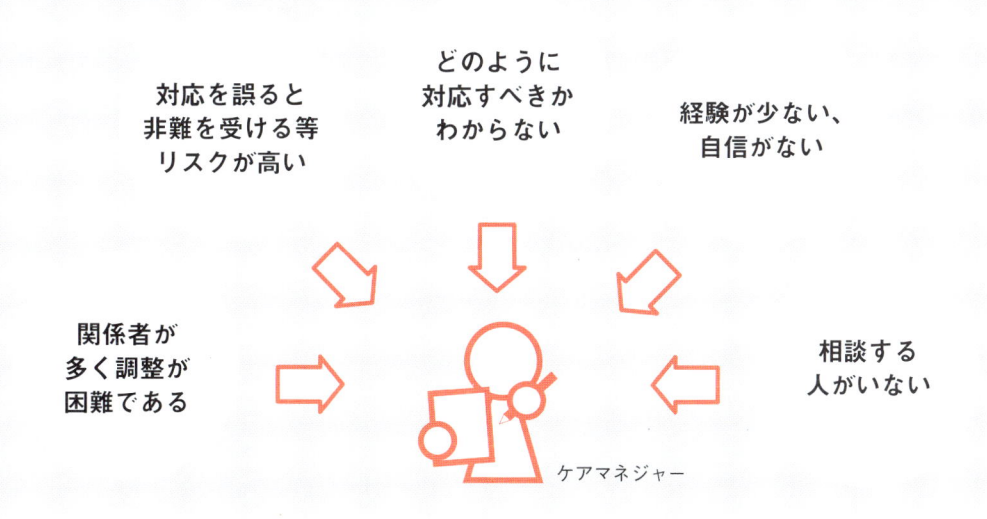

- 対応を誤ると非難を受ける等リスクが高い
- どのように対応すべきかわからない
- 経験が少ない、自信がない
- 関係者が多く調整が困難である
- 相談する人がいない

→ ケアマネジャー

（イ）ケアマネジャーの実践力向上支援

　包括的・継続的ケアマネジメントを実践するには、それを可能にする実践力が必要になります。このような実践力を身につけるには、介護支援専門員実務研修などの研修や自己研鑽などによって、まずはケアマネジャー自身が実践力を高める努力をすることが不可欠ですが、地域包括支援センターが地域包括ケアの提供に向けて地域のケアマネジャーのニーズに応じた研修の開催や情報の提供などを行うことも重要です。

　また、ケアマネジャーが利用者とともに作成したケアプランを評価することにより、ケアマネジャーの実践の振り返りを促し、実践力を高めることもできます。

スーパービジョンについて

　現在、主任介護支援専門員を養成する専門研修のなかで、地域包括支援センターがケアマネジャーを心理的に支える支持的機能を果たす役割を担うよう、研修科目の一つにスーパービジョンが位置づけられています。

　スーパービジョンとは、スーパーバイザー（指導・監督を行う人）とスーパーバイジー（指導・監督を受ける人）との関係における対人援助法で、対人援助職（医療福祉教育現場、特に相談援助職）のワーカー等がその業務の困難さを直視し、自らが考え、その解決のために取り組めるよう支援することにより、専門家としての資質の向上を目指す教育方法です。

　元来はスーパー（越える、超越する）とビジョン（見ること、視野）による合成語であり、スーパービジョンを原意のまま解釈すれば、「視野を越える」「見渡す」といった意味となります。これに一部解釈を加えると、「ある人の視野を越え、より広い視点を与える他者による介入」といえ、「より広い視点を提供する」ことは、ケアマネジャーに対するスーパービジョンにおいても極めて重要なポイントです。

　スーパービジョンは、管理、教育、支持という三つの機能を有しており、それぞれの機能において、ケアマネジャーが専門職として成長していくプロセスに大きな役割を果たしていくことが期待されています。

① 管理的機能

　居宅介護支援事業所や介護保険施設等においては、利用者に対して優れたケアマネジメントを実践していけるよう、事業所の管理者が事業所の組織や個々のケアマネジャー等の業務レベルを把握・管理し、事業所全体としての機能を高めていくことが求められています。このように事業所の管理者や熟練のケアマネジャー等がスーパーバイザーとして、スーパーバイジーである個々のケアマネジャー等を管理する機能をスーパービジョンの管理的機能といいます。

② 教育的機能

　スーパービジョンを行うなかで、スーパーバイザーがスーパーバイジーに不足している部分を確認した場合、専門的知識や技術等について具体的に教育・指導する機能を教育的機能といいます。

③ 支持的機能

　たとえば、事業所内のケアマネジャーが自らのケアマネジメント業務等に関して大きな不安を感じたり自信を失いかけている場合、管理者や熟練のケアマネジャー等がスーパーバイザーとして、「何が困難となっているのか」「何が不安なのか」「何に自信がないのか」など、その心情や気持ちを確認し、明確化していくプロセスのなかでサポートする機能を支持的機能といいます。

(7) 介護予防ケアマネジメントに関する連携

　介護保険給付のうち、「要支援1・要支援2」の比較的軽度な利用者に対する給付は、中重度者に対する介護給付と区分され、予防給付を利用するための介護予防支援業務は、原則として市町村が設置する地域包括支援センターが実施することとなっています。こうした意味において、地域包括支援センターは行政の組織でありながら、介護報酬を得ながら予防給付に係る介護予防支援業務を行う事業所としての役割を担っています。

　地域包括支援センターの職員が行う介護予防ケアマネジメントは、民間のケアマネジャーが行う中重度者に対するケアマネジメントと同様に、主治医をはじめ、指定介護予防サービスを提供する事業者、地域のボランティアなど、利用者を取り巻く関係者が計画の趣旨を理解し、一つのチームとして連携をはかりながら、それぞれの役割を担っていくことが重要です。

　民間の居宅介護支援事業所においても、地域包括支援センターの委託を受け、ケアマネジャー1人あたり8件を限度に介護予防ケアマネジメントを実施していますが、利用者本位のケアマネジメントを行うため、専門職として必要な情報交換を行うなど、互いにスキルアップをはかるための連携と双方向の交流を行っていくことが重要です。

　このため、地域包括支援センターの職員や居宅介護支援事業所のケアマネジャーが主宰者となってサービス担当者会議を開催し、利用者や家族、主治医をはじめ、介護予防サービスを提供する事業者、地域のボランティアなどがそれぞれの立場から意見や助言などを述べ、介護予防ケアプランに必要な修正を加える場を確保することとなっています。

　サービス担当者会議の開催は、関係者が一堂に会して行うことが一番効果的であり効率的ですが、関係者が集まることだけが目的ではなく、利用者がどのように暮らしていきた

いのかについて各関係者がそれぞれの立場で考えることが重要であり、情報を共有化することが最大の目的といえます。したがって、参加を想定している主治医や事業者がサービス担当者会議の当日に出席できない場合は、ケアマネジャーが事前に事業者に出向いたり、事業所に来てもらったりすることで事前に事業所や関係者と検討を行っておくことが重要です。

介護予防訪問介護の事業所からは、サービス担当者会議に参加するのはサービス提供責任者のみであることがよく見られますが、できるだけ担当のホームヘルパーにも一緒に参加してもらえるように働きかけることも大切です。

利用する介護予防サービスについては、対象者が生活不活発病であることも多いため、予防の観点から通所系介護予防サービス等を積極的に活用することで、閉じこもりからの解放を目指していくことが重要です。介護予防訪問介護については、本人ができることは本人が行うことを基本として考えます。福祉用具の利用にあたっては、利用の妥当性や適合性を精査する必要があります。

なお、利用者の能力、意欲、嗜好を把握するためには、信頼関係が基礎として必要であり、そのためには相当の時間を要します。このため、地域包括支援センター職員やケアマネジャーは、初期の段階では頻繁に利用者と会ったり、介護予防サービス事業者から意見を聞いたり、介護予防サービスの利用場面を見学するなどして、利用者の「強さ（ストレングス）」を把握することが大切です。

2 行政の福祉担当職員（ケースワーカー等）との連携

(1) 生活保護制度について

① 生活保護の目的

日本国憲法第25条第1項は「すべて国民は、健康で文化的な最低限度の生活を営む権利を有する」と規定しており、この国民の「生存権」を保障するための制度の一つとして「生活保護法」が定められています。わが国の生活保護制度は、生活保護法第1条に規定されているように、生活に困窮している国民に対して最低限度の生活を保障することだけでなく、さらに積極的にそれらの人々の自立の助長をはかることを目的としています。

また、生活保護制度は、生活保護法で規定された要件を満たした上で最低限度の生活を保障する制度であり、被保護者に対して一律いくらという形で支給されるものではありません。個々の世帯が最低限度の生活を営むために必要な費用（最低生活費）を、厚生労働大臣が定める基準にしたがって算出し、最低生活費と世帯の収入を比較して、その世帯の収入だけでは最低生活費に満たない場合で、能力や資産、扶養義務者からの援助、他の法律による扶助等によっても必要な費用が不足するときに、その不足分が保護費として支給

されます。

　つまり、生活保護を受けるためには、各自がその能力に応じて最善の努力をすることが先決であり、その努力をしてもなおかつ最低生活を営むことができない場合に、はじめて保護が行われます。なお、その場合、性別や社会的身分などはもとより、生活困窮におちいった原因はいっさい問わず、もっぱら生活に困窮しているかどうかという経済状況だけに着目して保護が行われます。

生活保護法

◆**第1条（この法律の目的）**

　この法律は、日本国憲法第25条に規定する理念に基き、国が生活に困窮するすべての国民に対し、その困窮の程度に応じ、必要な保護を行い、その最低限度の生活を保障するとともに、その自立を助長することを目的とする。

◆**第2条（無差別平等）**

　すべて国民は、この法律の定める要件を満たす限り、この法律による保護を、無差別平等に受けることができる。

◆**第3条（最低生活）**

　この法律により保障される最低限度の生活は、健康で文化的な生活水準を維持することができるものでなければならない。

---

② **生活保護の種類**

　生活保護で支給される扶助には、次の八つの種別があります。

図表3−19　生活保護の種類

	種別	内容
1	生活扶助	生活扶助は、さまざまな扶助のなかで最も基本的なもので、飲食費や被服費、光熱水費、家具什器費などの日常生活の需要を満たすための費用が支給されます。
2	教育扶助	教育扶助は、義務教育の就学に必要な経費で、憲法で義務づけられている小・中学校への就学を保障するものです。 具体的には、就学に伴い必要となる学用品費、教科書に準ずる副読本的な図書の購入費、学校給食費、児童・生徒が学校や教育委員会の実施する校外活動に参加するための費用などが支給されます。

3	住宅扶助	住宅扶助は、借家や借間住まいをしている場合の家賃や、借地の場合の地代のほかに、転居が必要になった場合の敷金、家屋の修繕費用、畳、建具、風呂などの修理費用などが支給されます。
4	医療扶助	医療扶助は、病気やけがで入院または通院による治療を必要とする場合に、生活保護の「指定医療機関」に委託して行われます。 具体的には、病院の診察代や薬代などの費用、治療のための輸血費用、治療用装具の費用などが支給されます。
5	介護扶助	介護扶助は、介護保険法で規定されている要介護状態にある人および要支援状態にある人で、ホームヘルパーや施設入所などの介護サービスを必要とする場合に、生活保護の「指定介護機関」に委託して行われます。 具体的には、居宅や施設での介護費用（居宅の場合はケアプランに基づき行うもの）や、福祉用具の購入費用、自宅に手すりなどをつけるために必要な住宅改修費用などが支給されます。
6	出産扶助	出産扶助は、出産のために必要な費用で、分娩の介助および分娩後の処置などのいわゆる助産のほか、分娩に必要なガーゼなどの衛生材料費用などが支給されます。
7	生業扶助	生業扶助は、次の費用が支給されます。 ① 生計を維持するために小規模な事業を営もうとする場合の経営に必要な費用 ② 仕事に就くために必要な技能を身につけるための費用 ③ 高等学校に就学する場合の授業料や教科書などの購入費用 ④ 仕事に就くために必要な洋服類等
8	葬祭扶助	葬祭扶助は、遺体の検案や運搬、火葬または埋葬、その他葬祭のために必要な費用が支給されます。

(2) ケースワーカーとの連携

① ケースワーカーの役割

　ケースワーカーは、最低生活費に関する算定や各種の扶助の必要性の判断を含め、担当する世帯の生活全般にかかわる業務を担っています。

　また、生活面や就労、健康の保持などについての指導を行うとともに、必要に応じて指定医療機関や指定介護事業所等との連絡調整等も行います。

> **ケースワーカーの介護扶助に関する業務**
> ① 65歳以上の被保護者に対する介護保険料納付に係る指導
> ② 被保険者以外の者に係る要介護認定等の審査判定の市町村への委託業務
> ③ 要保護者に対する指定介護機関の紹介、その他指定介護機関の選択に係る相談への対応
> ④ 介護扶助の要否判定、程度の決定
> ⑤ 介護施設を訪問して行う生活指導
> ⑥ 居宅介護支援計画に基づくサービス提供実績の確認
> ⑦ 介護報酬請求明細書の内容検討
> ⑧ 指定介護機関、市町村等との連絡調整

② ケースワーカーとケアマネジャーの視点の違いと情報の共有について

　ケアマネジャーとケースワーカーは、それぞれに立場が異なるため、利用者に対する支援の目的や視点が異なります。そのため、お互いの立場や視点の違いを十分に理解し、必要な情報を共有し合いながら連携をとることが大切です。

　私の住んでいる北九州市では、被保護世帯の利用者の居宅介護支援サービスの提供にあたっては、必ず担当ケースワーカーに対してアセスメント表、ケアプランの第1～3表および利用票を交付することとされています。

　担当ケースワーカーには、介護サービスの提供にあたって介護扶助の給付適正化をはかる目的があり、介護サービスの位置づけを説明して理解を得ることに労を要することもありますが、ケアマネジャーにとって担当ケースワーカーは対立する対象ではなく、利用者を支える同じチームの一員です。

　被保護世帯の利用者の生活支援については、ケアマネジャーと担当ケースワーカーがそれぞれの立場で支援を行うこととなりますが、お互いに協力が不可欠であり、そのためには担当ケースワーカーに利用者の身体的な状況や介護サービスの必要性などを的確に理解してもらうことが大切です。

　また、利用者が緊急入院した場合や独居で在宅生活が困難となり、施設入所や住み替えなどの検討が必要となった場合、あるいは認知症の症状で近隣からの苦情が表面化した場合など、利用者の支援方法に大きな変更が必要となったときは、担当ケースワーカーにもサービス担当者会議や医療連携のカンファレンスにできるだけ参画してもらうことが重要です。

図表3-20　ケアマネジャーとケースワーカーの視点の違いと情報の共有

ケアマネジャー

高齢者の尊厳ある生活、自立支援、介護予防の観点から、疾病や障害などの健康面の変化や在宅生活の継続に関するさまざまな問題等を中心に見ている。

⇔ 視点の違い

ケースワーカー

最低生活保障、自立助長の観点から、生活状況・収入の確認、必要に応じて指導・指示、必要な「給付」を行うことから、生活の大きな変化や生活上の問題がないかどうかを中心に見ている。

　一方、担当ケースワーカーは、職務上利用者の生活面や就労、健康の保持などについての指導を行う立場にありますので、家庭内でのさまざまな生活の問題、たとえば飲酒やギャンブル、家庭内での暴力など、ケアマネジャーが直接関与しづらい問題が発生した場合には、直接的な指導を行ってもらうといった支援が期待できます。

　しかし、ケアマネジャーと担当ケースワーカーは、常にすべての情報を共有できるとは限りません。担当ケースワーカーは、知っている情報であっても職務上の守秘義務からケアマネジャーに提供できないこともあります。たとえば、利用者は天涯孤独で婚姻歴はなく、子どももいないとケアマネジャーには情報提供をされたのですが、実は婚姻歴があり、子どももいたということを利用者が亡くなった後に知ることがあります。生活保護申請の審査過程において、扶養家族の意向調査時に子どもが「一切かかわりたくない」という意向を示した場合、利用者本人からケアマネジャーに情報提供されない限り、担当ケースワーカーから情報提供することはできないこととなっています。

　ケアマネジャーと担当ケースワーカーは、利用者の支援に関してお互いの役割が重なりあっている面も多く見られますが、それぞれに多くのケースを担当しているため、多忙な状況のなかでケアマネジャーが期待したとおりにいかないこともあると思います。そのような場合、役割の押し付け合いや批判的な態度で臨むのではなく、まずはお互いの役割を学ぶことが相互理解につながります。その上でお互いの立場を理解し、協働して利用者の支援を行っていくことが大切です。

【事例】

　Aさんは生活保護を受給していました。その生活ぶりはつつましく、男性にはめずらしく家計簿をつけたり、自分で料理をしたり室内もきれいに整理整頓されていました。とてもきちんと生活をしているという印象でした。

　Aさんは要介護1であったため、介護サービスの利用は週1回程度の訪問介護のみでした。

　アセスメント時に入手した家族の状況は、戦争できょうだいも亡くなり、これまで結婚しておらず、子どももいないとのことでした。

　ある日、Aさんが緊急入院をしました。

　病院から病状説明をしたいと連絡があり、ケアマネジャーと担当ケースワーカーが同行して説明を受けました。病状は深刻で余命が数か月とのことでした。

　担当ケースワーカーがAさんの病室を訪ね、家族への連絡についてどうすべきか相談をされたそうです。その後、Aさんの了解を得て担当ケースワーカーから、ケアマネジャーに対して家族（息子）の存在が知らされました。

　ケアマネジャーがAさんの病室を訪ね、家族（息子）のことを伺うと、Aさんは「会いたい。できれば謝りたい」と話し、「でも、会ってくれるかはわからないが……」と話されました。このような穏やかなAさんに、家族に許してもらえないような過去があったことが想像できませんでした。その後もAさんと話を重ねて、ようやく家族（息子）に会う決心をしていただき、担当ケースワーカーを通して連絡を行いました。

　後日、息子さんが面会に来てくれたと病院から話を聞きました。

　その後、孫を連れて来られたり、何十年ぶりにきょうだいと会えたりして、きっとAさんも胸のつかえがとれて人生の幕を閉じることができたと思います。

　Aさんとの信頼関係はしっかり構築できていると思っていたのですが、本当の心の声は閉じられたままだったのです。

　このケースでは、ケースワーカーとの日頃の連携を通して、ケアマネジャーに閉じられていた情報が明かされ、それがAさんにとって思い残すことのない支援につながったと思います。

　ケアマネジャーと担当ケースワーカーには、それぞれの役割と立場があります。それを理解し、尊重した上で連携をはかっていくことが大切であると思います。

3 障害施策の活用

(1) 介護保険と障害者自立支援法との関係について

　介護サービスの利用者のなかには、障害者自立支援法に基づいたサービスを併用して利用されているケースもあります。

　介護保険法と障害者自立支援法の双方の制度の活用が可能な事例については、原則として介護保険が優先されます。たとえば、障害者自立支援法に基づいたサービスを受けていた人が65歳になった場合（年齢到達要件）は、介護保険の対象となります。

　ただし、手続きの方法や負担額などについては、市町村独自の支援制度などもありますので、行政の障害担当の部署で相談することが大切です。担当ケアマネジャーの理解不足により、利用者や家族に対して不利益が生じないよう配慮することが大切です。

(2) 医療助成制度の例

　障害等級、前年所得による医療費助成や難病治療に関する費用の助成といった制度もありますので、ケアマネジャーは最新の情報を押さえておくことが大切です。

図表3－21　重度障害者医療費の助成

対象者	次のいずれかに該当し、前年の所得が所得制限限度額未満である方 ①　身体障害者手帳1級・2級および内部障害3級の方 ②　療育手帳「A」の方　等
内容	病院などで診療を受けた場合に、保険診療による自己負担分が助成されます。ただし、訪問看護基本利用料および入院時食事代（標準負担額）は助成対象外です。

注：自治体により取り扱いが異なります。

図表3－22　特定疾患治療研究事業による助成

対象者	原因不明、治療方法未確立であり、かつ後遺症を残すおそれが少なくない疾病として調査研究を進めている疾患のうち、診断基準が一応確立し、かつ難治度、重症度が高く患者数が比較的少ないため、公費負担の方法をとらないと原因の究明、治療方法の開発等に困難をきたすおそれのある疾患患者（平成23年8月現在56疾患）

内容	特定の難病の治療の費用（保険診療による自己負担分）の助成 （重症患者を除いて、世帯の所得状況に応じて自己負担があります）
主な対象疾患	多発性硬化症、再生不良性貧血、筋萎縮性側索硬化症、脊髄小脳変性症、悪性関節リウマチ、パーキンソン病関連疾患等

（3）日常生活援護事業の例

　ホームヘルプサービスについては、原則として介護保険と共通するサービスですので、65歳以上（特定疾病による場合は40歳以上65歳未満）の障害者が要介護または要支援の状態となった場合は、要介護等認定を受け、介護保険の保険給付としてサービスを受けることとされています。

図表3-23 難病患者等居宅生活支援事業

対象者	日常生活を営むのに支障があり、介護等の便宜を必要とする難病患者等であり、以下の①②③の要件すべてに該当する者 ①　厚生労働科学研究難治性疾患克服研究事業の対象疾患患者および関節リウマチ患者 ②　在宅で療養が可能な程度に病状が安定していると医師によって判断される者 ③　介護保険法、老人福祉法、障害者自立支援法等の施策の対象とならない者
内容	ⅰ　ホームヘルプサービス 　　食事・排泄等の介護や通院等の介助、調理・買い物などの家事の援助が必要な場合に、ホームヘルパーが家庭を訪問し、支援を行います。 ⅱ　短期入所（病院・診療所などの医療提供施設にて、原則7日以内） ⅲ　日常生活用具の給付 　　便器、特殊マット、特殊寝台、特殊尿器、体位変換器、入浴補助用具、電気式たん吸引器、歩行支援用具、車いす、動脈血中酸素飽和度測定器（パルスオキシメーター）、意思伝達装置、ネブライザー、

	移動用リフト、特殊便器、訓練用ベッド、自動消火器、住宅改造助成（居宅生活動作補助用具）

図表3－24 緊急通報システム

対象者	「重度身体障害者のみからなる世帯の人」または「高齢者および身体障害者（重度含む）と同居している重度身体障害者」で、緊急事態を自力で回避することができない人（※重度身体障害者とは、障害程度1級・2級の人）
内容	重度身体障害者などのお宅に緊急通報装置を設置し、ペンダントなどのボタンを押したり、センサーが煙、熱、ガス漏れを感知した場合に、24時間体制の消防指令センターに緊急メッセージが流れることで、急な発作や災害などの緊急事態に迅速かつ適切に対応します。 なお、緊急通報システム本体の通話機能で消防指令センターと会話ができるようになっています。

注：市町村の独自事業の例であり、制度の有無や対象・内容等については各市町村によって変わります。

Ⅳ

ケアマネジメントの展開事例
（認知症高齢者の在宅生活支援）

1. 事例の概要
2. 支援開始までの経緯
3. アセスメント
4. 居宅サービス計画
5. サービス担当者会議
6. モニタリング

1. 事例の概要

　この事例は、頻回な徘徊行動などのBPSD（認知症の人の行動・心理症状）などによって、同居の妻の介護負担が急激に増し、家族だけで支えていくことが困難になったため、担当ケアマネジャーが専門医と連携をとりながら適切なサービスを選択して提供した結果、利用者が落ち着きを取り戻していったケースです。

2. 支援開始までの経緯

　Aさんは20歳代で商売（飲食店）を始め、妻と結婚して2人の息子をもうけました。その後、経営規模の拡大に成功し、地元で有名な店となり、50歳代からは地域の経済団体の役員なども務めていました。

　70歳を越えた頃から、時折記憶が曖昧になり、曜日の認識ができなくなったり仕事の手順を間違えたりするようになり、長男に経営をまかせて第一線から退きました。

　その後、同じ話を何度も繰り返したり、家族との待ち合わせの場所や時間を間違えるなど、日常生活にも支障をきたす状況となりました。また、もともとは穏やかな性格だったのですが、わけもなく急に怒り出したりするなど、性格まで変化してしまうような状態となりました。

　このため、妻が主治医（内科）に相談をして介護保険の申請を行い、要介護2の認定を受けましたが、介護サービスの利用までには至りませんでした。

　このような状況となっても、妻は、家業を起こしてから複数の支店をもつまで一生懸命に働き、まじめで家庭を大切にしてきた夫に対する感謝の思いが強かったため、夫の介護を1人で抱え込んでいました。

　しかし、その後Aさんの徘徊はますます頻度が高まり、妻の介護負担が大幅に増したため、長男が介護サービスの利用に関して居宅介護支援事業所に相談をしました。

　居宅介護支援事業所の管理者と担当ケアマネジャーは、Aさんの自宅を訪問して日常生活の様子などについて細かくアセスメントを行いました。

　家族の一番の困りごとはAさんの徘徊の問題でした。

　Aさんは、およそ毎日、朝起きて食事が終わると玄関に向かい、1人で外に出ようとします。妻がそれを制止しようとすると、手を振り払って出ていき、信号も見ずに突進するように歩いていくため、Aさんが外出する際は必ず同行して交通事故などに遭わないよう

気を配っているとのことでした。

　自宅マンションの前にはバス停があり、Aさんはバスを見ると行き先に関係なく乗車してしまうため、妻はそのたびに同行せざるを得ません。バスに乗車している間は、Aさんは特に不穏になることなく座席に座っているそうです。

　徘徊以外で目立つ行動としては、夜間、排泄のため目が覚めると、トイレの場所がわからないため、タンスに放尿することや衣類を着たまま浴槽に入るなどの行動があるとのことでした。

　面接中のAさんの様子は、こちらから挨拶をするとにっこりと笑顔をみせてくれますが、ご本人からの発言はほとんどなく、部屋の中をうろうろして落ち着きのない様子でした。

　妻の意向としては、「このまま2人で生活を送りたいが、今は夫の介護に疲れているため、夫にはしばらく入院でもしてもらって、少しゆっくりしたい」ということでした。

3. アセスメント

　ケアマネジャーは面接のなかで聞き取った情報をアセスメントシートに記載していきました。

(1) フェースシート

○○年○○月○○日受付　□訪問　☑電話　□来所　□その他（　　）　相談受付 ケアマネジャー○○							
本人氏名	A氏			性別	男	年齢	昭和○年○月○日生　78歳
住所	〒 ○○県○○市○○町○-○ 電話○○○-○○○○　　　　　　　　携帯						
緊急連絡先	氏名	相談者と同じ || 性別		年齢　　歳	続柄	
	住所	電話　　　　　　　　　　　携帯					
相談者	氏名	C氏 || 性別	男	年齢　50歳	続柄	長男
	住所	〒 ○○県○○市○○町○-○ 電話○○○-○○○○　　　　　　　　携帯					
相談経路 （紹介者）	C氏の知人を通しての紹介						
居宅サービス計画 作成依頼の届出	届出年月日	平成○○年○○月○○日					

■相談内容(主訴/本人・家族の希望・困っていることや不安・思い)	■これまでの生活の経過
・認知症で困っている。 ・食事に見守りが必要で困っている。 ・1人で排泄の始末ができなくて困っている。 ・失禁で困っている。 ・入浴できずに困っている。 ・着替えができずに困っている。 ・服薬ができずに困っている。 ・便秘で困っている。	A氏の父親は戦争で亡くなったが、実家が貸家などを持つ資産家であったため、経済的に苦労することなく大学に進学した。 大学卒業後は、いったん会社員として勤めたが、その後ご自分で飲食店を起業された。 25歳で妻と結婚して、店も軌道に乗り、その後市内に数店の支店を持つまでに至った。 50歳代で地元の経済界で役職を担うなど活躍されたが、この頃より糖尿病を発症し、服薬が欠かせなくなった。 70歳代になると、会議の日程などの物忘れが目立つようになり、71歳で店の経営から退いた。
妻：A氏が70歳頃から認知症状が現れ、最近では徘徊、失禁、感情の不安定さが目立つなど、穏やかで家族思いであった夫の人格までもが変わってしまいとても悲しい。 　自分の母親も高齢で介護施設に入所しているので、面会に行く必要があるが、家に夫を1人残して外出することには大きな不安があるため、母親の面会に行くことができずに困っている。 　二男夫婦が同じマンションに住んでいるが、子どもに迷惑をかけたくないため、できるだけ夫婦のことは夫婦で解決したいと思っている。 　夫の介護は自分ができるだけ行いたいと思っている。しかし、最近腰痛があるため、体力的に自信がなくなって大きな不安がある。 A氏本人：もともと穏やかな性格であり、忙しいなかにあっても妻や子どもたちを大切にしてきたそうである。現在、発語がないため、意思を確認することは困難である。 　妻の姿が見えなくなると、不安になって部屋中を探し回るなどの行動が見られる。	

高額介護 サービス費該当	利用者負担		（□第4段階　□第3段階　□第2段階　□第1段階）				
要介護認定	☑済　□未（見込み）		要介護2		認定日	○○年○○月○○日	
身障手帳	□有　☑無	等級	種　級		交付日		年　月
療育手帳	□有　☑無	程度			交付日		年　月
精神障害者 保健福祉手帳	□有　☑無	等級	級		交付日		年　月
障害福祉サービス 受給者証の有無	□有　☑無	自立支援医療 受給者証の有無	□有　☑無	障害程度区分 ⇒（　　　　　　　　　　）			

日常生活 自立度	寝たきり	A2	判定者	（機関名　　　　）	判定日	年月日
	認知症	Ⅳ		（機関名　　　　）		年月日

アセスメント実施日　　平成○○年○○月○○日

全社協・在宅版ケアプラン作成方法検討委員会作成

(2) 家族状況とインフォーマルな支援の状況

■家族構成と介護状況

家族構成図

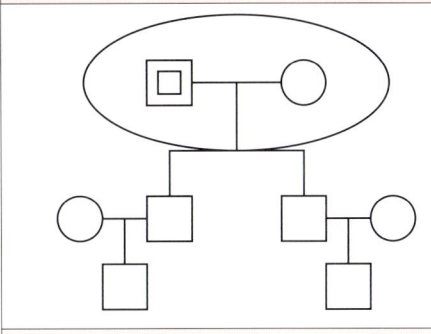

家族の介護の状況・問題点

- 妻は腰痛があり、A氏が大柄なため排泄時等に体を支えることや抱えることに大きな負担を感じている。
- 特に排泄、入浴時の介助と徘徊などのBPSDへの対応が大きな負担となって、妻は介護疲れの状態にある。
- 妻の母親も要介護状態で施設に入所しているが、夫を1人にできないため面会に行けなくて困っている。
- 二男夫婦が同じマンションに住んでいるが、忙しいため時間的な余裕がない。

氏名(主たる介護者には※)	続柄	同別居	職の有無	健康状態等	特記事項
B氏	妻	同	無	腰痛あり	
C氏	長男	別	有	健康	
D氏	二男	別	有	健康	同じマンションに居住

■インフォーマルな支援活用状況（親戚・近隣・友人・同僚・ボランティア・地域の団体等）

支援提供者	活用している支援内容	受けたい支援/必要と思われる支援	特記事項
近隣者 マンションの管理人	A氏が1人で外に出たことを妻に知らせてくれる。 自宅の外に出たA氏を自宅へ連れ帰ってくれる。	声かけ、誘導	

全社協・在宅版ケアプラン作成方法検討委員会作成

(3) サービス利用状況

在宅利用（認定調査を行った月のサービス利用回数を記入。（介護予防）福祉用具貸与は調査日時点の、特定（介護予防）福祉用具販売は過去6か月の品目数を記載）			
☐ （介護予防）訪問介護(ホームヘルプサービス)	月　回	☐ （介護予防）福祉用具貸与	品目
☐ （介護予防）訪問入浴介護	月　回	☐ 特定（介護予防）福祉用具販売	品目
☑ （介護予防）訪問看護	月1回	☐ 住宅改修	あり・なし
☐ （介護予防）訪問リハビリテーション	月　回	☐ 夜間対応型訪問介護	月　日
☐ （介護予防）居宅療養管理指導	月　回	☐ （介護予防）認知症対応型通所介護	月　日
☐ （介護予防）通所介護（デイサービス）	月　回	☐ （介護予防）小規模多機能型居宅介護	月　日
☐ （介護予防）通所リハビリテーション(デイケア)	月　回	☐ （介護予防）認知症対応型共同生活介護	月　日
☐ （介護予防）短期入所生活介護（特養等）	月　回	☐ 地域密着型特定施設入居者生活介護	月　日
☐ （介護予防）短期入所療養介護（老健・診療所）	月　回	☐ 地域密着型介護老人福祉施設入所者生活介護	月　日
☐ （介護予防）特定施設入居者生活介護	月　回	☐ 生活支援員の訪問（日常生活自立支援事業）	月　回
☐ 市町村特別給付〔　　　　　〕		☐ ふれあい・いきいきサロン	月　回
☐ 訪問食事サービス	月　回	☐ 〔　　　　　　　　　〕	月　回
☐ 洗濯サービス	月　回	☐ 〔　　　　　　　　　〕	月　回
☐ 移送サービス	月　回	☐ 〔　　　　　　　　　〕	月　回
☐ 友愛訪問	月　回	☐ 〔　　　　　　　　　〕	月　回
☐ 老人福祉センター	月　回		
☐ 老人憩いの家	月　回		
☐ ガイドヘルパー	月　回		
☐ 身障/補装具・日常生活用具（　　）	月　回		

直近の入所・入院	☐ 介護老人福祉施設 ☐ 介護老人保健施設 ☐ 介護療養型医療施設 ☐ 認知症対応型共同生活介護適用施設（グループホーム） ☐ 特定施設入居者生活介護適用施設（ケアハウス等） ☐ 医療機関（医療保険適用療養病床） ☐ 医療機関（療養病床以外） ☐ その他の施設	施設・機関名（　　　　　　） 所在　〒 　　　　　　　TEL

制度利用状況	年金 ☐ 老齢関係　→（　　　） 　　　☐ 障害関係　→（　　　） 　　　☐ 遺族・寡婦→（　　　） ☐ 恩給 ☐ 特別障害者手当 ☐ 生活保護 ☐ 生活福祉資金貸付 ☐ 高齢者住宅整備資金貸付 ☐ 日常生活自立支援事業(旧・地域権利擁護事業) ☐ 成年後見制度 　　⇒☐ 成年後見　☐ 保佐　☐ 補助 　　成年後見人等（　　　　　　）	健康保険 ☐ 国保　　　　☐ 協会けんぽ(旧・政管健保) 　　　　☐ 組合健保　☐ 日雇い 　　　　☐ 国公共済　☐ 地方共済 　　　　☐ 私立学校共済　☐ 船員 ☐ 労災保険⇒（　　　　　　　） 老人保健事業 ☐ 健康手帳の交付 　　　　　　☐ 健康診査

全社協・在宅版ケアプラン作成方法検討委員会作成

(4) 住居等の状況

☐ 1戸建て	☑ 集合住宅										
☐ 賃貸	☑ 所有	☐ 給与住宅	☐ 公営住宅	☐ その他（　　　　　）							

居室等の状況							
ア．	☑ 専用居室あり	☐ 専用居室なし					
イ．	☐ 1階	☐ 2階	☑ その他(15)階→エレベーター	☑ 有	☐ 無		
ウ．	☑ 布団	☐ ベッド→ ☐ 固定式	☐ ギャッチ	☐ 電動	☐ その他（　　　）		
エ．陽あたり	☑ 良	☐ 普通	☐ 悪				
オ．暖房	☑ あり	☐ なし					
カ．冷房	☑ あり	☐ なし					

トイレ					移動手段	室外	
ア．	☐ 和式	☑ 洋式				福祉機器 ☐ 使用している	
	☐ その他（　　　　）					☑ 使用していない	
イ．手すり	☑ あり	☐ なし				↓使用している場合	
ウ．トイレまでの段差						☐ 車いす　☐ 電動車いす　☐ 杖	
	☐ あり	☑ なし				☐ 歩行器　☐ その他（　　　）	

浴室					移動手段	室内	
ア．	☑ 自宅にあり					福祉機器 ☐ 使用している	
	☐ 自宅になし					☑ 使用していない	
イ．手すり	☐ あり	☑ なし				↓使用している場合	
ウ．浴室までの段差						☐ 車いす　☐ 電動車いす　☐ 杖	
	☐ あり	☑ なし				☐ 歩行器　☐ その他（　　　）	

諸設備	洗濯機	☑ あり ☐ なし	湯沸器	☑ あり ☐ なし	冷蔵庫	☑ あり ☐ なし

周辺環境・立地環境・その他住居に関する特記事項	・自宅マンションが交通量の多い大通りに面している。 ・自宅マンションの前にバス停があり、バスが頻繁に発着している。

家屋（居室を含む）見取り図　　※段差には▲を記入

家屋の見取り図	自宅周辺の状況

全社協・在宅版ケアプラン作成方法検討委員会作成

Ⅳ ケアマネジメントの展開事例（認知症高齢者の在宅生活支援）

(5) 本人の健康状態・受診等の状況

既往歴・現症（必要に応じ「主治医意見書」を転記）			障害等の部位
※要介護状態に関係がある既往歴および現症 アルツハイマー型認知症 高血圧症、糖尿病			次頁参照
身長	160cm	体重	66.0kg
歯の状態	☐歯あり ☐歯なし ✓総入歯 ☐局部義歯 ⇒(6)－②生活機能（食事・排泄等）		

【特記事項】
特になし

主治医からの指導・助言事項。視力障害、聴力障害、麻痺、関節の動き、褥瘡、その他皮膚疾患（以上要介護認定項目）、外傷、内部障害、言語障害、動悸・息切れ、便秘、尿失禁、便失禁、摂食嚥下障害、口腔（炎症・痛み・出血・口臭・虫歯・不良義歯等）に留意のこと。

現在の受診状況（※：主治医意見書を参考に記入）

病名		高血圧症	発症時期※	50歳頃より			
受診状況	受診頻度	✓定期(☐週 ✓月　2回)☐不定期	受診状況	✓通院 ☐往診	薬の有無	✓有 ☐無	
受診病院	医療機関	○○クリニック	診療科	内科（循環器系）			
	主治医	○○先生　　TEL○○○－○○○○	留意点等				
病名		糖尿病	発症時期※	50歳頃より			
受診状況	受診頻度	✓定期(☐週 ✓月　2回)☐不定期	受診状況	✓通院 ☐往診	薬の有無	✓有 ☐無	
受診病院	医療機関	○○クリニック	診療科	内科（循環器系）			
	主治医	○○先生　　TEL○○○－○○○○	留意点等				
病名			発症時期※				
受診状況	受診頻度	☐定期(☐週 ☐月　回)☐不定期	受診状況	☐通院 ☐往診	薬の有無	☐有 ☐無	
受診病院	医療機関		診療科				
	主治医	TEL	留意点等				

往診可能な医療機関	✓無 ☐有（　　　　　　　　　　　）TEL
緊急入院できる医療機関	☐無 ✓有（○○総合病院　　　　）TEL○○○－○○○○
相談、処方を受けている薬局	☐無 ✓有（○○処方箋薬局　　　　）TEL○○○－○○○○
特記、生活上配慮すべき課題など	かかりつけ医とは長年の付き合いであり、なんでも相談できる関係にあるが、認知症については特段の治療は行っていない。

全社協・在宅版ケアプラン作成方法検討委員会作成

障害の部位

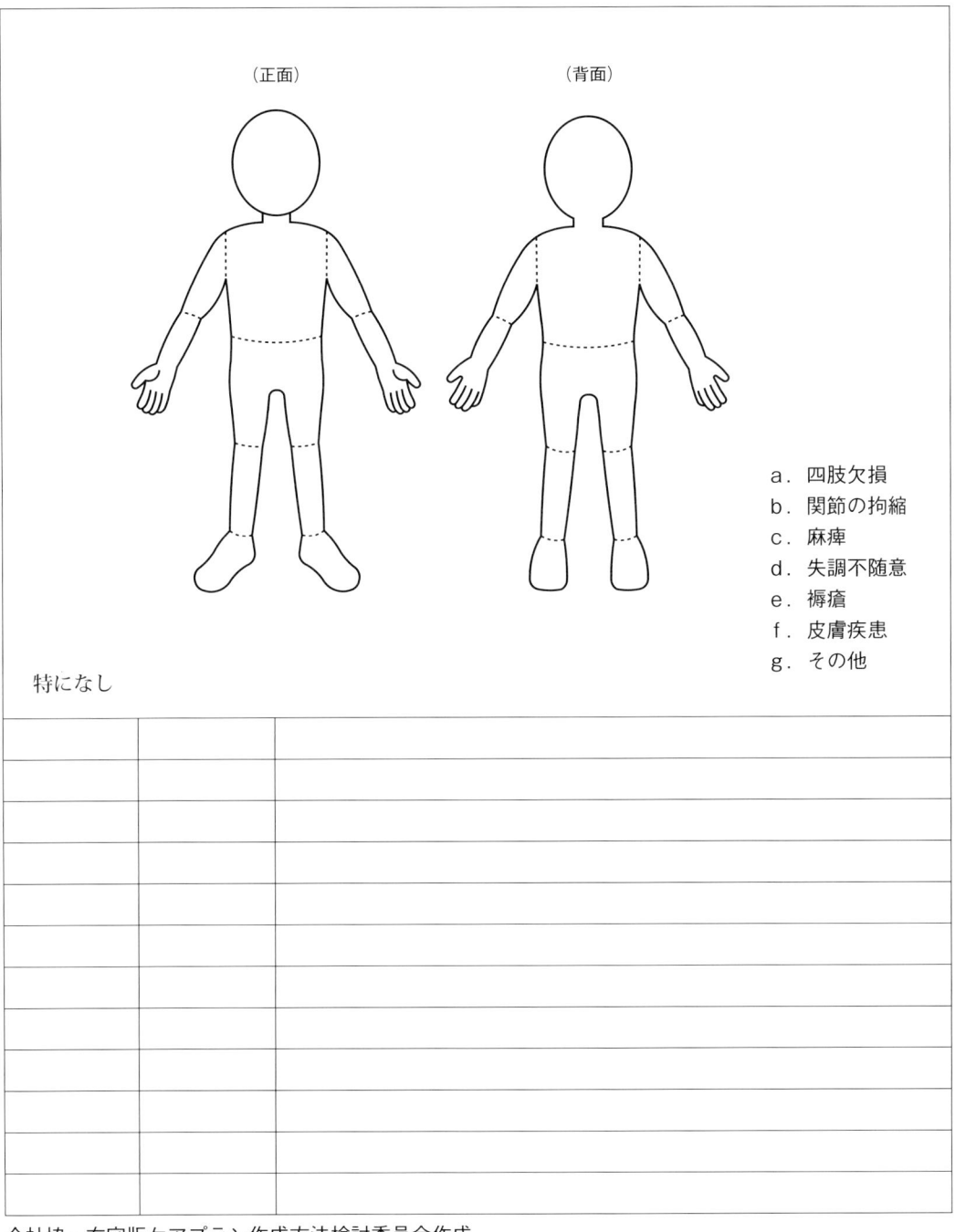

(正面) (背面)

a．四肢欠損
b．関節の拘縮
c．麻痺
d．失調不随意
e．褥瘡
f．皮膚疾患
g．その他

特になし

全社協・在宅版ケアプラン作成方法検討委員会作成

（6）本人の基本動作等の状況と援助内容の詳細

現在、家族が実施している場合は○
時々実施の場合は△

現在、在宅サービス等で実施している場合は○

本人・家族がサービス実施を希望している場合は○

要援助と判断される場合に✓
計画した場合に○（確認）

① 基本（身体機能・起居）動作

要介護認定項目				
1-1 麻痺等（複数可）	1	2 3 4 5 6		
1-2 拘縮（複数可）	1	2 3 4 5		
1-3 寝返り	1	2 3		
1-4 起き上がり	1	2 3		
1-5 座位保持	1	2 3 4		
1-6 両足での立位保持	1	2 3		
1-7 歩行	1	2 3		
1-8 立ち上がり	1	2 3		
1-9 片足での立位保持	1	2 3		
1-10 洗身	1	2 3 4		
1-11 つめ切り	1	2 3		
1-12 視力	1	2 3 4 5		
1-13 聴力	1	2 3 4 5		
1-14 関節の動き（複数可）	1	2 3 4 5 6 7		

体位変換・起居

(6)-① 1-1、1-2関係	援助の現状		希望	要援助 →計画	リハビリの必要性
	家族実施	サービス実施			☐あり ☐なし
1) 体位変換介助					
2) 起居介助					

入浴

(6)-① 1-10関係	援助の現状		希望	要援助 →計画	2) 移乗移動介助	
	家族実施	サービス実施			現状	計画
1) 準備・後始末	○	○	○	✓○	☐見守りのみ ☑介助あり	☐見守り必要 ☑介助必要
2) 移乗移動介助	○	○	○	✓○		
3) 洗身介助	○	○	○	✓○	3) 洗身介助	
4) 洗髪介助	○	○	○	✓○	現状	計画
5) 清拭・部分浴					☐見守りのみ ☑介助あり	☐見守り必要 ☑介助必要
6) 皮膚疾患対応						

〈コミュニケーションの状況・方法（(6)-① 1-12、1-13関係）〉

ア．視聴覚　☑眼鏡使用　☐コンタクト使用　☐補聴器使用
イ．電話　☑あり　☐なし
ウ．言語障害　☑あり（発語がほとんどない）　☐なし
エ．コミュニケーション支援機器の使用　☐あり（　　　　　　）　☑なし

【特記、解決すべき課題など】

体位変換・起居	身体的な麻痺等はなく、基本動作は自立できている。
入浴	入浴が好きで、楽しみとしている。服を着たまま浴槽に入っていることもある。 妻は腰痛があるため、入浴の介助をとても負担に感じており、A氏に毎日入浴させてやれないことに自責の念を感じている。息子たちも時々手伝ってくれるが、あまり負担をかけられないと感じている。 デイサービスや訪問介護の導入を検討する必要がある。
コミュニケーションの状況・方法（(6)-①1-12、1-13関係）	1年くらい前からほとんど言葉を発しなくなった。妻が「お父さん○○しましょう」と話しかけるとうなずくが、会話の内容を理解できていないと感じることが多く見られる。話しかけた言葉には反応があり、聴力には問題はない。また、視力についてはメガネを持っているがほとんど使用していない。

全社協・在宅版ケアプラン作成方法検討委員会作成

②生活機能（食事・排泄等）

食事

要介護認定項目			
	2-1 移乗	1	2 ③ 4
	2-2 移動	1	2 ③ 4
	2-3 嚥下	1	② 3
	2-4 食事摂取	1	2 ③ 4
	2-5 排尿	1	2 ③ 4
	2-6 排便	1	2 ③ 4
	2-7 口腔清潔	1	② 3
	2-8 洗顔	1	② 3
	2-9 整髪	1	② 3
	2-10 上着の着脱	1	2 ③ 4
	2-11 ズボン等の着脱	1	2 ③ 4
	2-12 外出頻度	1	② 3
	2-13 飲水摂取	1	2 ③ 4

(6)－① 1-1、1-2関係	援助の現状		希望	要援助 →計画
	家族実施	サービス実施		
1) 移乗介助	○	○		✓
2) 移動介助	○	○		✓
3) 摂取介助	○	○		✓

	現状	計画
主食	☑普通食 □粥食 □経口栄養 □経管栄養 □その他（　　）	☑普通食 □粥食 □経口栄養 □経管栄養 □その他（　　）
副食	☑普通食 □刻み食 □ミキサー食 □その他（　　）	☑普通食 □刻み食 □ミキサー食 □その他（　　）
介助	☑見守りのみ □介助あり	☑見守りのみ □介助あり

排泄等

(6)－① 1-10関係	援助の現状		希望	要援助 →計画
	家族実施	サービス実施		
1) 準備・後始末	○	○		✓
2) 移乗移動介助	○	○		✓
3) 排尿介助	○	○		✓
4) 排便介助	○	○		✓
5) 口腔清潔介助	○	○		✓
6) 洗面介助	○	○		✓
7) 整容介助	○	○		✓
8) 更衣介助	○	○		✓

	現状	計画
排尿介助	□見守りのみ ☑介助あり ☑トイレ □ポータブルトイレ □尿収器 □導尿 □おむつ	□見守り必要 ☑介助必要 ☑トイレ □ポータブルトイレ □尿収器 □導尿 □おむつ
排便介助	□見守りのみ ☑介助あり ☑トイレ □ポータブルトイレ □差し込み便器 ☑おむつ □摘便 □浣腸 □人工肛門	□見守り必要 ☑介助必要 ☑トイレ □ポータブルトイレ □差し込み便器 ☑おむつ □摘便 □浣腸 □人工肛門

〈その他排泄の状況（(6)－②2-5、2-6関係）〉

ア．尿意　□ある　☑ときどきある　□ない
イ．便意　□ある　☑ときどきある　□ない

〈その他食事の状況（(6)－②2-4関係）〉

ア．食事場所　☑食堂　□居室ベッド上　□布団上　□その他居室内　□その他（　　　）
イ．食堂までの段差　□あり　☑なし
ウ．咀嚼の状況　□問題なし　☑問題あり
→□噛みにくい　□時々噛みにくい　☑とても噛みにくい
エ．食事の内容　□一般食　☑糖尿食　Kカロリー　□高血圧食　□抗潰瘍食　□その他（　　　）

外出

(6)－② 2-11関係	援助の現状		希望	要援助 →計画
	家族実施	サービス実施		
1) 移送・外出介助	○			

【特記、解決すべき課題など】

食事	セッティングをすれば自分で箸を使って食べるが、入れ歯が合わず使用していないため咀嚼しないことから、舌でつぶせるくらいに軟らかくしておく必要がある。また、主食と副食、汁物などを偏りなく食べさせるために、ご飯の上に副菜を乗せたり、汁椀を持たせるなどの介助を行っている。お茶や水は勧めても飲みたがらないため、十分な水分摂取を確保できていないと見られる（600ml／日程度）。糖尿病があるがカロリー制限は行われていない。
排泄等	尿意を言葉で表現できないが、落ち着きがなくなり動き回ることやズボンを触るなどのサインが見られる。 排泄動作については、排尿中にズボンを上げようとするなどの行動が見られるため、側について指示と介助が必要である。夜間、台所などトイレ以外の場所で放尿することも見られる。排便は定期的ではなく、機嫌が悪くなるなどのサインも見られるが、判断しづらい。5日間便秘した場合には緩下剤を使用している。
外出	ほぼ毎日、朝起きるとすぐに外出をしたがり、目を離すとパジャマのまま出て行こうとする。バスやタクシーなど、乗り物に乗っているときは機嫌がよく、外出時に妻が手を引いて歩くことに対しても抵抗は見られない。これまでに何度か、目を離したすきに1人で外出して、マンション内で近隣者や管理人に連れ戻してもらうことがあった。タクシーを止めても言葉を発しないため、警察に保護されたこともあった。

全社協・在宅版ケアプラン作成方法検討委員会作成

③ 認知機能

要介護認定項目	3-1 意思の伝達	1	2	3	4
	3-2 毎日の日課を理解する	1	2		
	3-3 生年月日や年齢を答える	1	2		
	3-4 面接調査の直前記憶	1	2		
	3-5 自分の名を答える	1	2		
	3-6 今の季節を理解する	1	2		
	3-7 自分のいる場所を答える	1	2		
	3-8 徘徊	1	2	3	
	3-9 外出すると戻れない(迷子)	1	2	3	
	3-10 介護者の発言への反応	1	2	3	

家族等からの情報と観察	食事時には口一杯に食べ物を詰め込み、飲み込めないことがあり、家族が側について声かけを行わないと誤嚥する危険性がある。 自宅前のバス停から行き先も見ずに乗り込み、終点まで行くことが何度かあった。 自宅前が交通量の多い通りであるため、信号なども見ずに渡ろうとして事故に遭うのではないかと家族は心配している。

④ 精神・行動障害

要介護認定項目	4-1 被害妄想(物を盗られた等)	1	2	3
	4-2 作話をする	1	2	3
	4-3 感情が不安定になる	1	2	3
	4-4 昼夜の逆転	1	2	3
	4-5 しつこく同じ話をする	1	2	3
	4-6 大声を出す	1	2	3
	4-7 介護に抵抗する	1	2	3
	4-8 落ち着きがない	1	2	3
	4-9 外に出たがり目が離せない	1	2	3
	4-10 物を集める、無断で持ってくる	1	2	3
	4-11 物を壊す、衣服を破く	1	2	3
	4-12 ひどい物忘れ	1	2	3
	4-13 ひとり言やひとり笑い	1	2	3
	4-14 自分勝手な行動	1	2	3
	4-15 話がまとまらない、会話にならない	1	2	3
	4-16 幻視・幻聴	1	2	3
	4-17 暴言・暴力	1	2	3
	4-18 目的なく動き回る	1	2	3
	4-19 火の始末・管理	1	2	3
	4-20 不潔行為	1	2	3
	4-21 異食行動	1	2	3

援助の現状	(家族) 妻はできるだけ自分で介護したいという思いが強く、つきっきりで援助を行っている。 妻が所用で外出するときは、息子夫婦が代わって援助を行っているが、妻は迷惑をかけたくないと思っている。	(サービス) 現在、サービスは利用していない。

援助の希望(本人)	発語はないが、妻の姿が見えないと落ち着きがなくなって探し回る姿や息子たちが訪ねて来ると嬉しそうな表情を見せることから、在宅での生活を望んでいると推測できる。 ケアマネジャーにもにこやかに応じてくれるので、他者との交流も望んでいると思われる。

援助の希望(家族)	妻:家族思いで勤勉な夫であり、今の生活があるのも夫のおかげであると思っており、できるだけ夫婦2人の生活を続けたいと願っている。 　認知症については理解しているつもりであるが、しっかりした夫であっただけに、人に知られたくない。 　今のままでは共倒れしそうなので、少し預かってもらえると、自分も病院や母の施設に行くことができる。 長男:母親が倒れるのではないかと心配。できるだけ介護サービスを利用してもらいたい。 二男:自分もできることはできるだけ行いたい。

援助の計画	認知症を発症しているが、専門医への受診が行われていない。今後支援計画を立案する上でも専門医への受診を勧めたい。 なお、現在のかかりつけ医にも面談して、これまでの疾患等に関する情報収集を行うこととする。

特記、解決すべき課題など	現在、要介護2の状態であると認定されているが、認知の状態は要介護2よりも援助の手間が必要な状態であり、変更申請の必要性があると考えられる。 専門医への受診が行われていないため、家族にその必要性を説明して理解を得たい。

全社協・在宅版ケアプラン作成方法検討委員会作成

⑤社会生活(への適応)力

要介護認定項目			
	5-1 薬の内服	1	2 3
	5-2 金銭の管理	1	2 3
	5-3 日常の意思決定	1	2 3 4
	5-4 集団への不適応	1	2 3
	5-5 買い物	1	2 3 4
	5-6 簡単な調理	1	2 3 4
	5-7 電話の利用	1	2 3
	5-8 日中の活動(生活)状況等	1	2 3
	5-9 家族・居住環境、社会参加の状況などの変化	1	2

(6)－⑤ 5-2、5-5、5-6関係	援助の現状		希望	要援助→計画
	家族実施	サービス実施		
1)金銭管理	○			
2)買い物	○			
3)調理	○			
4)準備・後始末	○			

(6)－⑤ 5-7、5-8関係	援助の現状		希望	要援助→計画
	家族実施	サービス実施		
1)定期的な相談・助言	○	○	○	✓
2)各種書類作成代行	○			
3)余暇活動支援	○			
4)移送・外出介助	○			
5)代読・代筆	○			
6)話し相手	○			
7)安否確認	○			
8)緊急連絡手段の確保	○			
9)家族連絡の確保	○			
10)社会活動への支援	○			

〈社会活動の状況 ((6)－⑤5-8、5-9関係)〉

ア．家族等近親者との交流
　　　✓ あり(長男、二男夫婦　) □ なし

イ．地域近隣との交流
　　　✓ あり(挨拶程度　　　　) □ なし

ウ．友人知人との交流
　　　□ あり(　　　　　　　　) ✓ なし

緊急連絡・見守りの方法	本人が1人で外出した場合を想定して、徘徊SOS(市町村サービス)の検討を行う。洋服に住所、氏名、電話番号を記載した布を縫い付ける。マンションの管理人に、1人で出ている場合は声かけをして、妻に連絡してもらうよう確認する。

特記、解決すべき課題など	妻は、認知症に関する本を読んで夫の状態を理解しようとしているが、夫に対して何度も繰り返し説得を試みるなど、対応方法等に関して十分に理解しているとはいいがたい状況が見られる。また、妻は、息子夫婦にできるだけ負担をかけまいと、介護を抱え込む傾向が強く見られる。

全社協・在宅版ケアプラン作成方法検討委員会作成

⑥医療・健康関係

要介護認定項目	処置内容	1. 点滴の管理
		2. 中心静脈栄養
		3. 透析
		4. ストーマの処置
		5. 酸素療法
		6. レスピレーター
		7. 気管切開の処置
		8. 疼痛の看護
		9. 経管栄養
	特別な対応	10. モニター測定
		11. 褥瘡の処置
		12. カテーテル

(6)-①	援助の現状		希望	要援助
1-1、1-2関係	家族実施	サービス実施		→計画
1)移乗介助	○			
2)移動介助	○			
3)摂取介助	○			
4)受診・検査介助	○			
5)リハビリテーション		○	○	✓
6)医療処置の管理	○			

現状↓	計画↓	具体的内容
✓	✓	バイタルサインのチェック
✓	✓	定期的な病状観察
✓	☐	内服薬
☐	☐	座薬（緩下剤、解熱剤等）
☐	☐	眼・耳・鼻等の外用薬の使用等
☐	☐	温・冷罨法、湿布貼付等
☐	☐	注射
☐	☐	吸引
☐	☐	吸入
☐	☐	自己注射（インスリン療法）
☐	☐	経管栄養法
☐	☐	中心静脈栄養
☐	☐	酸素療法
☐	☐	人工呼吸療法
☐	☐	気管カニューレ管理
☐	☐	自己導尿
☐	☐	自己腹膜灌流
☐	☐	膀胱カテーテル管理
☐	☐	人工肛門・人工膀胱
☐	☐	疼痛管理
☐	☐	褥瘡管理

特記、解決すべき課題など	降圧剤と糖尿病の服薬がある。

全社協・在宅版ケアプラン作成方法検討委員会作成

介護に関する医師の意見（「主治医意見書」を転記）

(1)移動			
屋外歩行	☑自立	□介助があればしている	□していない
車いすの使用	☑用いていない	□主に自分で操作している	□主に他人が操作している
歩行補助具・装具の使用（複数選択可）	☑用いていない	□屋外で使用	□屋内で使用

(2)栄養・食生活			
食事行為	□自立ないし何とか自分で食べられる		☑全面介助
現在の栄養状態	☑良好		□不良
→ 栄養・食生活上の留意点（ 　　　　　　　　　　　　　　　　　　　　　　　　）

(3)現在あるかまたは今後発生の可能性の高い状態とその対処方針
□尿失禁　☑転倒・骨折　□移動能力の低下　□褥瘡　□心肺機能の低下　□閉じこもり　□意欲低下　☑徘徊
□低栄養　☑摂食・嚥下機能低下　□脱水　□易感染性　□がん等による疼痛　□その他（　　　　　　　　）
→ 対処方針（　　）

(4)サービス利用による生活機能の維持・改善の見通し
☑期待できる　　　　　□期待できない　　　　　□不明

(5)医学的管理の必要性（特に必要性の高いものには下線を引いてください。予防給付により提供されるサービスを含みます。）
□訪問診療　　　□訪問看護　　　□看護職員の訪問による相談・支援　　　□訪問歯科診療
□訪問薬剤管理指導　□訪問リハビリテーション　□短期入所療養介護　　　□訪問歯科衛生指導
□訪問栄養食事指導　□通所リハビリテーション　□その他医療系サービス（　　　　　　　　　　　　　）

(6)サービス提供時における医学的観点からの留意事項		
・血圧	☑特になし	□あり（　　　　　　　　　　　　　　）
・摂食	□特になし	☑あり（摂食・嚥下機能低下　　　　　）
・嚥下	□特になし	☑あり（摂食・嚥下機能低下　　　　　）
・移動	☑特になし	□あり（　　　　　　　　　　　　　　）
・運動	☑特になし	□あり（　　　　　　　　　　　　　　）
・その他（　　　　　　　　　　　　　　　　　　　　　　　　　　　　　　　　）		

(7)感染症の有無（有りの場合は具体的に記入して下さい。）
☑無　　□有（　　　　　　　　　　　　　　　　　　　　　　　）　□不明

全社協・在宅版ケアプラン作成方法検討委員会作成

1日のスケジュール

時間帯	時刻	本人の生活リズム	本人が自分でしていること	援助の現状 家族実施	援助の現状 サービス実施	要援助と判断される場合に✓計画した場合に○（確認）
深夜	4					
深夜	5					
早朝	6	起床□	部屋をうろうろしている	妻が常に声かけ		
早朝	7					
午前	8	朝食△・着替え・洗面	パジャマのままで出かけようとする。家にいる場合ははさみを使って本などを切ったりする。	妻が準備		
午前	9	外出		妻が同行		
午前	10					
午前	11					
午後	12	昼食△	家にいると外に出たがる	妻が準備		
午後	13					
午後	14					
午後	15					
午後	16					
午後	17					
午後	18					
夜間	19	夕食△		妻が準備		
夜間	20	入浴☆		妻が介助		
夜間	21					
夜間	22	就寝■	夜間3回程度起きて排尿	妻が介助		
深夜	23					
深夜	24					
深夜	1					
深夜	2					
深夜	3					
深夜	4					

◎：排便　△：食事　□：起床
○：排尿　☆：入浴　■：就寝

全社協・在宅版ケアプラン作成方法検討委員会作成

4. 居宅サービス計画

(1) アセスメント時に考えたこと

　ケアマネジャーがアセスメントを行う際、アセスメント表の項目に沿って1項目ずつ質問を行う必要はありません。また、初期の面接においては、家族のできないこと、困っていることばかりに目を向けないように注意することも重要です。アセスメントの際にマイナスの要因ばかりに着目してしまうと、利用者や家族がもっている「強さ」を見落としてしまうことがあるからです。

　特に初期の面接においては、利用者や家族がこれまで生きてきた道程や物事に対する価値観などを含めて、利用者や家族の思いをできるだけ幅広く傾聴することが大切であると考えます。その上で、本人と家族のもつ強さ＝プラスの面についてもしっかりとアセスメントを行うことが重要です。

　この事例では、妻が介護サービスを利用していない状況について、認知症の夫を支援していきたいと頑張っている妻の力と環境の強さを丁寧にアセスメントしていきました。

　面接を進めるなかで、妻は夫に対して、これまで一生懸命まじめに働いて家族を支えてきてくれたことに深く感謝しており、その思いから他人の力を借りることなく夫の介護をなんとか自分で行いたいと思い、これまで過ごしてきたことが明らかとなりました。

　そういった経緯を押さえた上で、「介護疲れがあるので、少しゆっくりしたい」と、自分の状態と気持ちを伝える妻の行動力にも着目してアセスメントを進めていきました。

　認知症の夫を献身的に介護し続けてきた妻の思いはどこにあるのだろうか、要介護認定の結果について妻や息子たちはどのように思ったのだろうか、これまで介護を頑張ってきた妻が「疲れた」と表現をするのは余程の疲労感があるのだろう等々、妻や家族の立場や思いをさまざまに思いめぐらせました。

　「介護に疲れているので、少し休養をとりたいと思っている」と、自分の意思を伝えた妻の気持ちについて丁寧にアセスメントを行った結果、夜間に何度も起きていること、常時排泄の支援が必要になっていること、入浴支援の負担があること、徘徊が頻回にあり目が離せないこと、夜間ゆっくり休めない日が続くなど、状況は逼迫していることがわかりました。このため、「少し休みたい」という妻の思いをすみやかに後押しするためのプランを作成することとなりました。

　また、アセスメントのなかでは、専門医の受診と認知症の確定診断が行われていないことにも着目しました。認知症の確定診断にはMRIなどの画像診断等が行われます。画像診断を受けることで認知症の類型の鑑別診断や脳のどこの部位の萎縮による障害であるのか

などを知ることができ、それらの情報は今後の支援にも参考となることが多いため、家族に専門医の受診の必要性を説明し、受診につなげました。その後、認知症の専門医との連携の必要性について主治医に相談した上で、診療情報提供などの依頼を行いました。

アセスメントのなかで把握できた本人と環境の強さ（ストレングス）を整理すると、以下のようになります。

本人のもつ強さ	1　食事をセッティングすると、自分で食べること・飲むことができる 2　入浴が好きである 3　他人に対して本人なりの配慮ができる（知らない人に対して笑顔で接する） 4　乗り物が好きで、乗り物に乗ると機嫌がよくなる 5　妻のことを思いやる場面がある
環境の強さ	1　妻が認知症を受け入れている 2　息子たちが同じマンションに住んでいる 3　必要時には息子たちが支援をしてくれる 4　経済的な不安がない（介護費用を賄える） 5　交通の便のよいところに住んでいる 6　妻は自分の意思を述べることができる 7　経済界での活躍により、知人・友人などの社会資源が豊富である 8　妻が夫の介護を行いながら、在宅で生活をしたいとの希望がある 9　マンションの住人・管理人が協力的である 10　妻は介護のしかたやサービス内容、認知症についてなど、学ぶことについての意欲がある

(2) 居宅サービス計画の作成に際して
① 第1表について

　「利用者及び家族の生活に対する意向」欄は、利用者と家族にアセスメントを行い、あらゆる課題を明確にしていくなかで、現況を踏まえたそれぞれの生活に対する考え方や要望などを簡潔に表すものです。したがって、利用者や家族の言葉をしっかりと踏まえて作成することが大切であり、利用者や家族の言葉を傾聴するなかで、それぞれの主訴を明確にすることが必要です。

　「担当のケアマネジャーが自分たちの言いたいことをしっかりと理解してくれて、課題の解決に向けて一緒に取り組んでくれる」という、利用者や家族からの信頼を得るために大変重要な部分であるといえます。

　なお、居宅サービス計画書（ケアプラン）は、利用者と家族に内容を確認していただいた後に交付することを前提に、利用者の人権や自尊心等に配慮して、慎重に言葉を選んで記載することが大切です。

　本事例では、利用者の発語がないため、明確な意思確認は困難でしたが、他人に攻撃的な態度をとることはなく温厚な人柄であること、日常生活において妻を頼りにしていることを簡潔に記載しました。

　妻については、要介護認定を受けていながら、これまで介護サービスを利用してこなかったのはなぜか、なぜ今サービスを利用したいと思ったのかについて要点を整理しました。なお、同居ではありませんが、今後の支援に深くかかわることが予測される2人の子どもたちについても、その意向を確認して簡潔に記載しました。

　「総合的な援助の方針」の項目は、アセスメントから導き出された利用者や家族の生活課題に対して、ケアマネジャーやサービス担当者が専門的見地からどのような方針で援助を行うかを明確に表すものです。ケアプランは利用者と家族に内容を確認していただいた後に交付して、課題解決に向けて一緒に取り組んでいただくことを前提としていますので、本人・家族にとってわかりやすい内容であるとともに、本人・家族が「何を」「どのように」して取り組むのか、できるだけ具体的に記載する必要があります。

　この事例では、かかりつけの内科の医師から認知症であるとの診断は受けているものの、病気の特性や対応方法などについて具体的な指導を受けていなかったため、家族の認知症に対する知識が十分ではなく、声かけや介護の方法が適切に行えていないことに着目しました。このため、まずは認知症の専門医への受診を促し、画像診断等により症状の特性に応じた具体的な対応方法の説明を受けることとしました。

第1表

居宅サービス計画書(1)

作成年月日 ○○年○○月○○日

(初回)・紹介・継続　　認定済・申請中

利用者名　A　殿　　生年月日 ○年○月○日　　住所 ○○県○○市○○町○-○

居宅サービス計画作成者氏名　○○ ○○

居宅介護支援事業者・事業所名及び所在地　○○○○　　○○県○○市

居宅サービス計画作成(変更)日 ○年○月○○日　　初回居宅サービス計画作成日 ○○年○○月○○日

認定日 ○○年○○月○○日　　認定の有効期間 ○○年○○月○○日～○○年○○月○○日

要介護状態区分	要介護1 ・ 要介護② ・ 要介護3 ・ 要介護4 ・ 要介護5
利用者及び家族の生活に対する意向	本人：発語はなく、こちらの問いかけに対してにこにこしたり、うなずいたりしている。妻の姿が見えないと探したり、不安な表情になるため、妻と一緒に過ごすことが一番安心なのであろうと思われる。 妻：この半年で、怒りっぽくなるなど、穏やかだった夫の性格が変わり、症状が進んだように思えて強い不安を感じている。夫が1人で外出するのを制止しても振り払って出て行くため、ついていかざるを得ず、家事も思うようにできずに困っている。夫の介護はできるだけ自分で行いたいが、体力に自信がなくなってきたので、介護サービスを利用して、自分の腰痛治療や家事などを行えるよう時間を確保したい。また、高齢の母が施設に入所しているので、少しでも顔を見せて親孝行したい。 長男・二男：母がひとりの介護を1人で抱え込んでいることに対して、母が倒れてしまうのではないかと不安を感じている。これまでも、介護サービスを利用するよう勧めてきたが、「できるだけ自分の手での介護を行いたい」とこれまでやってきた。しかし、もう限界であると感じている。自分たちもできる範囲で母の支援をしていきたい。デイサービスやショートステイなどを利用して、母の介護負担が減るようにしてもらいたい。

204

介護認定審査会の意見及びサービスの種類の指定	なし
総合的な援助の方針	認知症の専門医へ受診し、認知症対応型通所介護を中心に、ご本人の生活リズムを組みたてながら、無理のないサービス導入をはかる。ご本人が日常生活のなかで、できるだけ混乱をきたさないよう、妻や息子さんたちにも言葉かけや支援の方法を習得してもらい、夫婦2人の在宅生活ができるだけ継続できるよう支援を行う。妻は入浴介助が身体的に大きな負担となっているため、入浴は通所もしくは訪問介護で対応をはかる。妻が母親の面会等に行く際、通所の送迎を息子さん夫婦に代わってもらうなどの家族の協力態勢を活用する。家族が目を離したすきに1人で外出してしまうため、常時駐在しているマンションの管理人に事情を説明して、1人で部屋から出ているところを見つけた場合は、妻や家族に通報してもらうよう依頼するとともに、行政の徘徊SOS（市町村サービス）の検討を行う。
生活援助中心型の算定理由	1. 一人暮らし　2. 家族等が障害、疾病等　3. その他（　　　）

② 第2表について

　専門医によるかかわりと妻の疲労に対するケアを行いつつ、住み慣れた自宅で夫婦2人での生活が続けられるよう、四つの課題（ニーズ）を設定しました。

　この半年の間に怒りっぽくなるなど性格が急変し、夜間にベランダへ出ようとしたり、服を着たまま入浴をするなど片時も目が離せない状況になったことについては、利用者の生活リズムが不規則になったことに要因があるのではないかと推測しました。このため、食事、入浴、排泄、睡眠などの生活リズムを整えるようプランニングを行いました。

　特に、認知症の人は便秘が原因で不穏や不機嫌な状態となるため、排便状態の観察を行うことが重要な支援となります。便秘の予防については、1日の水分摂取量や食事摂取量、排尿・排便パターンなどの把握が重要となるため、妻や子どもたちにもこの点を理解してもらい支援に協力してもらうこととしました。

　通所サービスの利用については、以前かかりつけ医にすすめられてデイケアへ体験通所を行った際、30人程度の利用者がいるなかで集団生活が理解できずに一人で外に出ようとしたため、事業所から「目が離せないため、利用を遠慮してもらいたい」と言われた経験があったことから、認知症対応型通所介護を選択しました。

　認知症対応型通所介護を選択したもう一つの理由としては、夜間トイレの場所がわからずにタンスに放尿してしまうことなどがあったため、そうした場合の対応法（例：夜間はトイレのドアを開けて電気をつけておく等）を事業所のスタッフから妻に指導・助言してもらえるように、というねらいもありました。

　なお、認知症対応型通所介護サービスを利用することについては、妻が遠慮や引け目を感じることがないよう、丁寧に支援を行いました。

　2人の子どもたちは父親の介護と母親の支援に大変協力的であったため、介護保険サービスだけでなく、子どもたちの支援による散歩を楽しみの時間としてプランに位置づけることも可能であると考えました。そのためには、家族の介護力を高めることが必要であるため、認知症に対する基本的な理解や介護方法を2人の子どもたちとその配偶者にも習得していただくこととしました。

　ご本人は入浴が好きなのですが、妻は腰痛があり入浴介助ができないため、認知症対応型通所介護で入浴を行うよう位置づけました。

　なお、ケアプランは、このように利用者や家族の表明した要望だけをプランニングするのではなく、徘徊SOSサービスの導入など、専門的な視点でアセスメントを行った上で、家族や本人が気づいていない潜在的ニーズを明確にして対応をはかることも大切です。

第2表　　　　　　　　　　　居宅サービス計画書(2)

作成年月日　○○○年○○月○○日

利用者名　A　殿

生活全般の解決すべき課題（ニーズ）	目標				援助内容				
	長期目標	（期間）	短期目標	（期間）	サービス内容	※1	サービス種別	※2	頻度	期間
アルツハイマー型認知症と診断されたが、症状の進行の抑制をはかりながら、できるだけ夫婦2人で在宅生活を送りたい	不安・不穏になることなく、夫婦2人で在宅生活が送れる	○○～○○	専門医の治療を受けながら家族が疾患の理解を深められるようになる	○○～○○	（本人） ・2週に1回、専門医の受診をおこなう		本人	本人	1回／2週	○○～○○
					（家族） ・専門医の受診介助を行う		家族	家族	1回／2週	○○～○○
					（介護保険のサービス） ・必要時に専門医と面談し、情報交換を行う	○	居宅介護支援	○○事業所	適宜	○○～○○
			通所サービスに慣れることで、夫婦共に安心した生活を送れるようになる	○○～○○	（家族） ・定期的受診の介助と医師への状態報告を行う		家族	家族	1回／2週	○○～○○
					（介護保険のサービス） ・通所サービスに不安がないように声かけを行う	○	認知症対応型通所介護	○○事業所	5回／週	○○～○○
					・送迎時に妻との会話を行い、妻の不安や困りごとの相談に対応する	○	認知症対応型通所介護	○○事業所	5回／週	○○～○○

※1　「保険給付の対象となるかどうかの区分」について、保険給付対象内サービスについては○印を付す。
※2　「当該サービス提供を行う事業所」について記入する。

Ⅳ　ケアマネジメントの展開事例（認知症高齢者の在宅生活支援）

第2表　　　　　　　　　　　　居宅サービス計画書(2)

作成年月日 ○○○年○○月○○日

利用者名　A　殿

生活全般の解決すべき課題（ニーズ）	目標				援助内容					
	長期目標	(期間)	短期目標	(期間)	サービス内容	※1	サービス種別	※2	頻度	期間
生活全般に声かけ・見守りが必要であるが、できるだけ住み慣れた家で夫婦2人の住宅で夫婦2人の生活を送りたい	本人が理解しやすい声かけができるようになり、夫婦が自宅で生活を続ける	○○～○○	1人で外出する機会（徘徊）が減ること で、安全な在宅生活が送れる	○○～○○	（本人） ・通所介護等で運動やレクに参加する （家族） ・本人が外出する前後の様子を観察することで、外出したい気持ちを予測できるようになる （地域） ・常時マンションの管理人がいるため、1人で外出するときには声かけや妻へ連絡する支援を依頼する		本人 家族 地域 （管理人）	本人 家族 地域 （管理人）	適宜 随時 適宜	○○～○○ ○○～○○ ○○～○○
			認知症に対する家族の理解を深め、適切な声かけや援助ができることにより、家族の介護力を高める	○○～○○	（家族） ・認知症に対する理解を深め、適切な声かけや支援が行えるようになる （介護保険外のサービス） ・家族の困っていることに対して、助言等の支援を行う ・送迎時の交流や連絡ノート等を活用し、家族のストレスや介護疲れの状況を把握し、必要に応じて負担軽減をはかる	○ ○	家族 認知症対応型通所介護 認知症対応型通所介護	家族 ○○事業所 ○○事業所	適宜 5回／週 5回／週	○○～○○ ○○～○○ ○○～○○

※1　「保険給付の対象となるかどうかの区分」について、保険給付対象内サービスについては○印を付す。
※2　「当該サービス提供を行う事業所」について記入する。

第2表

居宅サービス計画書(2)

作成年月日 ○○○年○○月○○日

利用者名　A　　　殿

生活全般の解決すべき課題(ニーズ)	目標				援助内容					
	長期目標	(期間)	短期目標	(期間)	サービス内容	※1	サービス種別	※2	頻度	期間
本人は入浴が好きであるが、妻が腰痛で十分な入浴頻度を確保できない	ゆっくりと入浴ができて、清潔な生活が送れる	○○〜○○	妻の介護や家事の負担軽減をはかることで、穏やかな生活を送れるようにする	○○〜○○	・妻との面接を通して認知症に対する理解を深めてもらい、介護疲れ等の把握に努める	○	居宅介護支援	○○事業所	適宜	○○〜○○
					(家族) ・家事の負担軽減をはかる		掃除・買い物の支援	二男の妻	1回/週	○○〜○○
					・妻の母親の介護の時間を確保する		送迎時の見守りの支援	長男・二男	適宜	○○〜○○
			デイサービスの入浴介助に慣れる	○○〜○○	(本人) ・デイサービスの入浴介助に慣れる		本人	本人	5回/週	○○〜○○
					(家族) ・入浴の着替えなどの準備を行う		家族	家族	随時	○○〜○○
					(介護保険のサービス) ・不安なく入浴ができるよう声かけや入浴介助を行う	○	認知症対応型通所介護	○○事業所	5回/週	○○〜○○
					・入浴前にバイタルチェックを行い、入浴の安全を確保する	○	認知症対応型通所介護	○○事業所	5回/週	○○〜○○

※1 「保険給付の対象となるかどうかの区分」について、保険給付対象内サービスについては○印を付す。
※2 「当該サービス提供を行う事業所」について記入する。

第2表　　　　　　　　　　　　　　　居宅サービス計画書(2)

作成年月日○○○年○○月○○日

利用者名　　A　　殿

生活全般の解決すべき課題（ニーズ）	目標				援助内容					
	長期目標	(期間)	短期目標	(期間)	サービス内容	※1	サービス種別	※2	頻度	期間
トイレでの排泄を継続したい	排尿・排便のサインを理解して、トイレでの排泄を継続できるようにする	○○～○○	排尿・排便の回数や排泄時のサインを把握し、適切に声かけしてトイレに誘導できるようにする	○○～○○	（本人） ・トイレで排泄ができる		本人	本人	適宜	○○～○○
					（家族） ・1日の排泄の回数、パターン、排泄前のサインなどを観察し、デイサービスと情報を共有することにより、確実なサインを把握する		家族	家族	適宜	○○～○○
					（介護保険のサービス） ・排泄の時間間隔を見ながら排泄前のサインの把握を行い、適切にトイレに誘導してトイレでの排泄を促す	○	認知症対応型通所介護	○○事業所	5回／週	○○～○○
					・排尿・排便の回数や排泄前のサインについて家族と情報共有を行い、確実なサインの把握を行う	○	認知症対応型通所介護	○○事業所	5回／週	○○～○○

※1　「保険給付の対象となるかどうかの区分」について、保険給付対象内サービスについては○印を付す。
※2　「当該サービス提供を行う事業所」について記入する。

第3表

週間サービス計画表

作成年月日○○○年○○月○○日

利用者名　A　　　殿

時間帯	時刻	月	火	水	木	金	土	日	主な日常生活上の活動
深夜	4:00								
早朝	6:00								起床 着替え、身支度
午前	8:00								デイサービス送迎、手洗い、排泄、お茶、体操
午前	10:00	9:30〜16:30 認知症対応型通所介護	9:30〜16:30 認知症対応型通所介護	9:30〜16:30 認知症対応型通所介護	9:30〜16:30 認知症対応型通所介護	9:30〜16:30 認知症対応型通所介護			昼食 排泄、歯磨き レク参加、入浴 おやつ、お茶
午前	12:00								
午後	14:00								帰宅準備、排泄
午後	16:00	送迎代理		送迎代理			15:00〜17:00 長男妻、家事支援	15:00〜16:30 妻と散歩	
夜間	18:00								夕食、排泄、歯磨き 着替え就寝準備 排泄
夜間	20:00								
深夜	22:00								
深夜	24:00								排泄
深夜	2:00								
深夜	4:00								

週単位以外のサービス

5.サービス担当者会議

　サービス担当者会議は、Aさんの自宅で開催しました。出席者は妻と長男、認知症対応型通所介護事業所の管理者、ケアマネジャーの4名です。ケアマネジャーはあらかじめ主治医と連絡をとり、認知症に関しては専門医に引き継ぎ、高血圧と糖尿病に関しては引き続き主治医が担当することを確認していたため、その旨を出席者に伝えました。その他、検討項目や検討内容は第4表のとおりです。

第4表		サービス担当者会議の要点			作成年月日○○年○○月○○日			
利用者名　A　殿			居宅サービス計画作成者（担当者）氏名　　○○　○○					
開催日　平成○○年○○月○○日		開催場所　ご本人宅			開催時間　○○：○○～○○：○○		開催回数　1	
会議出席者	所属（職種）	氏　名	所属（職種）	氏　名		所属（職種）	氏　名	
	関係者	B氏（妻）	関係者	C氏（長男）		認知症対応型通所介護事業所	管理者 ○○○○	
	居宅介護支援事業所	ケアマネジャー ○○○○						
検討した項目	① ケアプラン原案についてのご本人・ご家族の意向の確認 ② サービス利用に関する目的、内容、頻度、利用料金等の確認と承認 ③ 今後の医療受診についての方法と主治医との関係についての確認と承認 ④ 妻の介護負担状況の把握と対応策の検討 ⑤ ご家族・近隣の協力態勢の確認と承認							
検討内容	① ご本人は言葉で意思の表現がほとんどできない状態であるため、話しかけた際の表情やご家族の発言からご本人の意思を推測し、その内容をご家族に確認してプランに記載した。 ② ご本人の認知症の症状から、少人数を対象に専門的なケアを行う認知症対応型通所介護を利用することがご本人とご家族にとって最良の選択であるとケアマネジャーが判断した経緯を説明して、ご本人とご家族の承認を得た。 　ご本人に、できるだけ早く慣れていただくため、最初は頻回（週4回）に利用することを提案し、ご本人とご家族の承認を得た。 　通所介護事業所にも、できるだけ早くなじみの関係を構築することができるよう、担当者の顔を覚えていただくために送迎の担当者を固定するなどの工夫を依頼した。 　入浴は通所サービスで行うことを提案し、ご本人とご家族の承認を得る。なお、入浴介助については、息子たちの介助には抵抗を示すため、通所介護では同性よりも女性の介助のほうがスムーズに行うことができると家族から助言をいただいた。 ③ 現在の主治医（内科）より、認知症の専門医である脳神経内科の○○先生をご紹介いただき、受診するよう指示があったことの報告を行った。次回更新時の主治医意見書から、○○先生に担当していただくこととするが、高血圧と糖尿病に関しては、引き続き現在の主治医が担当することを確認した。 ④ 妻の介護負担については、1人で夫の介護を抱えることについて限界を感じていることが確認された。「これからは、皆さんに介護を手伝ってもらいたい。まずはデイサービスに慣れてもらいたい。管理人さんや息子たちにもできる範囲で手伝ってもらいたい」と発言された。 ⑤ マンションの管理人が玄関から1人で出たA氏を見かけた場合は、妻か二男に連絡してもらうことを依頼することとした。							
結　　論	① 今回提示したケアプランについて、ご本人とご家族の承認を得た。 ② サービスについては、認知症対応型通所介護の特性を理解された上で、週4回の利用について、利用料金を含めご本人とご家族の承認を得た。 　サービス提供事業者についても、できるだけ早くなじみの関係を構築することができるよう送迎の担当者を固定するなどの配慮を行うことについて了解を得た。 ③ 紹介された脳神経内科の受診については、妻と長男が同行して行うことを確認した。 　現在の主治医への受診についても、長男か二男の車で妻と同行することを確認した。 ④ 通所介護の利用によって、妻の介護負担が軽減される見込みができた。火曜日と木曜日は、A氏が通所から帰った際に息子たちに見てもらうことで母親との面会の時間をつくることとした。 ⑤ 二男の妻に家事を手伝ってもらうことと、マンションの管理人が玄関から1人で出たA氏を見かけた場合は、妻か二男に連絡してもらうことを依頼することとした。							
残された課題 （次回の開催時期）	最近、徘徊の頻度が増したことや排泄の問題などが目立ってきたが、専門医の受診を行うことで改善することも期待できるため、医療の受診状況を見守りながら目前の問題に対応していくこととする。なお、急激な状態等の変化が見られた場合は、ケアマネジャー、家族、主治医、専門医、介護サービス事業者で情報を共有し、対応を検討していくこととするので、ご家族には何でも遠慮なく相談していただきたい。							

Ⅳ　ケアマネジメントの展開事例（認知症高齢者の在宅生活支援）

6.モニタリング

　Aさんへの支援の開始からケアプランが動き出した時期までの経過を記録した第5表を掲載します。長男から居宅介護支援事業所に連絡が入り、ご自宅へ初回訪問。さらにケアプランを確定するまでの動き（主治医との連携、専門医への受診援助、認知症対応型通所介護事業所への見学同行、サービス担当者会議の開催等）と、サービス利用初日までの支援の詳細が読みとれると思います。

| 第5表 | 居宅介護支援経過 |

利用者名　　　A　　　殿　　　居宅サービス計画作成者氏名　　　○○　○○

年月日	内容
H○○年○○月○○日 （曜日）○○時	Aさんの長男から居宅介護支援事業所に電話がある。父親が要介護認定を受けているが、サービスを利用せずに家にいる。最近、認知症が進んだのか、目を離すと1人で外出する。母と2人で暮らしているが、母親の介護負担が大きくなっているようで心配である、とのこと。 担当のケアマネジャーがご自宅を訪問して、詳しくお話を伺いたいことを説明して日程調整を行い、Aさんと妻と長男が同席できる翌日の午後1時に訪問することを了承していただいた。
H○○年○○月○○日 （曜日）○○時	ご自宅を訪問する。居間に通され、Aさんと妻と長男に会う。 Aさんは、リビングとキッチンを行ったり来たりしているが、こちらから声をかけて挨拶をすると、にっこりと笑顔を見せて軽く会釈をされた。 介護保険被保険者証には、1年前にかかりつけ医の勧めで要介護認定の申請を行い、要介護2の認定を受けた記載はあるが、居宅介護支援事業者の届け出の記載がないことから、これまで一度も介護サービスの利用について検討を行っていないことを確認した。 2か月前くらいから、妻の制止を振り切ってパジャマのまま外へ出ようとする行動が目立つようになり、1人でタクシーを止めて乗り込んだが、言葉が出ないため、警察に保護されて帰宅したということもあった。 妻は、「以前の穏やかなお父さんではなくなったように思う」と話された。 長男は、「母親は父親を大切に思っているので、自宅で自分が世話をしたいと思っているであろう。しかし、最近は父親の行動範囲が広くなり、母もつききりで世話をするのは限界がある。父親1人では留守番もできないので、母は腰が痛いのに通院もできない状況となっている」と話された。 Aさんは、妻と長男から話を伺っている間中、リビングとキッチンを行ったり来たりしていたが、歩行中にふらつきはなく、表情も終始穏やかであった。 なお、妻の話では、数か月前からAさんはよく転倒するようになり、転倒すると1人で起き上がれないので、手伝わざるを得ないが、夫は体格がよいのでとても大変であるとのことであった。 介護保険のパンフレットを見せながら介護保険制度の説明を行うとともに、重要事項説明書と契約書に関しても説明を行い、了承を得てサインをいただいた。 アセスメントを実施する。 アセスメントのなかで、Aさんはアルツハイマー型認知症であるとかかりつけ医から説明されたことを確認した。 長男は、「父親がアルツハイマー型認知症であることを母親から聞いているが、病気の

Ⅳ　ケアマネジメントの展開事例（認知症高齢者の在宅生活支援）

年　月　日	内　　　　容
	特性や対応の方法などについては、母は理解できていないと思っている」と話された。
	妻は、「夫はこれまで仕事で頑張ってきた。地域のいろいろな役職も引き受けてきたので、呆けたと他人から言われると情けない気持ちになる。夫は家族思いでとても温厚な性格の人だから、自分はこれからも夫を大切にしていきたい」と涙声で話された。
	主治医に会って、今後の支援の方向性や治療の内容などをお聞きしたいと説明し、妻と長男の了承を得た。翌日が受診日であるため、同行を了承していただいた。妻の意向としては、「できるだけ住みなれた自宅で、夫婦２人で暮らしたい。自分の腰痛もひどくなったが、治療に行けないため、その時間を確保したい。夜間に排泄の世話をしなければならないので、睡眠不足が続いている。認知症がどんどん進んでいるようで、以前の穏やかなお父さんではなくなったように思われて、とても怖くて不安である」とのことであった。
	長男の意向としては、「母親の介護の負担を少しでも減らして、まずは腰痛の治療をしてもらいたい。このままでは共倒れとなってしまいそうである。自分と二男とで休みの日には父親を車に乗せて連れ出すことも行っているが、父は母の顔が見えないと落ち着きがなくなることから、長い時間連れ出すことができないため、母親に十分な休養を与えてあげることができない」とのことであった。
H○○年○○月○○日 （曜日）○○時	Aさんの定期受診に同行して、○○クリニックの○○主治医への面談を行う。
	診察室で、Aさんと妻、二男の同席のもと、主治医に担当ケアマネジャーであることを自己紹介して、介護サービスの利用に至った経緯を説明した。
	主治医より、妻の介護負担の軽減だけでなく、Aさんのことを考えても通所系のサービスを利用したほうがよいとの助言をいただく。まずは利用してみて、本人も家族も介護サービスに慣れることが大切であると説明された。
	なお、介護サービスの利用にあたって、医療上特別に配慮が必要なことはないことを確認していただいた。
	ケアマネジャーから主治医に対して、妻が夫の認知症の進行にとても強い不安があることを説明するとともに、夜間、トイレの位置がわからず、部屋で放尿することや衣服を着たまま入浴することなど、日常生活における問題点などについて報告を行った。
	また、Aさんは妻が制止をしても外へ出たがり、目を離したすきに外出すると帰って来られなくなる頻度が増したことなどを報告した。
	主治医は、「そんなことになっていたとは知らなかった。診察時に奥さんはそこまで詳しく話してくれなかったからね」と言われた。
	ケアマネジャーから、アルツハイマー型認知症については、一度専門医の診察を受けたほうがよいのではないかと心配していることを主治医に相談した結果、主治医から「行動障害については専門医に診てもらったほうがよい」と言われ、紹介状を書いていただくこととなった。

年　月　日	内　　　　容
	妻は、「早速、明日にもその診療所に行きます」と言われた。
H○○年○○月○○日 （曜日）○○時	明日の専門医への受診を確認するため自宅を訪問する。 明日は、妻と長男が同行することとなっており、○○時に○○クリニックの待合室で待ち合わせることを確認した。 また、専門医の受診後に、通所サービスの利用について話し合うことを確認した。
H○○年○○月○○日 （曜日）○○時	○○脳神経内科の待合室でＡさんと妻、長男と待ち合わせて、○○先生に面談を行う。 診察室で紹介状を渡し、ケアマネジャーからアセスメントの内容について説明を行う。特に、１人で外へ出ることへの抑制ができない状態であること、本人の発語がないため意思の確認ができないこと、妻の目から見て、最近性格が極端に変わってきたことなどについて説明を行った。 血液検査、ＭＲＩ検査、認知症テスト等を行う説明がある。 検査終了後、診察が行われアルツハイマー型認知症であると診断を受けた。 医師から、高血圧と糖尿病の薬との調整をはかりながら、新たな薬を服薬する必要性についての説明があった。 このままの状態でずっと家の中にいると、１人で外に飛び出す危険性が高いので、通所サービスなどの介護サービスを利用して、生活のリズムを組み立てたほうがよいとのアドバイスをいただいた。 また、妻の介護負担が大きいので、通所サービスとショートステイを組み合わせて利用するなどの方法を検討するよう助言をいただいた。 受診がすべて終了したのち、介護サービスの利用に関して、認知症の状態が中度であるため、一般の通所介護サービスよりも少人数で専門的な対応が可能となる認知症対応型通所介護を利用したほうがよいことを説明し、実際に事業所の見学と体験を行うよう勧めた。 長男は、「通所サービスに行ったほうが、母のためだけでなく、父のためにもなるようであるので、是非ともできるだけ早く見学と体験ができるよう手配してほしい」と話され、妻も、「そうしたほうがよいですね」と同意された。 翌日に体験ができるよう、さっそく連絡をとってみることを約束した。 認知症対応型通所介護事業所○○サービスセンターに連絡を行い、見学と体験を依頼する。 見学時にはケアマネジャーも同行する旨を伝え、了解を得た。
H○○年○○月○○日 （曜日）○○時	認知症対応型通所介護事業所○○サービスセンターの見学に同行する。 Ａさん、妻、長男、長男の妻が見学に訪れる。 Ａさんは、センターの管理者からの声かけに対して、抵抗することなく、うなずいて指示どおりの動作を行っている。

Ⅳ　ケアマネジメントの展開事例（認知症高齢者の在宅生活支援）

年　月　日	内　　　　容
	他の通所者と同じテーブルについて、椅子に腰かけたまま、音楽に合わせて身体を動かす体操を行った。妻はその姿を見て「楽しそうにしているわ」と言われ、長男夫婦も微笑まれていた。
	管理者から、通所の1日の流れや入浴サービスの方法、食事の内容、利用料金などについてパンフレットをもとに説明を受けた。
	その後、施設内の見学の案内があり、妻も長男夫婦も「とても丁寧な対応をされているので安心しました」とお話しされた。
	妻からは、「ここは少人数で、一人ひとりに声をかけてもらえるので、是非ここでお世話になりたい」と話され、他の施設の見学は必要ないと言われた。
	管理者とご家族とで今後のサービス提供に関して方向性などを検討するため、サービス担当者会議の日程について打ち合わせを行った。
	○○月○○日の○○時からご自宅においてサービス担当者会議を開催することとした。
H○○年○○月○○日 （曜日）○○時	主治医に電話をして、専門医への受診とサービス導入について報告を行う。
	主治医から、脳神経内科の○○先生から、診療結果の手紙をもらったことの報告をいただき、今後介護保険に関する意見書は脳神経内科の○○先生に依頼したほうがよいとのアドバイスをいただいた。
	なお、高血圧や糖尿病の疾患があるため、主治医には今後ともさまざまな相談に対応していただきたいことをお願いした。
	その結果、内科診療に関しては、従来どおり○○クリニックの○○先生にお願いすることとし、認知症と介護保険の意見書については、脳神経内科の○○先生にお願いすることとした。
	ご家族へは、○○クリニックの○○先生からアドバイスがあった内容をケアマネジャーから伝えることとした。
	内科の主治医から、脳神経内科の○○先生へ電話で連絡しておくとのことであり、今後、ご家族の介護の抱え込みを軽減する方向で支援をしてほしいとのコメントをいただいた。
	翌日のサービス担当者会議に向けて、○○クリニックの○○先生と脳神経内科の○○先生のコメントを整理しておく。
	・介護サービスを利用してほしい。
	・妻は腰痛や不眠が続いているので、このままでは夫婦が共倒れをしそうである。
	・介護疲れがあるときは、ショートステイも検討してほしい。
	・妻は懸命に介護しているので、気分転換も必要である。
	・ご本人に関しては、介護療養上、特段の配慮の必要はない。
	・通所でできるだけ身体を動かすようにしてほしい。
	・次回からの主治医意見書については、脳神経内科の○○先生にお願いする。

年　月　日	内　　　容
○○年○○月○○日 （曜日）○○時	妻に電話をする。 内科の主治医から、介護保険に関する相談や助言については、認知症の専門医である脳神経内科の○○先生を中心に支援をしてもらうほうがよいとのコメントをいただいたことを報告する。 妻は、「内科の○○先生は20年のお付き合いがあるので、心配してくれていることを感謝している」と言われ、妻も診療でお世話になっているので、次回の受診時にお礼を言っておくと言われた。
○○年○○月○○日 （曜日）○○時	自宅にてサービス担当者会議を開催
H○○年○○月○○日 （曜日）○○時	利用日の初日に認知症対応型通所介護事業所○○サービスセンターを訪問する。 管理者にサービス提供時のAさんの様子について報告を受ける。 ・送迎は男性スタッフが行っている。利用日には妻と一緒にマンションのエントランスで待っており、抵抗なく送迎車に乗りこみ、妻が同乗しないので不思議そうな顔をしているが、乗車中特に問題なく過ごしていた。 ・到着後、コーヒーを出すとおいしそうに飲まれたとのことである。 ・施設内を動きまわることもあるが、外出することもなく過ごされている。 ・昼食時は、スタッフが側についているが、口いっぱいに食べ物を詰め込むため、声かけが必要である。 ・食後の歯磨きは、歯ブラシを手渡しても口に入れようとしない。声かけをしても今のところ応じてくれないが、無理やりに行うこともできないので、引き続き声かけを続けていくこととしている。 ・排泄は、動き回るタイミングを見てトイレ誘導を行っているが、すでに尿とりパットが濡れていた。食後1時間程でトイレ誘導を行った際には、少し排尿があった。 ・入浴は、15時に行う予定であるが、この様子であれば入浴も可能であると思われる。 ・施設で過ごしているときの表情は穏やかである。発語はないが、スタッフの声かけに対して、笑顔でうなずかれている。 管理者から1日の様子を詳しく妻に報告するよう依頼する。

資料編

・相談受付票
・アセスメントチェック票
・主治医報告書
・退院連携シート
・入院時情報シート

相談受付票

相談受付日時	平成　　年　　月　　日（　曜日）午前・午後　　時　　分	
相談受付方法	□電話　　□来所　　□その他（　　　　　　　　　　）	
相談応対者		

相談の対象者（ご利用者）	ふりがな	生年月日（年齢）
	氏名	明・大・昭　　年　　月　　日（　　歳）
	住所	電話番号

相談者	ふりがな	ご利用者との続柄
	氏名	
	住所	電話番号

相談内容	いつごろから、どのようなことで	
	介護保険利用の意向	□有（認定申請　□済　□未）　□無

既説明事項	□介護保険制度　　□認定申請手続き　　□事業所概要
配布済み資料	□事業所パンフ　□介護保険の手引き　□重要事項説明書　□契約書

初回訪問予約	日時	平成　　年　　月　　日（　曜日）午前・午後　　時　　分
	同伴予定者	氏名　　　　　　　　　　　　　　　　（続柄　　　　）
	駐車場	□自宅　　□コインパーキング　　□その他　　□無
	注意事項	

担当	主任	所属長	責任者	申し送り記録

アセスメントチェック票①（健康状態）

項目	アセスメントで確認すべき内容
健康状態	①既往歴・現病歴 □過去に患った疾病名 □現在治療中の疾病名 □疾病による何らかの影響や問題点 □健康診断の受診とその結果 ②症状 □症状（下痢、頻尿、発熱、食欲不振、嘔吐、胸の痛み、便秘、めまい、むくみ、息切れ、妄想、幻覚など） □健康状態について、本人や家族、その他の支援者が訴えたこと

アセスメントチェック票②（ADL）

項目	アセスメントで確認すべき内容
ADL	**①寝返り** ☐寝具（ベッド、布団の上げ下ろし） ☐布団の端をつかんで寝返りしているなど、寝返りの方法 ☐介護者が介助をしている場合、どのような方法で行っているか ☐リハビリや福祉用具の導入の必要性 **②起き上がり** ☐毎日の起き上がりの手順 ☐過去の転倒経験の有無とその状況 ☐介護者が介助をしている場合、どのような方法で行っているか ☐福祉用具の導入や介護技術の指導 ☐日常の生活のなかの離床時間 **③移乗** ☐移乗の内容（ベッドから車いすへ、車いすから椅子へ、ベッドからポータブルトイレへ、車いすからポータブルトイレへ、畳からポータブルトイレへ、など） ☐移乗の頻度 ☐移乗の方法 ☐介護者が介助をしている場合、どのような方法で行っているか ☐福祉用具の導入や介護技術の指導 **④歩行** ☐屋外と屋内のそれぞれについて歩行の状況 ☐日常生活における利用者の動線 ☐屋内の段差や手すり ☐過去の転倒経験の有無とその状況 ☐移動手段（移動に使用している器具、補助具、乗り物についてなども含む） **⑤更衣** ☐衣服の準備から着脱まで、日常の生活のなかで実際にどのように行っているのか

		□介護者が介助をしている場合、どのような方法で行っているか
		⑥入浴
		□尿臭・体臭などのにおいの有無
		□入浴の頻度
		□浴槽のまたぎ、洗身や洗髪の方法
		□風呂の構造や湯はり等の準備
		□入浴後の後片づけ
介護力		□家族や友人、その他の支援者が提供した、介護の種類や介護の量（時間や回数）
		□家族や友人、その他の支援者の介護の提供に伴う負担感や問題点
		□家族や友人、その他の支援者の介護の余力
居住環境		①室内環境（内的環境）
		□室内の見取り図
		□照明、床の状態、浴室やトイレの環境、台所、暖房や空調
		□家の中での部屋から部屋への移動
		②立地環境（外的環境）
		□急傾斜の坂の存在や、車が入れない狭隘（きょうあい）な道路の存在、交通量など、家の立地条件

アセスメントチェック票③（IADL）

項目	アセスメントで確認すべき内容
IADL	①掃除 □利用者が日常的に行っている掃除の範囲と方法 □室内における日常の移動の動線上に、転倒の原因となるリスクがないか □車いす利用の場合、通路が確保されているか □視覚障害がある人の場合、掃除などで動かした物は必ず元に戻しておくことを厳守することや、物の移動については必ず了解を得ておく □すり足での歩行が必要な場合、電気などのコード類は束ねて転倒しないようにする ②金銭管理 □利用者の収入（年金の種別等） □利用者の金銭管理能力 □経済面における家族や第三者とのかかわり ③服薬状況 □利用者に処方されている薬の内容 □処方されている薬が日常的に正しく服用されているか □処方されている薬が正しく管理・保管されているか

アセスメントチェック票④（コミュニケーション能力）

項目	アセスメントで確認すべき内容
コミュニケーション能力	①コミュニケーション能力 □利用者の聴力・視力の障害の有無とその程度 □受信した情報を適切に理解する能力の障害の有無とその程度 □思っていること、感じていることなどを言語や非言語を用いて伝達する能力に関する障害の有無とその程度 ②聴力 □補聴器や集音器などの機器の使用 □聴覚障害者である場合、先天的な障害であるのか、中途障害であるのか ③視力 □眼鏡の使用 □視覚障害者である場合、先天的な障害であるのか、中途障害であるのか ④伝達能力に障害が生じた場合 □発声機能に障害がある場合、先天的な障害であるのか、中途障害であるのか

アセスメントチェック票⑤（認知能力）

項目	アセスメントで確認すべき内容
認知	日常の意思決定を行うための認知能力 □最近の出来事についての記憶の有無 □物事を行うときに、段取りを踏んで行っているか □日常生活において意思決定をしているか □意思決定の場面に参加しようとしているか
不安・うつ、依存症など	□うつ状態、不安、悲しみなど（悲しみ、うつ状態、自分や他者に対する継続した怒りや悲しみ、現実には起こりそうにないことに対する恐れの表現、繰り返し体の不調を訴える、たびたび不安・心配ごとを訴える、悲しみ・苦悩・心配した表情、涙もろい、興味をもっていたことをしなくなる、社会的交流の減少、など）。 □アルコール、薬物、ギャンブルなどへの依存の有無 □依存による生活上の問題や生活への影響

アセスメントチェック票⑥（社会とのかかわり）

項目	アセスメントで確認すべき内容
社会とのかかわり	①社会とのかかわり □他者とのかかわり □他者に対する葛藤や怒りの表明など □社会活動への参加 ②喪失感・孤独感 □一人でいる時間 □孤独感についての訴え □喪失感についての訴え

アセスメントチェック票⑦（排泄）

項目	アセスメントで確認すべき内容
排泄	①動作・後始末 □定時排泄誘導 □排尿・排便に必要な動作 □排尿・排便後の後始末 ②失禁 □尿失禁または便失禁の有無、頻度、量など □尿失禁用器材（おむつや留置カテーテル）の使用 □おむつはずし

アセスメントチェック票⑧（褥瘡）

項目	アセスメントで確認すべき内容
褥瘡・皮膚の問題	①褥瘡 □褥瘡の有無、部位、程度など □過去の褥瘡の有無 ②皮膚 □その他、皮膚についての問題（やけど、潰瘍、発疹、裂傷、切り傷、うおのめ、たこ、皮膚感染症、外反母趾などの変形など）

資料編

アセスメントチェック票⑨(食事の摂取)

項目	アセスメントで確認すべき内容
食事摂取	①栄養・水分の状態 □食事や水分摂取の回数、タイミング、1回(または1日)あたりの量など □食材や主食、副食など、何を食べているか □減量によらない体重減少や栄養不良、病的な肥満など ②自力での摂取 □嚥下の能力 □箸やスプーンなどの用具の使用
口腔衛生	①歯・口腔内の状態 □咀嚼 □口腔内の渇きの状態 □歯の状態に ②口腔衛生 □歯磨きや入れ歯の手入れの頻度や程度 □会話時の口臭の有無 □歯科医受診の最終年月日 [　　　年　　月頃] □義歯の手入れ方法 [誰が：　　　　　どのように：　　　　　]

アセスメントチェック票⑩（虐待）

項目	アセスメントで確認すべき項目
虐待	□家族や現在介護をしてもらっている者に対して恐れをいだいているか □社会通念上の許容範囲を超えて悪い衛生状態にあるか □説明がつかないけががあるか □放置、暴力、虐待を受けているか □身体抑制を受けているか □その他の虐待があるか

資料編

				平成　年　月　日
		主治医報告書		
氏名		生年月日　M T S　　年　月　日　　歳		
現在の要介護度　要支援 １ ２　要介護 １ ２ ３ ４ ５			認定有効期限　　年　月　日	
在宅での生活状況				
介護サービスの利用状況				
通所リハビリテーション	回／　週	訪問介護		回／　週
通所介護	回／　週	訪問看護		回／　週
福祉用具　品名		その他		
短期入所サービス等　有　無　頻度		おむつ給付	□有	□無
		配食サービス	□有	□無
日常生活の支障をきたす状況について　　　　有　無				
水分摂取および食事摂取状況について　　　　有　無				
褥瘡・皮膚の状態について　　　　　　　　　有　無				
幻聴・幻覚などの症状について　　　　　　　有　無				
火の不始末などの日常生活上の支障について　有　無				
その他				
居宅介護支援事業所 　　　　　　　　　　　　　　担当ケアマネジャー				

平成　　年　　月　　日

退院連携シート

入院年月日	平成　　年　　月　　日	入院先（医療機関名）	

□医療連携室　担当者　　　　　　　　　　　　　　　　　様
□病　　棟　（　　　　　　　　　）担当者　　　　　　　様

利用者氏名		生年月日　M T S　　年　　月　　日　　　歳
住所		電話
現在の要介護度　要支援 1 2　要介護 1 2 3 4 5		認定有効期限　　年　　月　　日

入院が必要となった経緯	
入院中の状態	
現在の状態	
服薬について	

日常生活においての注意事項

□食事		□入浴	
□運動		その他特記事項	

通所系サービスなどでの注意事項・禁忌事項

□食事		□入浴	
□運動		□血圧	
その他特記事項			

退院後の医学管理について	定期受診　外来　往診　頻度　　／週・　／月・不定期	
かかりつけ医		受診先医療機関
訪問看護の必要性	有・無	
訪問看護導入	未・済み	

医学的管理の必要な器具、処置等について

□バルーンカテーテル	□酸素療法
□胃ろう	□点滴
□人工肛門	□IVH
□気管カニューレ	□褥瘡の処置
□その他	

退院前カンファレンス

カンファレンス　開催日予定	平成　　年　　月　　日　　　時～		
カンファレンス　開催場所			
要介護認定変更申請の必要性	有・無	申請予定日　平成　　年　　月　　日	

　　　　　　　　　　　　　　　　居宅介護支援事業所
　　　　　　　　　　　　　　　　担当ケアマネジャー

資料編

平成　年　月　日

入院時情報シート

入院年月日	平成　年　月　日	入院先（医療機関名）	

□医療連携室　担当者　　　　　　　　　　　　　　　　　様

□病　棟（　　　　　　　　）担当者　　　　　　　　　　様

利用者氏名		生年月日　M T S　年　月　日　　歳	
住所		電話	
現在の要介護度　要支援 1 2　要介護 1 2 3 4 5		認定有効期限　年　月　日	

日常生活自立度等

障害高齢者日常生活自立度	自立　J1 J2 A1 A2 B1 B2 C1 C2	行動障害　□ある　□なし
認知症高齢者自立度	自立　I　IIa　IIb　IIIa　IIIb　IV　M	

在宅の医学管理について	定期受診　外来 往診 頻度　／週・／月・不定期
かかりつけ医	受診先医療機関

介護サービス利用状況	サービス内容等	特記事項
□訪問介護	週　　回	
□通所介護	週　　回	
□通所リハビリテーション	週　　回	
□訪問看護	週　　回	
□福祉用具貸与（品名　　）	内容	
□短期入所	利用経験なし	
□その他	配食弁当　週　回	
□住居等環境上の注意点	有　・　無	
□住宅改修	未　・　済み	
手すりの設置	段差の解消	

介護者の状況

介護者の有無	有　・　無	介護者氏名		続柄	
住所				介護者の就労	有　・　無
連絡先					
健康状態					
その他					

退院が決定しましたら　ＴＥＬ　あるいは　ＦＡＸ　での連絡をよろしくお願いします。

　　年　月　日　情報提供方法　□ 郵送　□ファックス　□その他（　　　　）

居宅介護支援事業所

担当ケアマネジャー

著者プロフィール

白木裕子（しらき・ひろこ）

株式会社フジケア　代表取締役副社長

第1回介護支援専門員実務研修受講試験に合格し、介護保険制度施行と同時にケアマネジャー業務を開始。翌年、北九州市および近隣地域のケアマネジャーたちと連絡会「ケアマネット21」を立ち上げ、現在まで会長を務める。同会は設立10周年を機にNPO法人となる。

2006年、株式会社フジケアに副社長兼事業部長として入社。現在、同社では居宅介護支援事業所2か所（専任ケアマネジャー14名）をはじめ、通所介護・認知症対応型通所介護・訪問介護・訪問看護・認知症グループホーム・有料老人ホーム等の事業を展開している。

そのほか、日本ケアマネジメント学会理事、同会「認定ケアマネジャーの会」会長、社団法人福岡県介護支援専門員協会常任理事、北九州市介護サービス評価委員などを務める。主任介護支援専門員研修等、全国各地で講演・研修の講師を務める機会も多い。看護師、主任介護支援専門員。

ケアマネジャー@ワーク
ケアマネジャー実践マニュアル

2011年11月11日　初　版　発　行
2017年12月1日　初版第5刷発行

著　者 ……… 白木裕子
発行者 ……… 荘村明彦
発行所 ……… 中央法規出版株式会社
　　　　　　　〒110-0016　東京都台東区台東3-29-1　中央法規ビル
　　　　　　　営　　業　TEL 03-3834-5817　FAX 03-3837-8037
　　　　　　　書店窓口　TEL 03-3834-5815　FAX 03-3837-8035
　　　　　　　編　　集　TEL 03-3834-5812　FAX 03-3837-8032
　　　　　　　https://www.chuohoki.co.jp/
装　幀 ……… 小林祐司（TYPEFACE）
印刷・製本 … サンメッセ株式会社

ISBN978-4-8058-3550-0

定価はカバーに表示してあります。

本書のコピー、スキャン、デジタル化等の無断複製は、著作権法上での例外を除き禁じられています。また、本書を代行業者等の第三者に依頼してコピー、スキャン、デジタル化することは、たとえ個人や家庭内での利用であっても著作権法違反です。

落丁本・乱丁本はお取り替え致します。

本書に関するご意見・ご感想をメールでお寄せいただく場合は、下記のアドレスまでお願い致します。
reader@chuohoki.co.jp